LE SPÉCIALISTE

3 0022 00042488 5

Kazuko Masui, Tomoko Yamada

FROMAGES DE FRANCE

Photographe
Yohei Maruyama

Préface
Joël Robuchon

Traduction
Emmanuelle Pingault, Véronique Dumont

Gründ

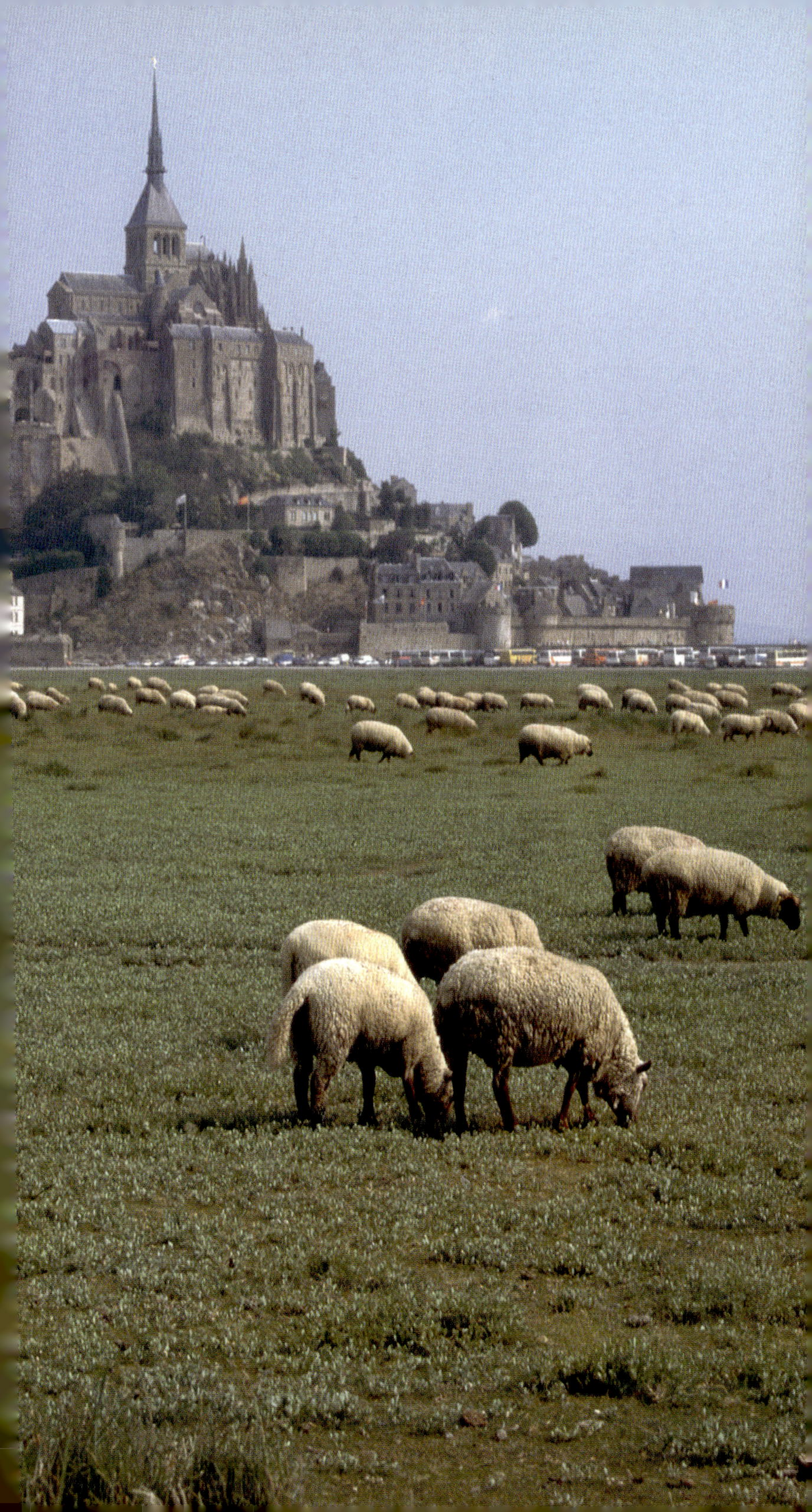

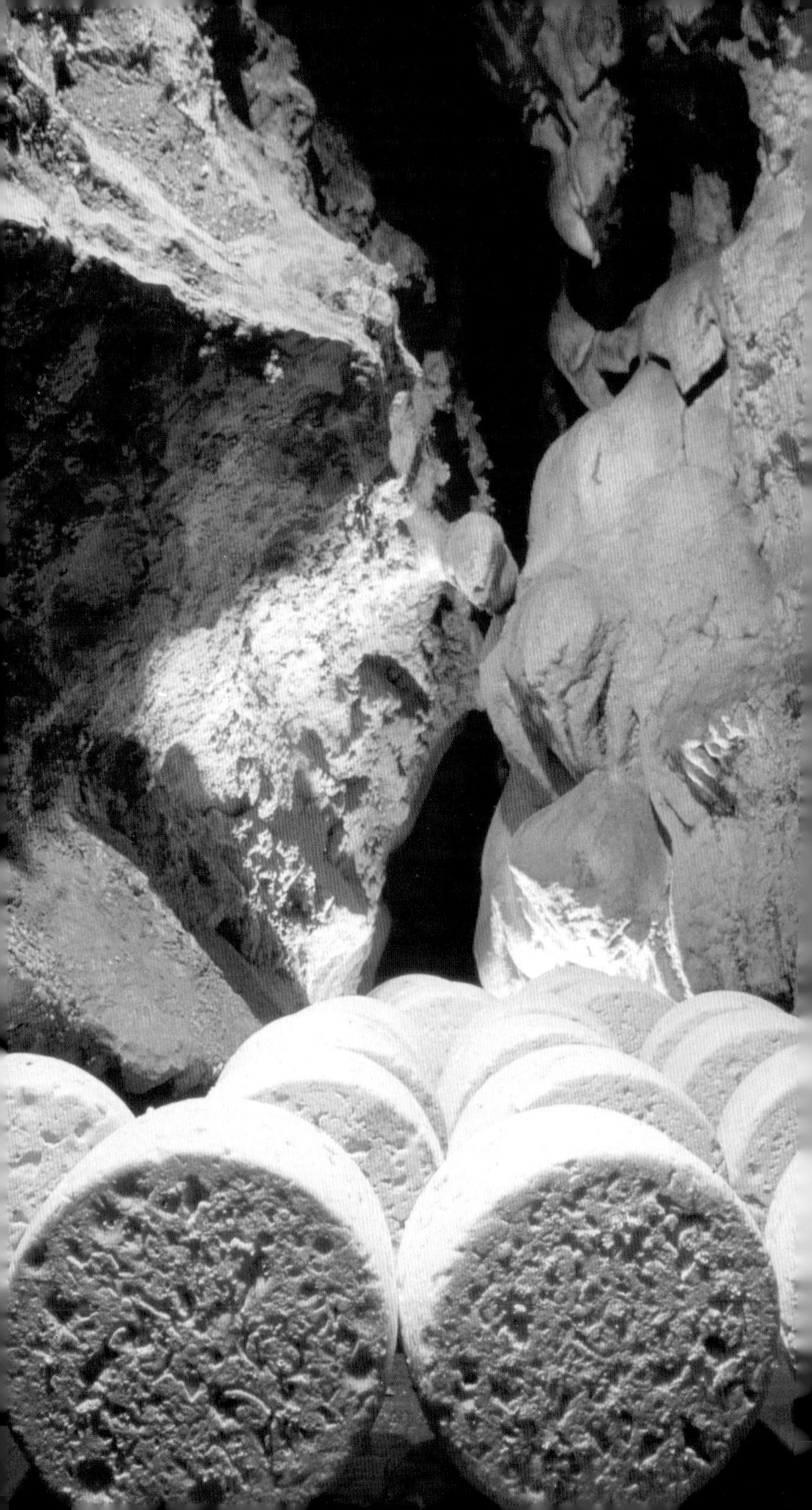

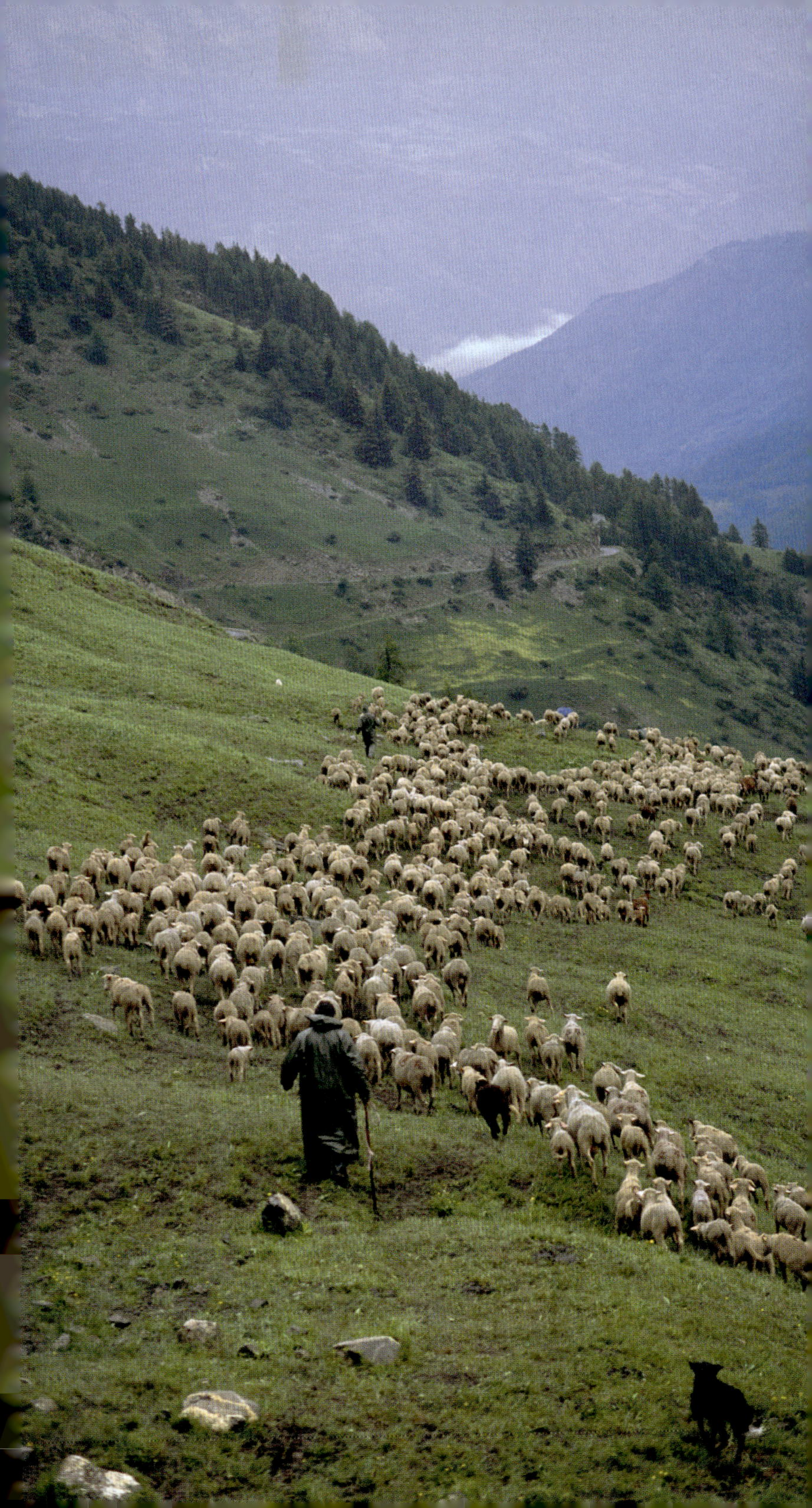

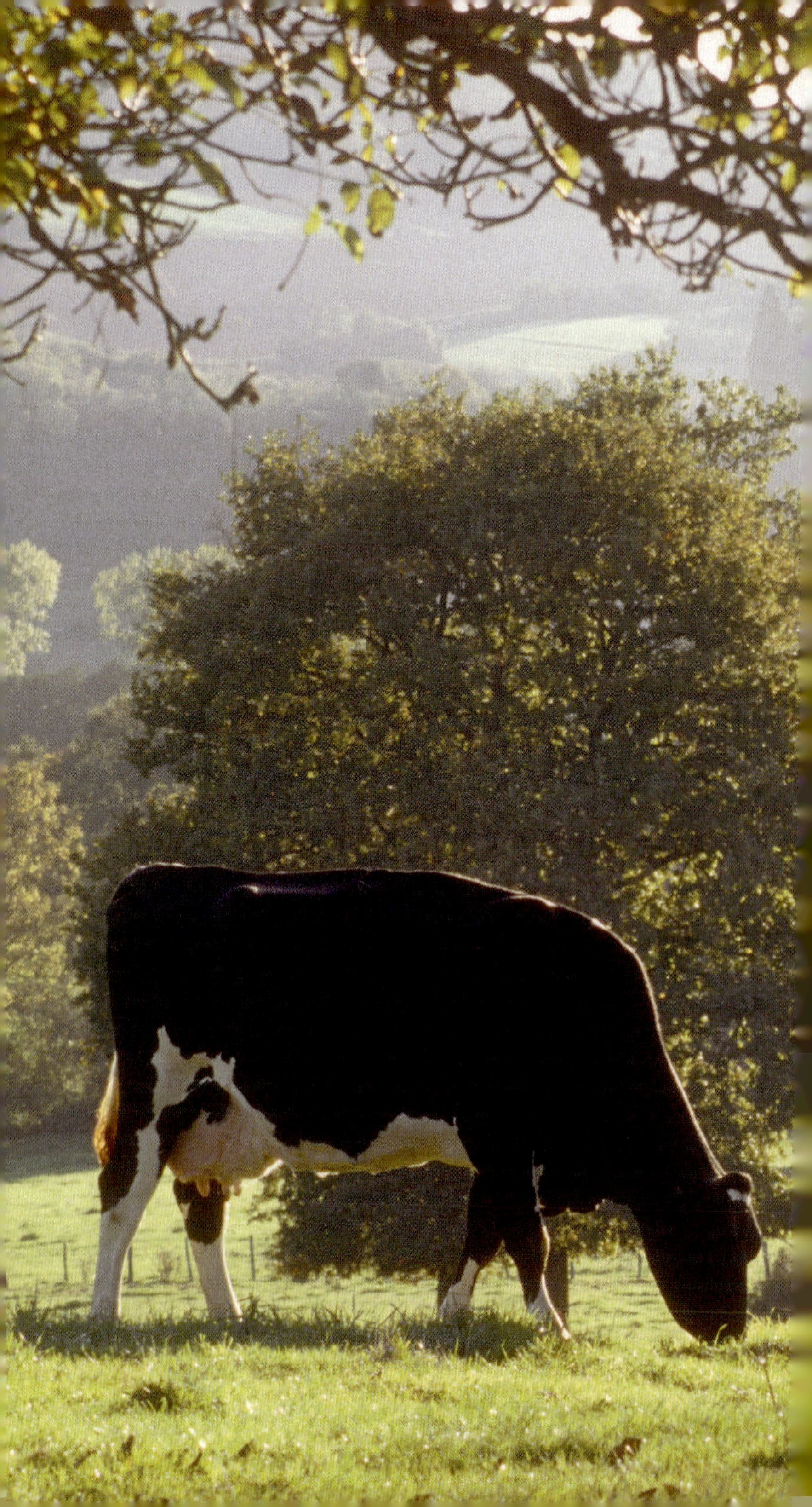

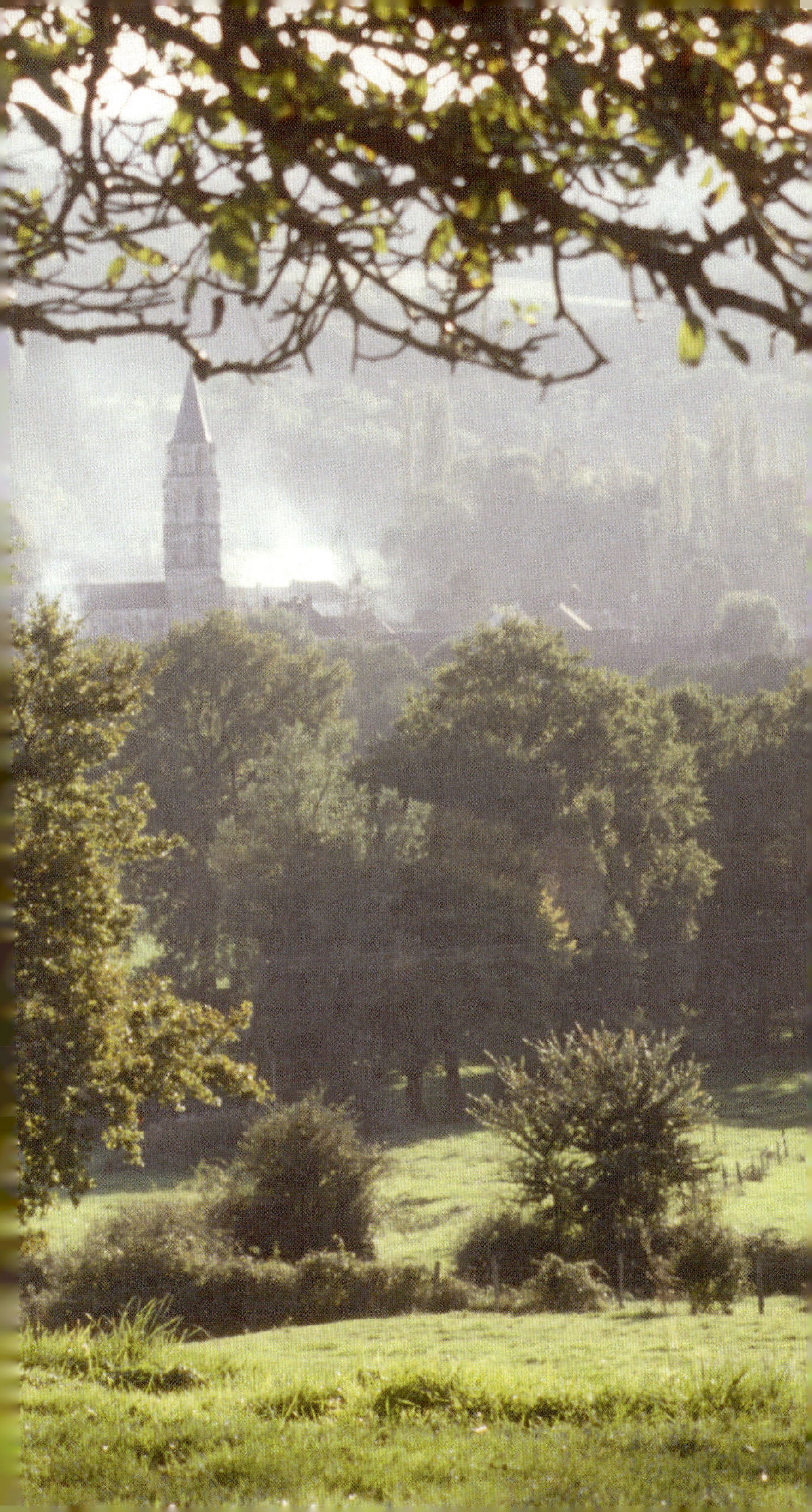

Un livre Dorling Kindersley

DK

POUR L'ÉDITION ANGLAISE
Directeur artistique : Stephen Bere
Directrice éditoriale : Rosalyn Thiro
Éditeur associé : Michael Ellis
Directeur de la publication : Deirdre Headon
Graphisme : Marianne Markham
Éditrice : Claire Nottage
Création artistique : Anne Fisher
Révision : Chihiro Masui-Black
Texte original : Kazuko Masui et Tomoko Yamada
Photographies : Yohei Maruyama
Préface : Joël Robuchon
Consultant : Randolph Hodgson
Consultant en vins : Robert Vifian

POUR L'ÉDITION FRANÇAISE
Adaptation française : Emmanuelle Pingault
et Véronique Dumont (mise à jour)

Réalisation : ML ÉDITIONS, Paris
sous la direction de Michel Langrognet
Secrétariat d'édition : Giulia Valmachino,
Correction : Christiane Keukens-Poirier

Première édition française 1997 par Éditions Gründ, Paris
© 1997-2005-2012 Éditions Gründ pour l'édition française

Édition originale 1996 par Dorling Kindersley Limited, Londres
sous le titre *French Cheeses*
© 1996-2005 K. Masui et T. Yamada pour le texte original
© 1996-2005 Dorling Kindersley Limited, Londres
pour l'édition anglaise

ISBN : 978-2-324-00164-2
Dépôt légal : mars 2012
Imprimé en Chine

NOTE RELATIVE AUX CARACTÉRISTIQUES
Tous les efforts ont été faits afin de garantir l'exactitude
des informations. Cependant, des modifications
peuvent intervenir à tout moment dans l'attribution
des appellations d'origine.

GARANTIE DE L'ÉDITEUR
Malgré tous les soins apportés à sa fabrication, il est
malheureusement possible que cet ouvrage comporte un défaut
d'impression ou de façonnage. Dans ce cas, il vous sera échangé
sans frais. Veuillez à cet effet le rapporter au libraire qui vous
l'a vendu ou nous écrire à l'adresse ci-dessous en nous précisant
la nature du défaut constaté. Dans l'un ou l'autre cas,
il sera immédiatement fait droit à votre réclamation.

Éditions Gründ – 60, rue Mazarine – 75006 Paris
www.grund.fr

SOMMAIRE

Préface
10

Comment utiliser
ce livre ?
12

INTRODUCTION

Les origines du fromage
16

La variété des fromages
18

Du pain, du vin,
du fromage
22

Les fromages français
aujourd'hui
26

Les appellations
d'origine
28

Acheter, conserver
et déguster le fromage
30

LES FROMAGES

Carte de France
34

A	36
B	44
C	86
D-G	162
L-N	184
O-P	198
R	210
S	220
T	228
V	262

Glossaire
276

Quelques fromagers
en France
278

Producteurs
de fromages AOC
280

Index
282

Bibliographie
286

Remerciements
287

Préface

Enfin! ai-je envie de m'exclamer. Car, à ma connaissance, si toutes sortes de guides de fromages ont été publiés, dont celui, admirable, de Pierre Androuët, aucun n'avait jamais fait l'objet d'autant de photos précieuses pour l'identification et le choix d'un fromage affiné à souhait.

Cette encyclopédie s'adresse aux gens de qualité, aux amateurs et aux gourmands de fromages. Il vous conviera à un voyage aussi complet que possible dans toutes les régions de France, qui vous apprendra tout ce que vous devez savoir sur le fromage et vous aidera dans votre choix. Il est en effet indispensable d'avoir une connaissance experte du produit pour pouvoir en apprécier les saveurs franches et authentiques. Il sera le manuel, le guide sûr de l'amphitryon qui veut tenir bonne table : il est capable d'éduquer celui qui désire bien recevoir, car il l'initiera de façon rationnelle aux secrets des fromages. Les connaisseurs le liront avec intérêt et plaisir. Les amateurs le placeront sur quelque rayon choyé de leur bibliothèque et le consulteront à chaque occasion.

En écrivant cette préface, j'ai l'impression de remplir un devoir de reconnaissance envers ce joyau de la table. Oui, j'aime le fromage, ce merveilleux produit inscrit dans la grande triade avec le pain et le vin.

Depuis la nuit des temps, le fromage est présent dans notre alimentation. Devenu mets national français, il est le reflet de la nature autant que de l'histoire des hommes. Il a une signification naturelle et culturelle. Il reste un concentré de l'aliment de vie qu'est le lait, dont il permet de conserver les vertus. L'étendue de la gamme des fromages qui, au début de notre ère, retint déjà l'attention naturaliste de Pline l'Ancien, devait atteindre son apogée en France, où elle reflète à la fois la diversité des terroirs et de leurs productions issues des multiples variations sur les thèmes anciens de l'art laitier d'un lointain passé et celles des institutions sociales, économiques qui s'y développèrent ; l'exemple des fromageries monastériennes ou celui des avatars redevanciers des tommes, ou reblochons, ont pu le montrer.

Pour conclure, qu'y a-t-il de plus agréable, de plus enrichissant et de plus satisfaisant que l'art de savoir soi-même choisir tel fromage plutôt que tel autre pour mieux l'apprécier, mieux le comprendre ?

Joël Robuchon

11

Comment utiliser ce livre ?

Cet ouvrage est un guide pratique qui vous aidera à identifier et à choisir les fromages. Plus de 350 produits y sont présentés par ordre alphabétique. Certains fromages appartenant à une même famille font l'objet d'une description groupée. Pour chaque fromage, vous trouverez des détails sur son lieu de production, son aspect, son odeur et son goût. Plusieurs encadrés thématiques, répartis au fil des pages, apportent en outre des informations complémentaires. À la fin de l'ouvrage, un bref glossaire explique quelques termes techniques ; il est complété par une liste de revendeurs et de marchés spécialisés dans le fromage. Les dernières pages sont occupées par un index détaillé indiquant où chacun des fromages présentés dans le guide a été acheté.

Un emmental entier.

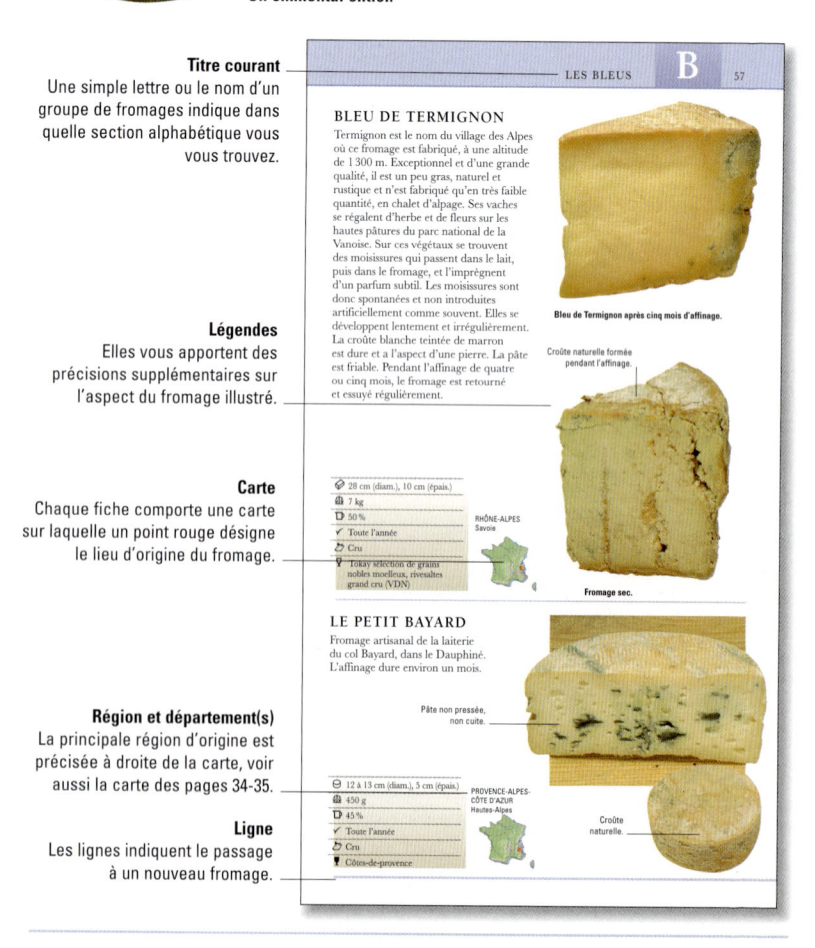

Titre courant
Une simple lettre ou le nom d'un groupe de fromages indique dans quelle section alphabétique vous vous trouvez.

LES BLEUS **B** 57

BLEU DE TERMIGNON

Termignon est le nom du village des Alpes où ce fromage est fabriqué, à une altitude de 1 300 m. Exceptionnel et d'une grande qualité, il est un peu gras, naturel et rustique et n'est fabriqué qu'en très faible quantité, en chalet d'alpage. Ses vaches se régalent d'herbe et de fleurs sur les hautes pâtures du parc national de la Vanoise. Sur ces végétaux se trouvent des moisissures qui passent dans le lait, puis dans le fromage, et l'imprègnent d'un parfum subtil. Les moisissures sont donc spontanées et non introduites artificiellement comme souvent. Elles se développent lentement et irrégulièrement. La croûte blanche teintée de marron est dure et a l'aspect d'une pierre. La pâte est friable. Pendant l'affinage de quatre ou cinq mois, le fromage est retourné et essuyé régulièrement.

Bleu de Termignon après cinq mois d'affinage.

Légendes
Elles vous apportent des précisions supplémentaires sur l'aspect du fromage illustré.

Croûte naturelle formée pendant l'affinage.

- 28 cm (diam.), 10 cm (épais.)
- 7 kg
- 50 %
- Toute l'année
- Cru
- Tokay sélection de grains nobles moelleux, rivesaltes grand cru (VDN)

RHÔNE-ALPES
Savoie

Carte
Chaque fiche comporte une carte sur laquelle un point rouge désigne le lieu d'origine du fromage.

Fromage sec.

LE PETIT BAYARD

Fromage artisanal de la laiterie du col Bayard, dans le Dauphiné. L'affinage dure environ un mois.

Pâte non pressée, non cuite.

- 12 à 13 cm (diam.), 5 cm (épais.)
- 450 g
- 45 %
- Toute l'année
- Cru
- Côtes-de-provence

PROVENCE-ALPES-CÔTE D'AZUR
Hautes-Alpes

Croûte naturelle.

Région et département(s)
La principale région d'origine est précisée à droite de la carte, voir aussi la carte des pages 34-35.

Ligne
Les lignes indiquent le passage à un nouveau fromage.

LANGRES (AOC)

Comme son nom l'indique, ce produit artisanal est originaire des hautes plaines de Langres, en Champagne. Il a la forme d'un cylindre dont le dessus est évidé sur une profondeur d'environ 5 mm : ce creux s'appelle la « fontaine ». On peut y verser du champagne ou du marc, ce qui est, dans les régions vinicoles, une manière typique d'accommoder le fromage.

Sa surface est collante, humide et brillante ; son odeur est forte. La pâte est ferme et souple, fondante au palais ; elle révèle une combinaison complexe d'arômes. Le goût de sel est également assez prononcé, mais le langres est moins fort que l'époisses de Bourgogne (voir p. 166). Les fromages photographiés ici sont parfaitement à point.

L'affinage de ce fromage, fabriqué en deux tailles, est mené dans des zones fixées par le règlement de l'AOC et dure généralement cinq ou six semaines. Dans une cave à 95 % d'humidité, les fromages sont régulièrement frottés à la saumure, avec une toile humide ou à la main. L'affinage dure au moins vingt et un jours pour les fromages de grand format, quinze jours pour les petits. La croûte est colorée au rocou, teinture extraite du rocouyer et que l'on ajoute parfois aussi au beurre et à d'autres fromages.

Pâte non pressée, non cuite, de couleur blanche à beige clair, plus molle vers le cœur.

Croûte lavée lisse et fine, rouge brique à marron clair.

- ⊖ Grand : 16 à 20 cm (diamètre), 5 à 7 cm (épaisseur) ; petit : 7,5 à 9 cm (diamètre), 4 à 6 cm (épaisseur)
- ⚖ 800 g minimum (largeur) ; petit : 150 g minimum
- ♣ 42 g minimum pour 100 g
- 🜨 50 % minimum, 21 g minimum
- ✓ Toute l'année
- Pasteurisé
- ⛿ Marc de Champagne

CHAMPAGNE-ARDENNE Haute-Marne;
LORRAINE Vosges;
BOURGOGNE Côte d'Or

Spécifications de l'AOC

1 Le caillé tranché ne doit être ni rincé ni malaxé. L'usage du lait concentré ou reconstitué est prohibé.
2 Il est permis de colorer au rocou la saumure avec laquelle la croûte est frottée, afin de lui donner une teinte rouge orangé.

AOC DÉLIVRÉE EN 1975

Nom du fromage
Si un fromage est connu sous plusieurs noms, le premier est son nom local ; les autres sont ceux sous lesquels il est couramment désigné.

Description
Vous trouverez sous cette rubrique les informations concernant le lieu de production, l'aspect, la saveur et l'odeur de chaque fromage. Pour certains fromages AOC ou très importants, quelques détails sur la méthode de fabrication sont donnés.

Caractéristiques essentielles
Pour chaque fromage, vous connaîtrez : dimension, forme, poids brut et net, teneur en matières grasses, meilleure période d'achat, de dégustation et temps d'affinage (voir légende).

Spécifications de l'AOC
Ces encadrés résument les principales règles auxquelles est soumise la production en vue de l'obtention d'une appellation d'origine (voir p. 28-29).

Termes techniques

L'affinage est la période de maturation des fromages.

AOC est l'abréviation d'appellation d'origine contrôlée. Ce label est délivré par une instance indépendante, l'INAO, après contrôle de la qualité et du mode de production des fromages (voir p. 28-29).

AOP est l'abréviation d'appellation d'origine protégée. C'est l'équivalent de l'AOC au niveau européen (voir p. 28-29).

Fermier, artisanal, laitier et **industriel** sont des termes définissant la méthode de production.

La pâte est la partie du fromage enserrée dans la croûte.

Voir aussi le glossaire p. 276-277.

Légende des caractéristiques essentielles

Les tableaux fournissent des renseignements sur les fromages.

⊖	Forme
⚖	Poids
♣	Matière sèche, c'est-à-dire poids du fromage débarrassé de son eau
🜨	Teneur en matières grasses. La mention « variable » signifie que la teneur en matières grasses n'est pas spécifiée
✓	Période de l'année durant laquelle le fromage se déguste
🐄	Fabriqué au lait de vache – cru, pasteurisé, écrémé, etc.
🐑	Fabriqué au lait de brebis
🐐	Fabriqué au lait de chèvre
🍺	Boisson d'accompagnement conseillée : bière ou cidre
🥂	Boisson d'accompagnement conseillée : champagne
☕	Boisson d'accompagnement conseillée : café
🍷	Boisson d'accompagnement conseillée : vin rouge
🍸	Boisson d'accompagnement conseillée : vin blanc ou rosé
⛿	Boisson d'accompagnement conseillée : spiritueux (marc...)

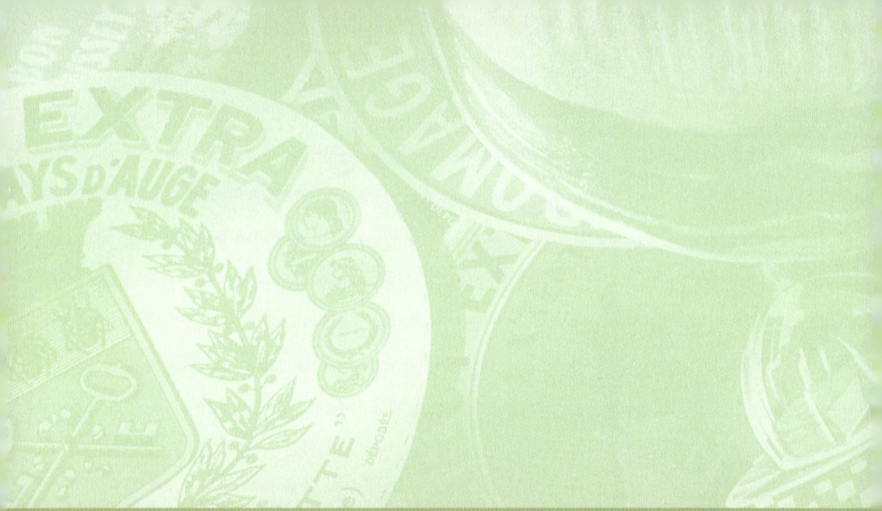
EXTRA
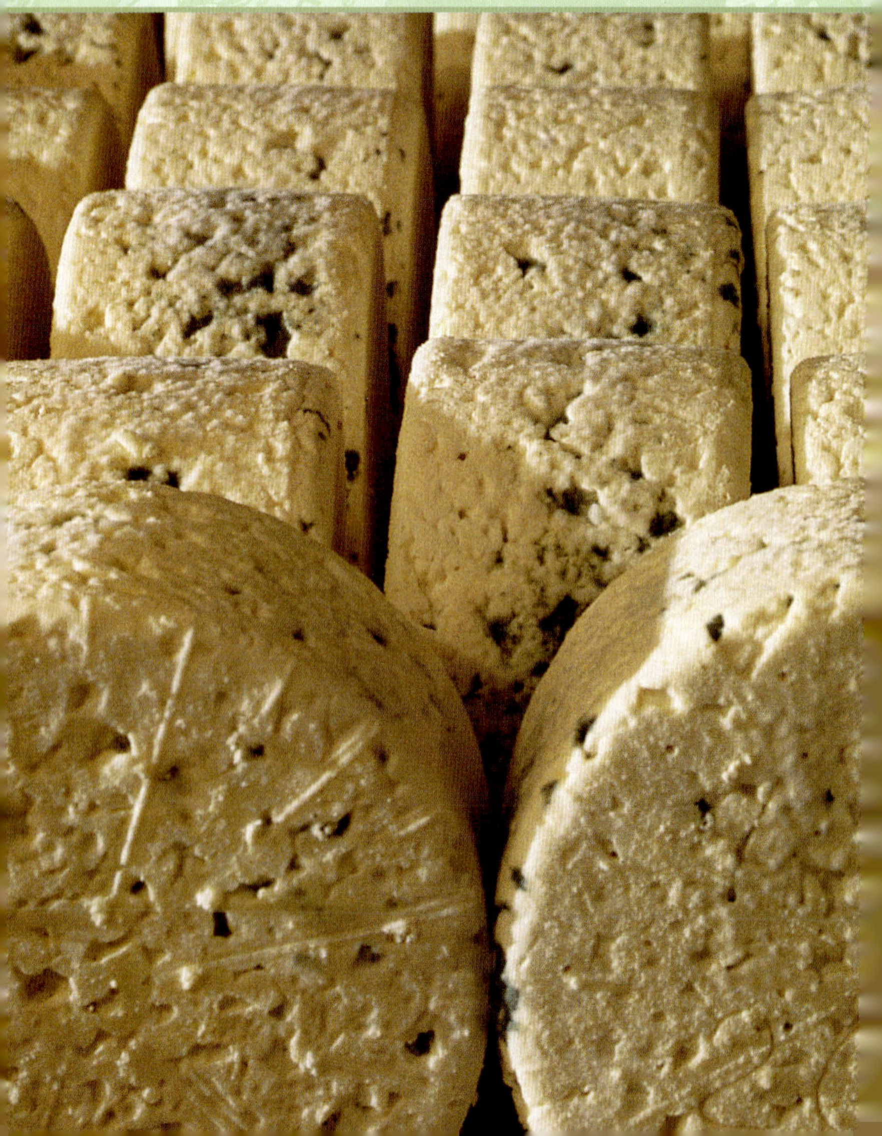

Introduction

Les origines du fromage

« Repose-toi avec moi sur l'herbe verte : nous avons des fruits mûrs, des châtaignes tendres et beaucoup de fromage frais. » Virgile, 42 av. J.-C.

Le fromage est l'un des plus anciens aliments manufacturés. La première trace de son existence remonte à environ 3000 av. J.-C. : des documents sumériens de cette époque mentionnent déjà une vingtaine de fromages frais différents. On a découvert en Europe et en Égypte quelques débris d'ustensiles de laiterie qui semblent dater de la même époque. Cependant, on ignore à quand remonte l'invention du fromage. Une théorie répandue prétend que, vers 10000 av. J.-C., date de la domestication des moutons et des chèvres, les bergers découvrirent les avantages de la séparation du lait fermenté en petit-lait et en caillé. Celui-ci, une fois égoutté, façonné et séché, devenait un aliment simple et nourrissant. Les fromages au lait de vache ne firent leur apparition que deux mille ou trois mille ans plus tard, la domestication des bovins étant beaucoup plus tardive que celle des ovins et des caprins.

Le fromage dans l'Antiquité gréco-romaine

La littérature antique, y compris l'Ancien Testament, fait diverses allusions au fromage. *L'Odyssée* d'Homère raconte comment, sous les yeux d'Ulysse et de ses compagnons cachés dans sa grotte, le Cyclope trait ses brebis et ses chèvres, fait cailler la moitié du lait, égoutte le caillé et le dépose dans des faisselles de jonc.

Les fromages romains

Les Romains se régalaient de fromage, soit cru, soit cuit avec du vin blanc doux et de l'huile d'olive et façonné en pains appelés *glycinas*. Dans son traité

Les fromages de vache
Depuis des milliers d'années, les vaches sont sélectionnées pour la qualité et la quantité de leur lait, destiné à la fabrication du fromage.

d'économie agricole daté des années 60-65, Columelle explique comment fabriquer du fromage à partir de lait frais additionné de *coagulum*, c'est-à-dire de présure extraite du quatrième compartiment de l'estomac des veaux et des chevreaux, la caillette.

Le caillé était ensuite pressé pour extraire le petit-lait, puis salé et mis à durcir à l'ombre. Columelle précise que le sel, en plus de relever le goût, aide au séchage et à la conservation du fromage. Le fromage terminé était lavé, séché et emballé pour l'expédition, parfois vers une caserne de l'armée, puisqu'il faisait partie de la ration quotidienne des légionnaires. On dit que César lui-même se régala d'un fromage bleu à Saint-Affrique, c'est-à-dire à quelques kilomètres de Roquefort-sur-Soulzon, où l'on fabrique encore aujourd'hui le plus réputé des bleus.

Le fromage et la langue

L'impressionnant réseau des voies romaines facilita la communication et influa sur les langues. Le mot latin *caseus* désignant le fromage a donné l'italien *cacio*, l'allemand *käse* et l'anglais *cheese*, ainsi que l'espagnol *queso* et le portugais *queijo*. L'italien *formaggio* et le français *fromage* dérivent également du latin, mais leur racine est grecque : *formos*, faisselle.

Après l'ère romaine

Peu après la chute de l'Empire romain, les envahisseurs barbares déferlèrent sur l'Europe. Des vagues de pilleurs normands, mongols et sarrasins, suivies d'épidémies de peste bubonique, dévastèrent le continent. Les recettes et techniques fromagères mises au point au fil des millénaires se perdirent peu à peu, sauf dans des vallées ou des monastères reculés. C'est là qu'ont pu être préservées certaines des plus anciennes méthodes de fabrication, dont nous profitons encore aujourd'hui des bienfaits.

Le fromager
On appelle fromager celui qui fabrique le fromage et celui qui le vend. Nombreux sont les artisans qui produisent et affinent leurs produits dans des exploitations familiales, en se transmettant des traditions de génération en génération.

L'affinage à l'ancienne
Certaines méthodes d'affinage remontent à plusieurs millénaires. Le but premier de l'affinage est de faire durcir le fromage afin qu'il se conserve.

La variété des fromages

« L'âge importe peu, à moins d'être un fromage. » LUIS BUÑUEL

EN FRANCE, la variété des fromages est telle qu'il peut sembler difficile de les distinguer lors d'une visite chez un fromager. Il existe pourtant des différences fondamentales liées au lait utilisé (voir p. 21) et aux méthodes de production, qui jouent un rôle essentiel sur les caractéristiques des pâtes et croûtes matures.

Tout au long de cet ouvrage, des tableaux indiquent pour chaque fromage son lait de fabrication, sa taille, son poids, son pourcentage de matières sèche et grasse, ses dates de production, ainsi que, pour nombre d'entre eux, des précisions sur la durée et la méthode d'affinage (salage et temps de maturation). Le type de pâte et de croûte est défini dans les légendes apparaissant sous les photographies.

Vous trouverez dans les pages suivantes un aperçu des principales familles de fromages, classés selon leur mode de fabrication et le type de pâte et de croûte.

Les fromages frais, sans croûte

Ces fromages moulés et malaxés lors de la fabrication ne subissent aucun affinage (temps de maturation). Parmi eux figurent les fromages frais (voir p. 176-180) et le boursin (voir p. 257).

Les fromages à pâte molle

Les fromages à pâte molle sont groupés selon leur type de croûte.

Le camembert (voir p. 92) et le brie (voir p. 80) constituent probablement les exemples les plus célèbres de fromages à pâte molle et croûte fleurie. Le chaource (voir p. 102), le neufchâtel (voir p. 196), ainsi que les fromages à triple et double crème (voir p. 256-261) appartiennent également à cette catégorie.

À l'image du munster (voir p. 192) et de plusieurs fromages corses, certains fromages à pâte molle présentent une croûte lavée.

D'autres possèdent une moisissure naturelle, parfois enrobée de cendres, comme de nombreux fromages de chèvre parmi lesquels les chèvres de la Loire (voir p. 104-111) et les chèvres de pays (voir p. 112-137).

Les bleus

Appartiennent à la famille des bleus (voir p. 51-57) le persillé (voir p. 204) et le fameux roquefort (voir p. 216), deux parfaits exemples de fromages à pâte molle, veinés de moisissures bleues.

L'affinage des fromages de chèvre
Selon le fromage, la période d'affinage varie de quelques jours à plusieurs mois ; celle des fromages de chèvre oscille de deux à quatre semaines.

Le lait de vache entre dans la composition de nombreux fromages, du brie à pâte molle au beaufort à pâte dure.

LA VARIÉTÉ DES FROMAGES

Brebis et fabrication du fromage
Dans les Pyrénées, on utilise traditionnellement du lait de brebis dans la production de fromages à pâte mi-dure et moisissure naturelle, pressés et non cuits.

Les fromages à pâte pressée
Durant l'affinage, des fromages sont pressés pour en éliminer le plus d'eau possible. Celle-ci détermine la classification du produit parvenu à maturité en mi-dur ou dur (les fromages non pressés entrent dans la catégorie des fromages à pâte molle).

Les fromages mi-durs
Parmi ces fromages figurent divers fromages à la moisissure naturelle, comme le saint-nectaire (voir p. 224), les brebis des Pyrénées (voir p. 66-79), le cantal et ses cousins (voir p. 94), mais aussi plusieurs fromages appartenant à la famille de la tomme de Savoie (voir p. 231-238).

D'autres fromages mi-durs ont une croûte lavée, brossée et paraffinée, tels que le beaumont (voir p. 47) et le port-du-salut (voir p. 209).

Production de lait
En une année, une vache peut produire jusqu'à dix fois plus de lait qu'une chèvre, et trente fois plus qu'une brebis.

Les fromages à pâte dure
Parfaits exemples de fromages à pâte dure ayant été pressés lors de l'affinage, le comté (voir p. 142) et le beaufort (voir p. 48) sont qualifiés de fromages cuits, leur fabrication nécessitant le chauffage du lait (dans la majorité des cas, la pâte des fromages n'est pas cuite durant la période de maturation).

Les fromages frais au petit-lait
Le fromage de lactosérum (voir p. 181-182) et le broccio corse (voir p. 146) en sont les meilleurs exemples.

Les autres fromages
Cet ouvrage groupe également un certain nombre de produits à base de fromage, comme le fromage fort (voir p. 173-175), souvent marinés dans du vin ou enrobés d'herbes. Les fromages fondus (voir p. 23) constituent un groupe distinct.

LA VARIÉTÉ DES FROMAGES

LAITS UTILISÉS POUR PRODUIRE LE FROMAGE

Nos fromages sont fabriqués avec du lait de vache, de chèvre ou de brebis, ou avec des laits mélangés. C'est le lait utilisé qui détermine le goût du produit fini. Le lait de brebis est le plus concentré ; il donne un fromage fort, charpenté, au goût affirmé et à l'arrière-goût prononcé.

La lactation de la vache dure en moyenne trois cent cinq jours par an, durant lesquels l'animal fournit 6 000 kg de lait. Une chèvre en donne 644 kg en deux cent quarante jours et une brebis 200 kg en cent quatre-vingts jours.

On utilise le lait cru ou pasteurisé. Le lait cru n'est pas chauffé avant transformation et doit être utilisé dans les douze heures qui suivent la traite. Il peut attendre jusqu'à vingt-quatre heures s'il est réfrigéré à 4 °C. Le lait cru, qui contient des bactéries naturelles, donne un fromage plus raffiné. Les fromages fermiers sont au lait cru, dont l'emploi est d'ailleurs obligatoire pour obtenir certaines AOC (voir p. 28).

Le lait pasteurisé est traité à haute ou basse température avant transformation. Pour pasteuriser le lait à basse température, on le chauffe de 72 à 85 °C pendant quinze secondes avant de le réfrigérer à 4 °C. Ce procédé, largement utilisé dans les fromageries industrielles, détruit une grande partie des bactéries présentes dans le lait, ce qui permet de le conserver plus longtemps ; à ne pas confondre avec la définition du fromage cuit (voir ci-contre). Les fromages d'usine au lait pasteurisé sont de goût et d'aspect ordinaires.

Poids et composition de 1 litre de lait

	Lait de vache	Lait de chèvre	Lait de brebis
Matières grasses	35 à 45 g	30 à 42 g	65 à 75 g
Protéines	30 à 35 g	28 à 37 g	55 à 65 g
Lactose	45 à 55 g	40 à 50 g	43 à 50 g
Sels minéraux	7 à 9 g	7 à 9 g	9 à 10 g
Eau	888 à 915 g	892 à 925 g	838 à 866 g
Poids approximatif	1 032 g	1 030 g	1 038 g

(D'après *Les Productions laitières*, vol. 1, 1996, Tableau des calories, 1992).

La saveur de la vie
Le lait des brebis d'alpage exhale un parfum de fleurs sauvages.

Du pain, du vin, du fromage

« Le fromage est certainement le meilleur des aliments, et le vin la meilleure des boissons. » PATIENCE GRAY, 1957

En France, le vin et le fromage ont toujours été considérés comme inséparables. Il ne faut toutefois pas oublier le pain, qui vient cimenter cette union. Existe-t-il plus grand plaisir dans la vie que de déguster un fromage fermier à point avec un verre de bon vin et un morceau de pain frais ? L'avantage de cette combinaison, c'est que chacun des trois éléments qui la composent se mange à l'état brut, c'est-à-dire sans préparation : cela en fait l'en-cas rapide par excellence. Dans ces conditions, on ne s'étonnera pas que des générations de paysans s'en soient remis aux formes locales de pain, de vin et de fromage pour prendre des forces en travaillant aux champs.

Le vin et le fromage
Dans cet ouvrage sont suggérées des alliances de vins et de fromages.

La « Sainte Trinité » de la table

La perfection de ce mariage a souvent fait dire aux commentateurs que le fromage, le vin et le pain formaient la Sainte Trinité de la table. L'expression est parfois attribuée à l'humaniste François Rabelais, dont les écrits reflètent un grand amour des nourritures terrestres. Né à Chinon vers 1494, il a certainement goûté aux fromages de chèvre de Touraine que nous connaissons encore.

L'idée de Sainte Trinité était très présente à l'esprit de Rabelais, qui passa la majeure partie de son existence dans un habit de moine. Il reconnaissait pourtant que les fruits accompagnent mieux certains fromages que le pain : « Rien n'est comparable au mariage de maître fromage avec maîtresse poire. »

L'action des bactéries et des levures

Bien que le pain, le fromage et le vin proviennent de sources différentes – le premier des céréales, le deuxième du lait et le troisième du raisin –, tous se développent grâce à des levures et à des bactéries. Sans les transformations entraînées par la fermentation, la pâte à pain ne lèverait pas, le vin ne serait pas alcoolisé et le fromage n'aurait pas le goût de fromage. En outre, c'est également à la fermentation que ces aliments doivent leur faculté de conservation.

La charpente et le bouquet d'un vin sont indissociables du cépage employé, de la technique de vinification et de la durée du vieillissement ; de même, la saveur, la consistance, l'arôme d'un fromage dépendent entièrement du lait dont il est issu – lait de vache, de chèvre, de brebis ou mélange de différents laits – et des méthodes de fabrication et d'affinage.

Une baguette croustillante
La baguette est meilleure très fraîche. Accompagnée d'un généreux morceau de fromage et d'un bon vin, elle constitue un savoureux repas complet.

Choisir le bon pain...

Le mariage des aliments est affaire d'harmonie et de contraste entre divers aspects, consistances, températures, goûts, parfums. Tous ces critères sont variables selon les préférences de chacun. Il est toutefois bon de suivre le principe suivant : plus le fromage est délicat, plus blanc et moins salé doit être le pain qui l'accompagne. Les pains épicés, souvent préparés au lait aigre, possèdent par eux-mêmes un petit goût lacté qui met parfaitement en valeur les fromages corsés comme les bleus.

...et le bon vin

Malgré l'abondance de conseils dispensés ici et là sur l'association des vins et des mets, il n'existe pas de règle stricte. Le meilleur choix est presque toujours celui qui se fonde sur les goûts personnels, chacun ayant des préférences qui n'appartiennent qu'à lui. Le seul moyen de découvrir et d'affiner vos goûts est de goûter le plus de vins possible avec le plus large éventail de plats possible.

Pour changer de la viande
Le fromage est une source de protéines et peut remplacer la viande lors d'un repas : dégustez-le avec des pommes de terre, une salade et un bon vin.

LE FROMAGE FONDU

Le fromage fondu a été inventé vers 1908 par les Suisses, qui cherchaient un moyen d'écouler leurs excédents de fromage. En 1911 fut fabriqué le premier fromage fondu à l'emmental, commercialisé par la société suisse Gerber. Au même moment avaient lieu des recherches similaires aux États-Unis.

La première usine d'Europe destinée à la production en masse de fromage fondu fut ouverte en 1917 dans le Jura par les frères Graf. En 1921, Léon Bel déposa la marque la Vache qui rit. Un décret de 1953 précise ce que doit contenir un fromage fondu en termes de matières grasse et sèche ; la loi inspirée de ce décret a été révisée en 1988.

Le fromage fondu n'a de fromage que le nom. Un ou plusieurs fromages vieillis sont chauffés et mélangés, puis pasteurisés de 130 à 140 °C, après adjonction d'autres produits laitiers : lait liquide ou en poudre, crème, beurre, caséine, petit-lait, ainsi que divers assaisonnements. Si le fromage fondu a l'avantage de se conserver longtemps, le goût des fromages mis en œuvre est modifié.

Certains fromages fondus sont fabriqués à partir de fromages du même type ; d'autres mélangent des produits de familles différentes. Les plus utilisés sont l'emmental et le cantal, mais on y trouve aussi du saint-paulin (voir p. 226) ou du roquefort (voir p. 216), qui permettent de varier le goût. Certains sont parfumés au poivre, aux fines herbes, au jambon, à l'oignon, aux champignons et même aux fruits de mer.

Bonjura
Ce fromage fondu à tartiner, présenté en boîte métallique, est produit deux fois par an spécialement pour l'armée française. Il se conserve longtemps et existe nature ou au jambon.

Les produits de Normandie
La Normandie est mondialement réputée pour ses beurres fins et ses fromages – camembert, pont-l'évêque – qui s'accompagnent souvent avec bonheur de l'alcool de pomme local, le calvados.

Contrairement aux mets composés de plusieurs ingrédients, le fromage est un aliment à composante unique relativement facile à marier. Tenez compte de sa texture et de son goût plutôt que de son odeur. Quand un vin précis est suggéré pour accompagner un fromage, c'est généralement en raison d'une complémentarité établie à partir de certaines similitudes et de certains contrastes.

Un fromage gras et doux peut s'allier à merveille avec un vin lui aussi doux et moelleux, tandis qu'un fromage très acide offrira un agréable contraste avec un vin doux assez fort en alcool. Les fromages très salés réclament souvent un vin assez acide. Rappelez-vous que plus un fromage est affiné, plus il sera agressif et mordant à l'égard du vin.

On croit souvent, à tort, que seul le vin rouge convient au fromage. La raison principale de cette idée est que l'on sert souvent le fromage en fin de repas, et qu'à ce moment il est difficile de revenir à un vin blanc sec, surtout après un rouge bien charpenté. Il n'en est pas moins vrai que le vin blanc est quelquefois un meilleur allié que le vin rouge pour la dégustation du fromage. Cela vaut la peine de tenter l'expérience. Bien souvent, les vins recommandés dans cet ouvrage par Robert et Isabelle Vifian proviennent de la même région que le fromage concerné.

Leurs suggestions s'appuient sur les traditions observées par les autochtones.

Le vin n'est d'ailleurs pas la seule boisson qui aille bien avec le fromage. Dans certaines régions telle la Normandie, où l'on ne produit quasi pas de vin, il est d'usage de choisir un bon cidre ou une bonne bière locale, et parfois même du café. Les fromages affinés à l'eau-de-vie se marient bien avec le marc.

Nos suggestions ne sont pas des consignes impératives. Ce qui doit présider à votre choix, c'est votre goût et votre plaisir personnels.

VALEUR NUTRITIVE DU FROMAGE

Le fromage est recommandé aux enfants et aux personnes âgées en raison de sa haute valeur nutritive. Il contient moins d'eau que le lait, mais les mêmes nutriments : matières grasses, protéines, sels minéraux (calcium, phosphore), vitamines A et B. Les protéines sont transformées par la digestion en acides aminés assimilables. Le fromage renferme aussi beaucoup de bêtacarotène (ou vitamine A) ; les seuls éléments qui en sont absents sont la vitamine C et les fibres. Associé à des fruits et légumes, il constitue donc un repas complet.

Valeur nutritionnelle pour 100 g

	Protéines	Matières grasses	Calcium	Calories
Fromage frais	6,5 à 9,6 g	0 à 9,4 g	75 à 170 mg	44 à 160 kca
Pâte molle (camembert)	20 à 21 g	20 à 23 g	150 à 380 mg	260 à 350 kcal
Pâte pressée non cuite (tomme)	24 à 27 g	24 à 29 g	657 à 865 mg	326 à 384 kcal
Pâte pressée cuite (comté)	27 à 29 g	28 à 30 g	900 à 1 100 mg	390 à 400 kcal
Pâte persillée (roquefort)	20 g	27 à 32 g	722 à 870 mg	414 kcal

Spécialités régionales
Le nord-est de la France est le berceau du fromage de Langres, traditionnellement associé au marc de Champagne régional.

Les fromages français aujourd'hui

« Un peuple ayant trois cent soixante-cinq variétés de fromage est ingouvernable. » Général de Gaulle

Depuis que Charles de Gaulle a émis ce célèbre jugement, il y a plus de quarante ans, le nombre de fromages produits en France a augmenté pour atteindre, selon des estimations récentes, les cinq cents. On pourrait encore grossir ce chiffre en y incluant les fromages locaux ou familiaux introuvables en dehors de leur lieu de production. Les chiffres indiquent donc que la fromagerie française se porte bien, impression confirmée par les statistiques officielles ainsi que par la large gamme de produits proposés dans les magasins, les restaurants et les supermarchés.

Une étonnante variété
La demande a conduit à l'industrialisation de la production de fromages tels que le camembert, aujourd'hui présent dans le monde entier.

L'évolution des mentalités
Le déclin de la consommation de viande et l'habitude moderne du grignotage, qui tend à remplacer les repas cuisinés traditionnels, favorisent la consommation de fromage. Rien n'est plus facile, délicieux et nourrissant qu'un morceau de fromage avec du pain, de la salade et un fruit. Bien sûr, nous verrons encore longtemps paraître le plateau de fromages à la fin d'un grand repas. Nous sommes de plus en plus nombreux à penser que les menus doivent être allégés pour laisser de la place au fromage, faute de quoi seuls les plus gros appétits leur rendent justice.

L'influence du supermarché
L'un des changements les plus radicaux dans la vente et la production des fromages de France est le récent avènement du supermarché. Même dans les régions rurales, les grandes surfaces supplantent peu à peu les petits commerces qui proposaient à la fois articles ménagers, alimentation et boissons. Les supermarchés, bien qu'ils soient l'objet d'un feu constant de critiques venant de ceux qui ont oublié combien il était frustrant de ne pas trouver ce que l'on cherchait à l'épicerie du village, ont fait baisser les prix et offrent une plus vaste sélection de produits frais dignes de ce nom. Leur point faible reste cependant le fromage : de nombreuses pâtes exigent en effet d'être traitées avec savoir-faire pour atteindre leur pleine maturité dans l'intégrité de leur goût et de leur texture. L'épicier du village savait affiner un camembert ou un brie et il en avait le temps ; il prenait également le risque de se retrouver avec un stock de vieux fromages malodorants dont personne ne voulait. Les supermarchés, dont la rentabilité repose sur l'écoulement rapide de grosses quantités de produits standardisés, ne peuvent appliquer de telles méthodes et préfèrent donc les fromages industriels aux produits fermiers.

Les fromagers affineurs
En ville ou à la campagne, les meilleurs fromages s'achètent chez le fromager. Tout comme les amateurs de vin, les mangeurs de fromage sont de mieux en mieux informés et donc plus exigeants qu'autrefois. Ils recherchent des produits ayant

du goût et du caractère, qualités que seul un producteur rompu aux techniques ancestrales peut atteindre, au contraire du technicien agroalimentaire travaillant en usine.

Le travail de cet artisan traditionnel est complété par l'expérience du producteur de lait. Les grands classiques ne sont pas les seuls à emporter la faveur du public : dans les exploitations modestes, on fait à la main et en petite quantité des fromages d'invention récente.

Et demain ?

Depuis une cinquantaine d'années, la production de fromage en France s'est vue soumise à un nombre croissant de règlements européens trop souvent inspirés des méthodes industrielles, et qui ne tenaient aucun compte des avantages de la production à la ferme. Rédigées par des scientifiques, ces directives étaient inadaptées aux besoins des artisans, dont certains sont détenteurs de méthodes familiales éprouvées. Depuis quelques années, certains règlements ont été assouplis et l'utilisation de procédés traditionnels fait désormais partie des conditions d'agrément pour l'AOC, comme, par exemple, la gerle en bois de châtaignier dans lequel est versé le lait servant à la fabrication du salers. Tant que les consommateurs n'auront pas découvert par eux-mêmes la supériorité des fromages fermiers faits à la main sur les produits élaborés en usine, ils ne comprendront pas pourquoi il est si important de protéger et de promouvoir les petits producteurs. Ce guide vous aidera à acquérir les connaissances nécessaires à l'identification de ces fromages.

Les marchés aux fromages
Les meilleurs produits régionaux se trouvent sur les marchés aux fromages, où les producteurs tiennent souvent leur propre échoppe.

Les appellations d'origine

« Le roquefort devrait se déguster à genoux. »
GRIMOD DE LA REYNIÈRE, 1838

QUARANTE-SIX fromages bénéficient de l'appellation d'origine contrôlée. Ce label de qualité garantit l'élaboration d'un produit dans une région déterminée, suivant une méthode de fabrication précise. Les producteurs ayant obtenu ce label sont soumis à une règlementation stricte qui interdit de distribuer sous le nom régi par l'AOC les fromages de qualité inférieure. Il permet aux consommateurs de distinguer des fromages très proches, comme le brie de Meaux (voir p. 80) et le brie de Melun (voir p. 82). Certains fromages AOC ont une longue histoire. Ainsi, le roquefort (voir p. 216-219), dont la fabrication fut accordée par Charles VI en 1411 aux seuls habitants de la ville du même nom, et qui fut mentionné dans un décret de 1666 à partir duquel se développa la juridiction de l'AOC. La première loi pour la protection du lieu d'origine date du 6 mai 1919. Aujourd'hui, un département du ministère de l'Agriculture – l'Institut national des appellations d'origine, ou INAO – est chargé de faire respecter la loi. Depuis le 1er mai 2009 l'AOC, nationale, est devenue l'AOP, appellation d'origine protégée, au niveau européen. Le cahier des charges est le même. L'AOP n'est attribuée par l'Union européenne qu'aux produits ayant déjà obtenu l'AOC. Cette mention apparaît désormais sur les étiquettes.

Label obligatoire pour les fromages AOC.

CATÉGORIES ET CONDITIONS DE PRODUCTION

Les quatre principaux modes de production autorisés dans le cadre des AOC sont : fermier, artisanal, laitier et industriel. L'appellation « fromage fermier » n'est en rien une garantie de qualité. Elle indique simplement que le fromage a été fait suivant une méthode traditionnelle.

Catégorie	Conditions de production	Rendement	Lieu de vente des produits
Fermier (Fabriqué à la ferme, en chalet d'alpage, en buron ou autre abri de montagne)	Un producteur indépendant utilise le lait d'animaux élevés dans son exploitation (vaches, chèvres ou brebis) pour faire des fromages de façon traditionnelle. Le lait de fermes environnantes ne saurait être employé. Lait cru uniquement.	Réduit	Marchés régionaux, fromageries des grandes villes. Quelques exportations.
Artisanal	Un producteur indépendant utilise le lait de ses bêtes ou en achète un autre pour faire son fromage. On appelle producteur le propriétaire de la laiterie. Le lait peut avoir été intégralement acheté ailleurs.	Réduit à moyen	Marchés régionaux, fromageries des grandes et petites villes.
Laitier (ou de fruitière)	Le fromage est fabriqué dans une seule laiterie avec du lait produit par les membres de la coopérative.	Moyen à fort	Toute la France.
Industriel	Le lait est acheté chez divers producteurs, parfois établis dans des régions lointaines. La production se fait en usine.	Fort	Toute la France et exportation vers l'étranger.

LES FROMAGES AOC OU AOP

Le tableau ci-dessous fournit une liste alphabétique des fromages AOC, avec l'année de l'attribution du label et le type de lait utilisé. La colonne de droite indique les pages où l'on trouvera des informations sur le fromage concerné, avec, pour les plus populaires, un résumé des principaux aspects de leur spécification actuelle. Pour une description détaillée de chaque fromage ayant obtenu l'AOC, précisant le lait utilisé, la région de production, les méthodes de fabrication et la durée de l'affinage, il convient de se référer au *Journal officiel*. Les producteurs prennent très au sérieux les lois de l'AOC – toute violation est en effet passible de poursuites sanctionnées par des amendes et des peines d'emprisonnement allant de trois mois à un an.

Les fromages AOC ou AOP sont facilement identifiables grâce à leur label d'appellation d'origine. Vous trouverez à la fin de cet ouvrage une liste des producteurs AOC, ainsi que leurs adresses et celle de l'INAO.

Fromage	Année de l'AOC	Lait	Page
Abondance	1990	🐄	40
Banon	2003	🐄🐐	46
Beaufort	1976	🐄	48
Bleu d'Auvergne	1975	🐄	51
Bleu des Causses	1979	🐄	52
Bleu du Haut-Jura	1977	🐄	53
Bleu du Vercors-Sassenage	1998	🐄	56
Brie de Meaux	1980	🐄	80
Brie de Melun	1980	🐄	82
Broccio	1983	🐐🐑	146
Camembert de Normandie	1983	🐄	92
Cantal	1980	🐄	94
Chabichou du Poitou	1990	🐐	105
Chaource	1977	🐄	102
Charolais	2010	🐐	119
Chevrotin	2002	🐐	139
Comté	1976	🐄	142
Crottin de Chavignol	1976	🐐	106
Époisses de Bourgogne	1991	🐄	166
Fourme d'Ambert / Fourme de Montbrison	2002	🐄	167
Laguiole	1976	🐄	98
Langres	1991	🐄	186
Livarot	1975	🐄	187
Mâconnais	2010	🐐	129
Maroilles	1976	🐄	188
Mont d'Or (vacherin du Haut-Doubs)	1981	🐄	272
Morbier	2000	🐄	194
Munster	1978	🐄	192
Neufchâtel	1977	🐄	196
Ossau-Iraty-Brebis des Pyrénées	1980	🐑	66
Pelardon	2000	🐐	203
Picodon	1983	🐐	206
Pont-l'évêque	1976	🐄	208
Pouligny-saint-pierre	1976	🐐	107
Reblochon	1976	🐄	213
Rigotte de Condrieu	2009	🐐	215
Rocamadour	1996	🐐	88
Roquefort	1979	🐑	216
Sainte-maure de Touraine	1990	🐐	108
Saint-nectaire	1979	🐄	224
Salers	1979	🐄	96
Selles-sur-cher	1986	🐐	110
Tomme des Bauges	2002	🐄	233
Valençay	1998	🐐	111

Chèvres de montagne
Les chèvres de la vallée du Rhône fournissent le lait nécessaire pour fabriquer le picodon AOC.

Acheter, conserver et déguster le fromage

L'achat
Choisissez une fromagerie bien entretenue, avec des vendeurs serviables (voir la liste de fromagers p. 278).

Les fromages, dont la qualité et l'aspect doivent primer sur la variété, doivent être coupés sous vos yeux. Apprenez à choisir le fromage d'abord à l'œil, puis au goût. Vos yeux et votre palais travailleront peu à peu ensemble.

N'achetez que ce que vous pourrez consommer. Les gros morceaux de fromages à pâte pressée (emmental…) se gardent bien, de même que les chèvres secs. Évitez les portions préemballées, souvent de moindre qualité que les fromages à la coupe.

La conservation
Le fromage contient des micro-organismes vivants qui ont besoin de respirer ; il faut toutefois éviter le dessèchement. Un gros morceau se conserve toujours mieux qu'un petit.

L'endroit idéal pour la conservation du fromage est un local sombre, frais et bien aéré. Bien qu'il remplisse les deux premières conditions, le réfrigérateur n'est pas assez ventilé.

Couvrez les parties exposées de la pâte du fromage pour le laisser respirer par la croûte uniquement. Préférez au film plastique le papier sulfurisé ou paraffiné et enveloppez les morceaux sans trop les serrer.

Ne rangez pas le fromage près d'aliments trop parfumés. Le fromage absorberait les odeurs et se gâterait.

Les petites quantités de fromage peuvent rester au réfrigérateur pour de courtes périodes à condition d'être enveloppées dans du papier sulfurisé ou paraffiné.

La dégustation
Laissez le fromage à température ambiante pendant une demi-heure avant de le servir, afin que son arôme et son parfum se développent. Couvrez-le d'un linge humide si l'air est très sec.

En coupant le fromage, prenez autant de croûte que de cœur (voir p. 31). Certains fromages se consomment sans leur croûte dure.

Proposez du pain et du vin en même temps que le fromage. Rien n'égale un fromage bien affiné associé à du pain frais et à un bon vin.

Présentation de fromage
Cet étal provençal propose un saint-marcellin affiné dans du marc et généreusement recouvert de tiges de raisin pressé destinées à intensifier son parfum.

La fromagerie de Philippe Oliver, en Normandie. ▷

ACHETER, CONSERVER ET DÉGUSTER LE FROMAGE

COMMENT COUPER LES FROMAGES

Quand on découpe un fromage, il faut veiller à ce que chacun des convives puisse disposer d'une part allant de la croûte au cœur.
La méthode dépend de la forme et de la taille du fromage. Voici comment couper certains des fromages présentés dans cet ouvrage.

Valençay (p. 111)

Emmental (p. 164)

Camembert (p. 92)

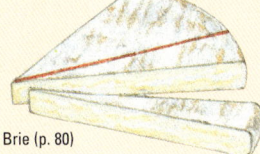

Brie (p. 80)

Charolles (p. 119)

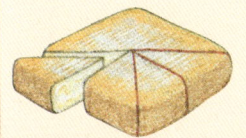

Pont-l'évêque (p. 208)

Picodon (p. 206)

Époisses (p. 166)

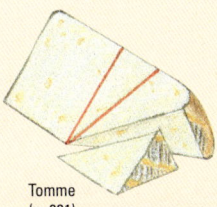

Tomme (p. 231)

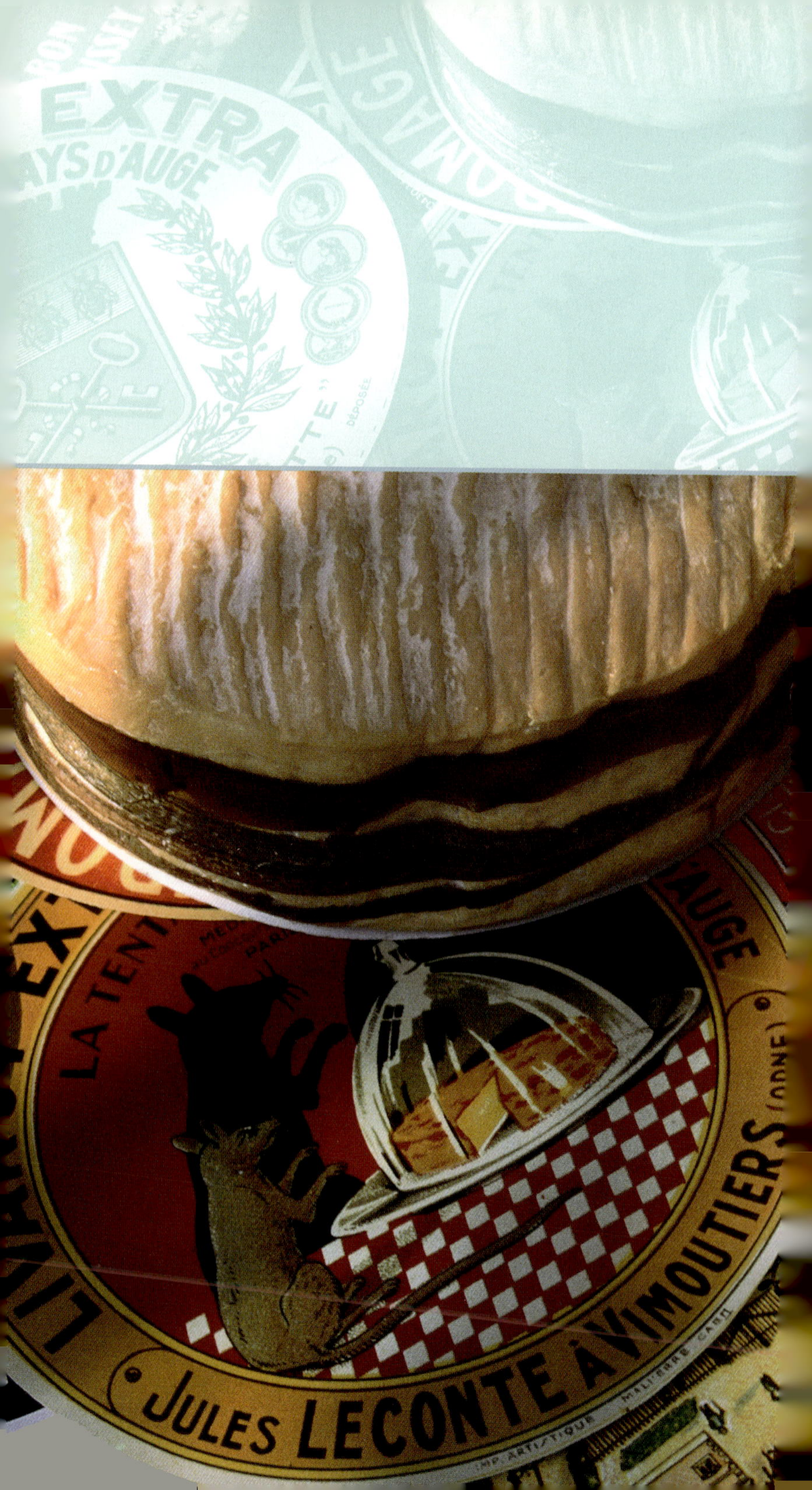
EXTRA
DÉPOSÉE
JULES LECONTE À VIMOUTIERS (ORNE)

LES FROMAGES

Carte de France

Cette carte met en évidence le découpage administratif du pays. Pour savoir où est produit tel ou tel fromage, consultez d'abord la petite carte qui accompagne sa description à l'intérieur du guide et repérez le nom de la région ou de la province. Grâce au point rouge, vous saurez déjà à peu près où chercher sur la carte.

Alsace
Bas-Rhin (67), Haut-Rhin (68)

Aquitaine
Dordogne (24), Gironde (33), Landes (40), Lot-et-Garonne (47), Pyrénées-Atlantiques (64)

Auvergne
Allier (03), Cantal (15), Haute-Loire (43), Puy-de-Dôme (63)

Bourgogne
Côte-d'Or (21), Nièvre (58), Saône-et-Loire (71), Yonne (89)

Bretagne
Côtes-d'Armor (22), Finistère (29), Ille-et-Vilaine (35), Morbihan (56)

Centre
Cher (18), Eure-et-Loire (28), Indre (36), Indre-et-Loire (37), Loir-et-Cher (41), Loiret (45)

Champagne-Ardenne
Ardennes (08), Aube (10), Marne (51), Haute-Marne (52)

Corse
Corse-du-Sud (2A), Haute-Corse (2B)

Franche-Comté
Doubs (25), Jura (39), Haute-Saône (70), Territoire de Belfort (90)

Île-de-France
Paris (75), Seine-et-Marne (77), Yvelines (78), Essonne (91), Hauts-de-Seine (92), Seine-Saint-Denis (93), Val-de-Marne (94), Val-d'Oise (95)

Languedoc-Roussillon
Aude (11), Gard (30), Hérault (34), Lozère (48), Pyrénées-Orientales (66)

Limousin
Corrèze (19), Creuse (23), Haute-Vienne (87)

Loire (Pays de la)
Loire-Atlantique (44), Maine-et-Loire (49), Mayenne (53), Sarthe (72), Vendée (85)

Lorraine
Meurthe-et-Moselle (54), Meuse (55), Moselle (57), Vosges (88)

Midi-Pyrénées
Ariège (09), Aveyron (12), Haute-Garonne (31), Gers (32), Lot (46), Hautes-Pyrénées (65), Tarn (81), Tarn-et-Garonne (82)

Nord-Pas-de-Calais
Nord (59), Pas-de-Calais (62)

Normandie (Haute-)
Eure (27), Seine-Maritime (76)

Normandie (Basse-)
Calvados (14), Manche (50), Orne (61)

Picardie
Aisne (02), Oise (60), Somme (80)

Poitou-Charentes
Charente (16), Charente-Maritime (17), Deux-Sèvres (79), Vienne (86)

Provence-Alpes-Côte-d'Azur
Alpes-de-Haute-Provence (04), Hautes-Alpes (05), Alpes-Maritimes (06), Bouches-du-Rhône (13), Var (83), Vaucluse (84)

Rhône-Alpes
Ain (01), Ardèche (07), Drôme (26), Isère (38), Loire (42), Rhône (69), Savoie (73), Haute-Savoie (74)

CARTE DE FRANCE

35

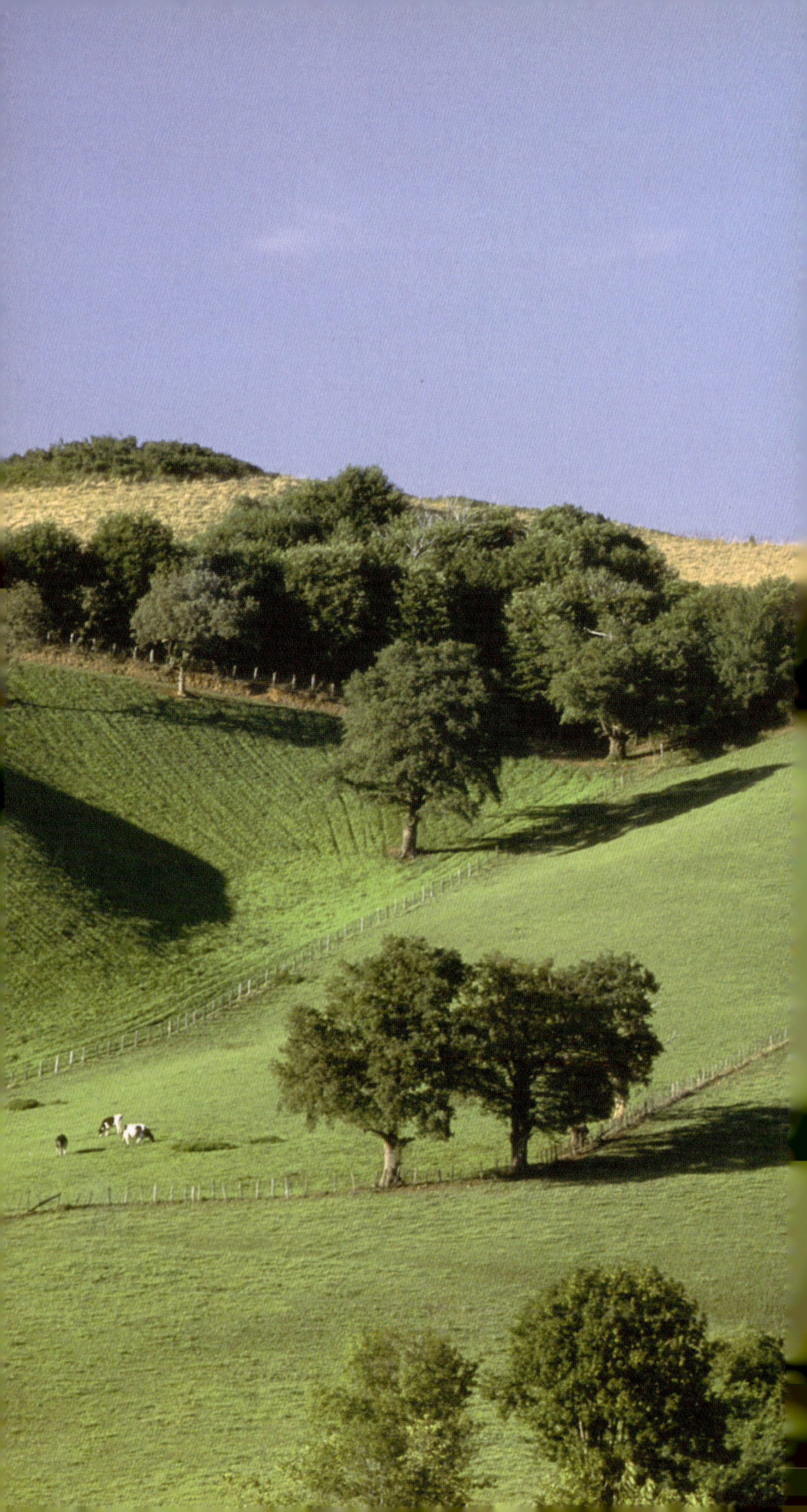

LES FROMAGES

A

ABBAYE DE CÎTEAUX

Bien que la fondation de l'abbaye de Saint-Nicolas-lès-Cîteaux remonte à quelque neuf cents ans, ce fromage fermier n'y est produit que depuis 1925. Aussi doux à l'œil qu'au palais, il est moins fort que la plupart des autres fromages à croûte lavée. Chaque année, 60 tonnes de cîteaux sont produites à partir du lait de 70 vaches montbéliardes. La consommation est surtout locale.

Pâte mi-dure, non pressée, non cuite.

- 18 cm (diam.), 3,5 cm (épais.)
- 700 g
- 45% minimum
- Toute l'année
- Cru
- Beaujolais ou bourgogne, jeune et fruité, frais

BOURGOGNE Côte-d'Or

Croûte lavée lisse d'un jaune grisâtre.

ABBAYE DE LA JOIE-NOTRE-DAME

Ce fromage fermier est produit par les sœurs de l'abbaye du même nom depuis 1953. La recette fut transmise à la congrégation lorsque celle-ci devint indépendante de l'abbaye de la Coudre (voir p. 252). Ce fromage fin et élégant est l'un des nombreux descendants du port-du-salut (voir p. 209), doyen des fromages d'abbaye, auquel il ressemble à la fois par l'aspect et par le goût. Au cours de l'affinage, il est lavé en saumure durant quatre à six semaines.

Pâte mi-dure, pressée, non cuite.

Croûte lavée.

- 20 cm (diam.), 4 cm (épais.)
- 1,4 kg
- 50%
- Toute l'année
- Cru
- Bordeaux jeune et fruité

BRETAGNE Morbihan

◀ **Bétail paissant à flanc de coteau, au Pays basque.**

ABBAYE DU MONT-DES-CATS

Les moines de cette abbaye située près de Godewaersvelde ont lancé la production de ce fromage artisanal en 1890, en appliquant la recette du port-du-salut (voir p. 209). Le fromage ci-contre, affiné selon des méthodes modernes, n'est pas encore à point. Les petits trous sont caractéristiques. On le sert souvent au petit déjeuner avec du café. Au cours de l'affinage (un mois minimum), la meule est lavée avec une teinture rouge.

⊖	25 cm (diam.), 4 cm (épais.)
⚖	2 kg
🗋	45 à 50% minimum
✓	Toute l'année
⌒	Cru
🍷	Graves

NORD-PAS-DE-CALAIS Nord

Pâte dure, pressée, non cuite.

Croûte passée dans un bain de saumure coloré au rocou, teinture extraite des graines rouges du rocouyer.

ABBAYE DE LA PIERRE-QUI-VIRE

Ce fromage et la boule des moines (ci-dessous) sont des fromages fermiers, biologiques, fabriqués par les moines de l'abbaye de la Pierre-qui-Vire. Pendant ses deux semaines d'affinage, le fromage est lavé dans un bain de saumure. À déguster frais.

⊖	10 cm (diam.), 2,5 cm (épais.)
⚖	200 g
✓	Toute l'année, meilleur en été et en automne
⌒	Cru
🍷	Beaune

Croûte lavée.

Pâte molle, lisse et souple, non pressée, non cuite.

BOULE DES MOINES

Cette variante du précédent, à pâte fraîche et molle, a été créée pour relancer les ventes. Sa pâte est fortement parfumée d'ail.

Pâte molle, aromatisée à l'ail, à la ciboulette et au poivre.

Boules des moines.

BOURGOGNE Yonne

⊖	5 à 7 cm (diamètre)
⚖	100 à 150 g
✓	Toute l'année, surtout en été et en automne
⌒	Cru
🍷	Irancy, jeune et fruité

ABONDANCE (AOC)

Trois races de vaches fournissent le lait nécessaire à la fabrication de ce fromage de montagne de taille moyenne : montbéliardes, tarines et d'Abondance. Les bêtes ne consomment pas d'ensilage ni d'autres aliments fermentés.

Le fromage d'alpage (voir p. 78) montré ici a été fabriqué en chalet au mois de septembre. Il sent fort et son goût complexe est très particulier : équilibre d'acidité et de douceur avec un arrière-goût persistant. La croûte et la couche grise se trouvant juste dessous ne se mangent pas.

L'abondance peut être de fabrication artisanale, laitière ou industrielle, mais la production, en augmentation constante, est à 40 % fermière. Les fromages fermiers portent sur le talon un label ovale bleu, les autres étant frappés d'un label carré. Lors de l'affinage, trois échantillons peuvent être prélevés dans la meule à l'aide d'une sonde.

Pâte crème ou blanche, souple mais non élastique, percée de petits trous. Mi-cuite entre 45 et 50 °C, pressée.

Croûte jaune foncé à marron, portant des traces de toile et une étiquette de caséine bleue sur le talon.

Abondance d'alpage fermier, affiné dix mois.

⊖	38 à 43 cm (diam.), 8 cm (épais.)
⚖	7 à 12 kg
♣	58 g minimum pour 100 g
⌘	48 % ou 27,84 g mini. pour 100 g
✓	À partir de l'automne pour les fromages d'alpage
⌇	Cru, entier
♀	Vin de Savoie, côtes-de-nuits-villages, morey-saint-denis, fixin

RHÔNE-ALPES
Haute-Savoie

Spécifications de l'AOC

1 Le lait ne peut être chauffé qu'une fois, au cours de l'emprésurage, à une température maximale de 40 °C. La laiterie ne peut employer ni machine ni méthode permettant de chauffer le lait plus vite et plus fort avant l'emprésurage.
2 Le salage se fait par frottement direct ou en saumure.
3 Le label de caséine doit indiquer : France, abondance, le matricule du producteur et, le cas échéant, porter la mention « fermier ».

AOC DÉLIVRÉE EN 1990

Abondance d'hiver fermier, affiné sept mois.

LA FABRICATION DE L'ABONDANCE

Il faut 100 litres de lait de vache paissant en alpage pour fabriquer un abondance de 9,5 kg.

L'emprésurage et le caillage
Le lait est chauffé entre 32 et 35 °C, puis emprésuré. La coagulation (2) prend 35 min.

Le décaillage
Le caillé est rompu et remué vigoureusement pour le séparer du petit-lait. Il devient granuleux durant l'opération (3). Le petit-lait, souvent jeté, contient des protéines et du lactose.

Le chauffage
Le caillé est porté à 30 °C, puis à 50 °C, en 45 min. Le petit-lait se sépare tandis que le caillé prend l'aspect de grains de blé. Sa teinte est laiteuse, sa texture élastique et son goût un peu sucré. Le chauffage dessèche et cuit le caillé. S'il est mené trop vite ou prolongé trop longtemps, la pâte se brisera ou gonflera lors de l'affinage.

Le soutirage
La masse de caillé est tirée de la cuve à l'aide d'une toile de lin (4).

Le premier pressage
Le caillé est sanglé (5) dans un cercle de bois garni de toile (1). Le moule peut être resserré au diamètre voulu grâce à une corde. Au début, le caillé dépasse au-dessus et en dessous du moule (6). Une pile de six ou sept moules (7 et 8) est passée sous le pressoir pendant 20 min. Le caillé se solidifie alors.

Le marquage et le démoulage
Le démoulage a lieu immédiatement. On appose la marque en caséine sur les fromages. Après avoir été retournés quatre fois, ils sont dépouillés de leur toile humide et enveloppés dans une toile sèche, puis on tourne le moule. Les grains de caillé s'agglomèrent et les meules prennent leur forme définitive. Elles sont démoulées et entreposées une journée entre 13 et 16 °C pour que la pâte repose sans que la croûte sèche.

Le salage
Les meules sont mises en saumure pendant douze heures pour le saler. Cette opération a pour but d'activer la formation de la croûte, d'améliorer l'aspect du produit et de réduire les risques de moisissure. Elle est suivie d'un séchage de vingt-quatre heures de 12 à 14 °C.

L'affinage
L'affinage prend au moins quatre-vingt-dix jours. Il a lieu dans une cave bien ventilée où l'air est à 12 °C et contient 95 % d'humidité. Tous les deux jours, la surface du fromage est frottée au gros sel et essuyée à l'aide d'une toile trempée dans la morge (mélange de saumure et de moisissure prélevée sur la croûte des vieux fromages). L'action abrasive du sel ralentit la croissance des moisissures et favorise la formation d'une croûte solide (9) qui permet à l'abondance de se conserver longtemps.

AISY CENDRÉ

Pour produire ce fromage artisanal de Bourgogne, on met à mûrir un mois sous la cendre divers fromages frais, celui que l'on voit ci-contre étant un époisses, fromage fort à croûte lavée (voir p. 166). Il n'est pas encore fait à cœur et conviendrait aux amateurs de fromages dits mi-faits. Le cœur blanc, de la texture du plâtre, est entouré d'une pâte plus crémeuse. Son goût salé indique qu'il est encore jeune.

Pâte molle à mi-dure, non pressée, non cuite.

Croûte cendrée.

- 10 cm (diamètre), 3 cm (épaisseur)
- 200 à 250 g
- 50% minimum
- Toute l'année
- Cru, entier
- Hautes-côtes-de-nuits-villages

BOURGOGNE
Côte-d'Or

Si les fromages fermiers sont fabriqués dans les petites fermes des régions rurales, les fromages industriels résultent d'une production à grande échelle réalisée en usine.

ARÔME DE LYON/ FROMAGE AU MARC DE RAISIN

Il s'agit d'un fromage artisanal saisonnier à déguster à la fin de l'automne. Cette spécialité de la région viticole lyonnaise est produite suivant une ancienne méthode de surfermentation : des fromages faits, tels que pélardons (voir p. 203), picodons (voir p. 206), rigottes (voir p. 214), saint-marcellin (voir p. 222), sont placés dans un fût ou un tonneau de marc de raisin. Le marc pressé non encore distillé imprègne les fromages et les parfume.
À déguster avec du vin.

⊖	6 à 7 cm (diam.), 2 à 3 cm (épais.)
⚖	80 à 120 g
✓	Fin de l'automne, hiver
⚘	Variable
⚘	Variable
⚐	Marc de côtes-du-rhône
⚑	Muscat de beaumes-de-venise

RHÔNE-ALPES Rhône

Pâte molle à dure.

Croûte naturelle couverte de marc de raisin.

ARÔME AU VIN BLANC

Pour faire ce fromage, on verse un fond de vin blanc dans un grand bocal, puis on dispose sur une grille placée au-dessus du vin des fromages de chèvre tels que des saint-marcellins (voir p. 222). Le bocal est bouché hermétiquement et mis à surfermenter deux à trois semaines. À mesure que le fromage absorbe les vapeurs de vin, il ramollit et s'humidifie. Ce mets raffiné et très prisé est un digne représentant de la ville des gourmets, Lyon.

Pâte souple et humide.

Absence de croûte.

⊖	6 à 7 cm (diam.), 2 à 3 cm (épais.)
⚖	80 à 120 g
✓	Fin de l'automne, hiver
⚘	Variable
⚘	Variable
⚑	Bourgogne, saint-romain

RHÔNE-ALPES Rhône

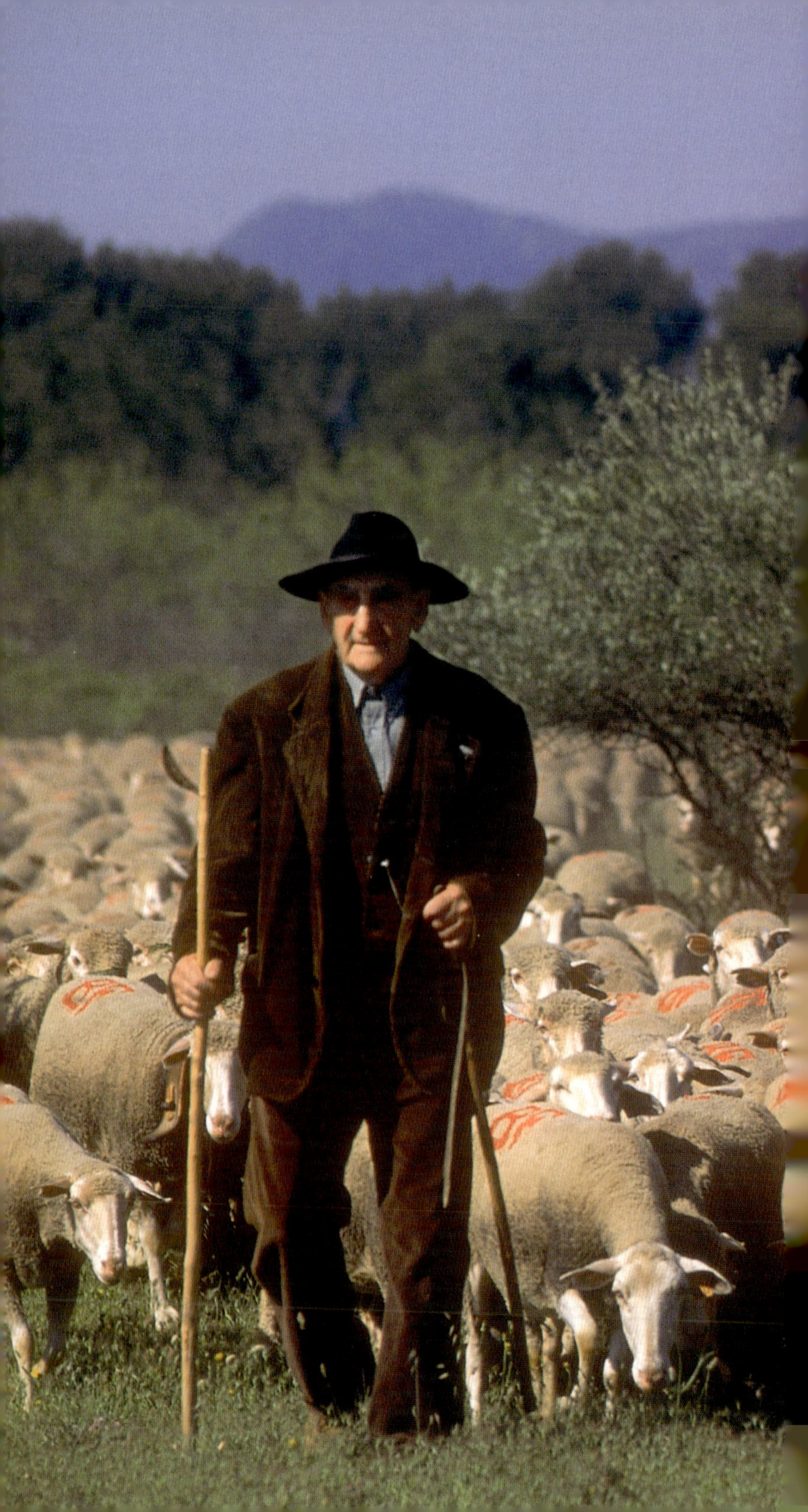

LES FROMAGES
B

BANON (AOC)

Le petit fromage de montagne ci-contre est un banon à la feuille. Produit par un couple du village de Puimichel, situé non loin de la ville de Banon, en Provence, il est trempé dans l'eau-de-vie et «plié», c'est-à-dire enveloppé dans une feuille de châtaignier après deux semaines d'affinage, puis lié avec du raphia naturel. La pâte du banon est homogène, crémeuse, onctueuse et souple. Sa croûte est de couleur jaune crème. Parmi ses autres versions figurent le banon au poivre et le banon sarriette. L'AOC a été attribuée en 2003.

⊖	7,5 à 8,5 cm (diamètre), 2 à 3 cm (épaisseur)
⚖	90 à 110 g
	40 % minimum
✓	Toute l'année (vaches); du printemps à l'automne (chèvres)
	Cru
	Cru
🍷	Vin de Cassis
	Marc de pays

PROVENCE-ALPES-CÔTE D'AZUR Alpes-de-Haute-Provence, Hautes-Alpes, Vaucluse
RHÔNE-ALPES Drôme

Pâte blanche tendre et fine, peu souple, non pressée, non cuite.

Feuille de châtaignier sèche stérilisée à l'eau bouillante vinaigrée.

Croûte naturelle.

POIVRE D'ÂNE / PÈBRE D'AÏ

Ce banon est au départ le même que le précédent, seul son affinage diffère. Il s'agit d'un fromage au lait de chèvre, de vache, ou d'un mélange des deux. Il existe des pèvres d'aï fermiers, artisanaux et industriels. Le fromage est roulé dans la sarriette sèche (ou poivre d'âne, nom provençal de *Satureia hortensis*). La sarriette est une plante aromatique du sud de l'Europe qui rappelle à la fois le thym et la menthe, avec plus de mordant.

Pâte molle, non pressée, non cuite.

Croûte enrobée de sarriette.

⊖	6 à 7 cm (diam.), 3 cm (épais.)
⚖	100 à 120 g
	45 %
✓	Toute l'année (vaches); du printemps à l'automne (chèvres)
	Cru
	Cru
🍷	Coteaux-d'aix-en-provence rosé

PROVENCE-ALPES-CÔTE D'AZUR Alpes-de-Haute-Provence

◀ Berger conduisant son troupeau de moutons, près de Saint-Rémy-de-Provence.

BARGKASS

Le Thillot, où le fromage ci-contre a été fabriqué, est un village des Vosges, région particulièrement célèbre pour son munster (voir p. 192). En dialecte lorrain, *barg* signifie montagne et *kass* fromage. Le bargkass a une pâte crémeuse mais ferme, légèrement élastique, percée de quelques petits trous. Son parfum est doux et léger, son goût rond et agréable, un peu acide sur la fin. Le pain noir au levain l'accompagne bien. Pendant l'affinage, le fromage est brossé et retourné chaque semaine.

Croûte brun clair ou marron, portant des traces de toile.

Pâte légèrement souple, non cuite, pressée.

- 30 cm (diam.), 6 cm (épais.)
- 7 à 8 kg
- Variable
- De mai à octobre
- Cru
- Pinot noir

LORRAINE Vosges

BEAUMONT

Ce fromage industriel a été créé en 1881 à Beaumont, près de Genève, selon la même méthode que le tamié (voir p. 230). Il fut l'un des premiers fromages industriels au lait cru. Pendant l'affinage, les fromages sont régulièrement lavés.

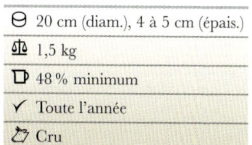

Pâte mi-dure, souple au toucher, non cuite, pressée.

Croûte lavée jaune rosé.

- 20 cm (diam.), 4 à 5 cm (épais.)
- 1,5 kg
- 48 % minimum
- Toute l'année
- Cru
- Vin de Savoie, hautes-côtes-de-beaune

RHÔNE-ALPES
Haute-Savoie

BEAUFORT (AOC)

Ce fromage de montagne, fabriqué en Savoie, se présente sous la forme d'une grande meule. Couramment appelé gruyère, il n'a pourtant rien à voir avec le véritable gruyère, produit en Suisse.

Il pèse en moyenne 45 kg, à savoir la production laitière journalière d'un troupeau de 45 vaches. Il faut 12 litres de lait pour obtenir 1 kg de beaufort. Parmi les signes de qualité, signalons une croûte humide et un peu collante, ainsi qu'un talon rendu concave par le cercle utilisé pour le moulage (voir p. 41).

Beaufort, affiné entre cinq et six mois.

Croûte dure de couleur jaunâtre formée durant l'affinage.

Talon légèrement concave.

⊖	35 à 75 cm (diamètre), 11 à 16 cm (épaisseur)
⚖	20 à 70 kg
♣	62 g minimum pour 100 g
⌇	48 %
✓	Toute l'année ; en automne si fabriqué en chalet d'alpage
⌇	Cru, entier
⚱	Seyssel, chablis

RHÔNE-ALPES
Savoie, Haute-Savoie

Les différents beauforts

Il existe deux versions de ce fromage : le beaufort d'été et le beaufort d'alpage, fabriqué en chalet de montagne. La pâte du fromage d'hiver est blanche, celle du fromage d'été jaune pâle. On dit que ce sont la chlorophylle de l'herbe et le carotène des fleurs alpines qui confèrent au fromage son goût et sa couleur.

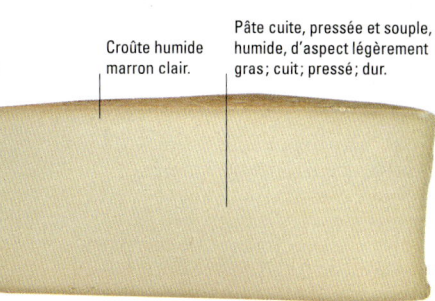

Croûte humide marron clair.

Pâte cuite, pressée et souple, humide, d'aspect légèrement gras ; cuit ; pressé ; dur.

Beaufort d'alpage, affiné entre cinq et six mois.

La production et l'affinage

On trouve dans le commerce du beaufort fermier, d'alpage, laitier et industriel. L'affinage dure au moins quatre mois et doit être mené dans le territoire défini par l'AOC. À une température inférieure à 15 °C, dans un air contenant au moins 92 % d'humidité, les meules sont sans cesse essuyées et brossées avec de la saumure.

En novembre, des fromages affinés durant cinq à six mois font leur apparition sur les marchés parisiens ; ce sont les premiers beauforts d'alpage. Ils dégagent un parfum léger de lait, de beurre, de fleurs et de miel. Leur pâte souple possède une saveur fleurie, qui fait bientôt place à une note acide et salée qui reste longtemps en bouche. À ce stade, le beaufort se marie avec le vin blanc.

Beaufort d'alpage, affiné environ un an.

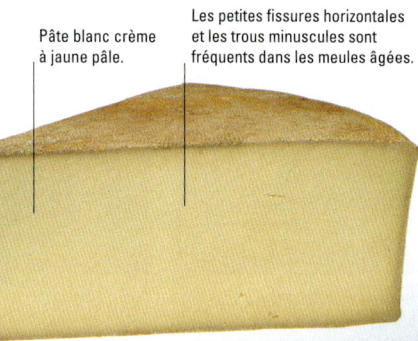

Pâte blanc crème à jaune pâle.

Les petites fissures horizontales et les trous minuscules sont fréquents dans les meules âgées.

Certains beauforts sont affinés un an dans une cave froide (8 à 9 °C) contenant 98 % d'humidité. Deux fois par semaine, ils sont brossés à la saumure et retournés. Au bout d'un an, ils ont acquis une croûte humide, sous laquelle se cache une fine couche grise qui se fond progressivement dans la pâte. Leur goût est complexe, dominé par une saveur plus forte que celle des fromages jeunes et par une salinité plus subtile.

Beaufort d'alpage, affiné un an et demi.

Des vaches paissent sur les contreforts des Alpes.

Les vaches

Les vaches à robe acajou du Beaufort sont le secret de ce fromage. Cette ancienne race montagnarde, originaire du continent indo-asiatique, a traversé l'Europe centrale avant d'atteindre la France. Nommées « tarines » en 1863, elles firent leur apparition au herd-book en 1888. Les bêtes passent l'hiver à l'abri pour être protégées des abondantes chutes de neige et répondre aux réglementations de l'AOC, ne consomment ni ensilage ni aucun autre aliment fermenté. Au printemps, elles gagnent les hauts pâturages et redescendent vers la vallée à l'automne.

Leur lait, d'excellente qualité, renferme en moyenne 36,3 % de matières grasses et 31,8 % de protéines. Au cours de leurs dix ans de lactation, elles produisent environ 4 338 kg de lait. Ce lait sert aussi à la fabrication d'autres grands fromages de montagne : emmental (voir p. 165) et tomme de Savoie (voir p. 231).

Découpage du beaufort
Le couteau à deux poignées, appelé guillotine, est humidifié, puis poussé vers le centre de la meule avec des mouvements de bascule.

Sonde à fromage
Elle sert à prélever des échantillons au cœur de la meule. La pâte d'un beaufort jeune est tendre et n'offre qu'une faible résistance à la lame.

Cave d'affinage
Cette cave d'un fromager de Chambéry peut stocker un millier de fromages. Il y règne une température de 8 à 9 °C et une humidité de 98 %.

Spécifications de l'AOC

1 Le lait doit être emporté à la laiterie aussitôt tiré. Il ne peut être transporté qu'une fois par jour, à condition que la ferme dispose de cuves réfrigérées. Le lait réfrigéré doit être emprésuré dans les vingt-quatre heures qui suivent la traite, dans les trente-six heures l'hiver.
2 La laiterie ne doit utiliser ni machine ni méthode permettant de chauffer le lait à plus de 40 °C avant l'emprésurage.
3 Le nom du fromage doit apparaître sur la meule en lettres de caséine bleues bien lisibles.
4 La législation prévoit que l'on appelle « beauforts d'été » les fromages produits de juin à octobre, y compris ceux fabriqués en chalet d'alpage, et « beauforts d'alpage » les produits élaborés l'été deux fois par jour en chalet, à partir du lait d'un seul troupeau à l'exclusion de tout mélange.
5 Le salage se fait en surface, directement ou à la saumure.
6 Si le fromage est vendu prédécoupé et préemballé, chaque portion doit comporter un morceau de croûte, caractéristique du beaufort AOC.

AOC DÉLIVRÉE EN 1976

Les bleus

BLEU D'AUVERGNE (AOC)

Le bleu d'Auvergne se fabrique en deux tailles différentes. Le grand a un diamètre de 20 cm, mesure de 8 à 10 cm d'épaisseur et pèse de 2 à 3 kg. Le petit mesure 10,5 cm de diamètre, est d'une épaisseur variable et pèse de 350 g à 1 kg. Ces fromages sont traditionnellement cylindriques, mais il en existe une version rectangulaire destinée à l'exportation et à la vente préemballée ; sa taille est de 29 cm sur 8,5 cm de large et 11 cm d'épaisseur pour un poids de 2,5 kg. Les fromages ci-contre sont fabriqués avec du lait cru. La pâte est collante, humide, friable, parcourue de veines régulières, d'un goût aigrelet et d'une texture poisseuse. Les moisissures piquantes se marient parfaitement au sel dont la pâte est imprégnée. Ce fromage est délicieux dans les sauces de salade ou avec des endives, des noix ou des champignons crus. Il accompagne également les pâtes fraîches servies bien chaudes.

Sur le territoire concerné par l'AOC, on produit du bleu d'Auvergne laitier et industriel. L'AOC a été délivrée en 1975.

Croûte naturelle.

Pâte non pressée, non cuite, entièrement persillée.

- Grand : 20 cm (diamètre), 8 à 10 cm (épaisseur) ; petit : 10 cm (diamètre), épaisseur variable
- Grand : 2-3 kg ; petit : 350 g-1 kg
- 52 g minimum pour 100 g
- 50 %
- Toute l'année
- Cru, pasteurisé
- Sauternes, maury (VDN)

AUVERGNE Cantal, Haute-Loire, Puy-de-Dôme ; MIDI-PYRÉNÉES Aveyron, Lot ; LIMOUSIN Corrèze ; LANGUEDOC-ROUSSILLON Lozère

BLEU DES CAUSSES (AOC)

Ce fromage produit commercialement en coopérative ou en usine est une version plus douce, au lait de vache, du roquefort (voir p. 216). Son goût provient de son affinage d'au moins soixante-dix jours – souvent entre trois et six mois – en fleurines, caves naturelles du plateau calcaire des Causses. La pâte du fromage d'été est humide, d'un jaune d'ivoire ; le fromage d'hiver est blanc et d'un goût plus fort. Le bleu des Causses est excellent avec un vin blanc doux assez acide, surtout en fin de repas. L'AOC a été délivrée en 1979.

⊖	20 cm (diam.), 8 à 10 cm (épais.)
⚖	2,3 à 3 kg
⁖	53 g minimum pour 100 g
🜄	45 %
✓	Toute l'année
⌁	Cru
♀	Barsac moelleux, banyuls (VDN)

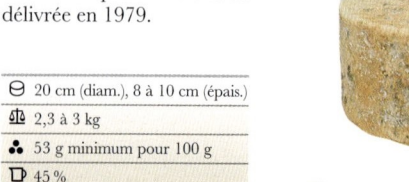

Pâte persillée jaune pâle ou blanche, non pressée, non cuite.

Croûte naturelle.

MIDI-PYRÉNÉES
Aveyron, Lot ;
LANGUEDOC-ROUSSILLON Gard, Hérault, Lozère

BLEU DE COSTAROS

Produit fermier traditionnel originaire du village de Costaros, en Auvergne. Son nom local est « fromage à vers », allusion au ciron, acarien qui y élit domicile. La pâte collante et élastique, assez dure, est irrégulièrement ponctuée de trous ; l'odeur est douce et le goût est celui de la moisissure. Une fromagère du pays, à qui nous demandions si elle mangeait la croûte, nous a répondu : « Oh oui, tout se mange, même les vers. »

Veines de moisissure naturelle concentrée.

Pâte non pressée, non cuite.

⊖	10 cm (diam.), 7 à 8 cm (épais.)
⚖	550 à 600 g
🜄	Variable
✓	Toute l'année
⌁	Cru
♀	Loupiac, rivesaltes (VDN)

Croûte naturelle dure, formée durant l'affinage.

AUVERGNE
Haute-Loire

LES BLEUS **B** 53

BLEU DU HAUT JURA (AOC)

Ce terme officiel regroupe les bleus doux connus sous le nom de bleu de Gex et de bleu de Septmoncel. La croûte est couverte d'une moisissure poudreuse blanche que l'on brosse avant la dégustation du fromage. L'arôme de la pâte évoque le lait des plus riches pâturages. Dans le Jura, on le mange souvent avec des pommes de terre cuites à la vapeur.

Les vaches dont le lait sert à faire ce fromage paissent dans la montagne. On dit que les moisissures se développant sur les herbes et les fleurs qu'elles absorbent passent dans leur lait, puis dans le fromage. Aujourd'hui, on introduit artificiellement dans le lait des spores de *Penicillium glaucum*. Pendant l'affinage, la pâte est aérée à la seringue pour permettre aux micro-organismes de croître.

Pendant le mois d'affinage, dans les zones de l'AOC, les fromages sont séchés et affinés naturellement dans des caves coopératives où le taux d'humidité atteint 80 %.

L'AOC a été délivrée en 1977.

Le mot « Gex » est imprimé sur la croûte.

Trous laissés par la seringue servant à aérer la pâte.

Pâte pressée, non cuite ; douce, de couleur ivoire, veinée de moisissures d'un bleu-vert pâle.

La croûte se forme naturellement ; fine, jaunâtre, elle est couverte d'une poudre blanche mais des taches rouges peuvent apparaître.

BLEU FONDU À LA POÊLE

Pour réaliser cette savoureuse recette, coupez le bleu en lamelles et faites-le fondre à la poêle. Ces tranches de fromage sont aussi délicieuses étalées sur du blanc de volaille ou sur du pain de campagne et accompagnées d'un verre de vin jaune d'Arbois.

⊖	36 cm (diamètre), épaisseur variable
⚖	7,5 kg
♣	52 g minimum pour 100 g
🇩	50 %
✓	Toute l'année ; meilleur en été
⌇	Cru
⚘	Sainte-croix-du-mont (VDN)
⚑	Porto

RHÔNE-ALPES Ain ;
FRANCHE-COMTÉ Jura

BLEU DE LANGEAC

Localement, ce fromage fermier de la ville de Langeac, en Auvergne, est dénommé simplement «fromage de la région». Il a une croûte complétement sèche et un parfum léger. La pâte ferme a un goût de moisissure prononcé. Fort et salé, il est issu de bon lait riche. L'affinage dure deux mois.

- 10 à 12 cm (diam.), 4 cm (épais.)
- 450 à 500 g
- Variable
- Toute l'année
- Cru
- Cérons moelleux, sauternes, banyuls (VDN)

Pâte non pressée, non cuite, de couleur jaunâtre, veinée de moisissures naturelles.

Croûte sèche et dure, formée, naturellement pendant l'affinage.

AUVERGNE
Haute-Loire

BLEU DE LAQUEUILLE

Antoine Roussel a inventé ce fromage en 1850 en l'ensemençant de moisissure prélevée sur du pain de seigle. Sa statue trône au milieu du village de Laqueuille. La pâte a un léger parfum de cave et un goût de moisissure bleue. Ce fromage appartient à la même famille que la fourme d'Ambert (voir p. 167). La production est aujourd'hui entièrement industrielle. L'affinage dure trois mois.

- 49 cm (diam.), 9,5 cm (épais.)
- 2,5 kg
- 45 %
- Été, automne
- Pasteurisé
- Monbazillac moelleux, rivesaltes (VDN)

Pâte molle persillée, non pressée, non cuite.

Croûte formée naturellement pendant l'affinage.

AUVERGNE
Puy-de-Dôme

LES BLEUS   B   55

BLEU DE LOUDES

Sa pâte est ferme et souple, collante, légèrement acide, sans odeur particulière. La présence de moisissures n'est pas immédiatement visible. Le fromage ci-contre, coupé en deux, a été exposé à l'air pendant vingt-quatre heures. L'affinage dure six semaines.

⊖	11 cm (diamètre), 6 cm (épaisseur)
⚖	600 à 650 g
🅓	Variable
✓	Toute l'année
↻	Cru
♀	Sainte-croix-du-mont moelleux, rivesaltes (VDN)

Pâte ferme portant des traces de moisissure naturelle bleue, percée de quelques trous, non pressée, non cuite.

Croûte sèche et dure formée naturellement pendant l'affinage.

AUVERGNE
Haute-Loire

BLEU DU QUERCY

Bleu industriel de grande production, d'un goût léger parfait pour les palais qui ne sont pas encore habitués au goût du bleu. L'affinage dure trois mois.

Pâte non pressée, non cuite, entièrement persillée de moisissures naturelles vertes.

⊖	18 cm (diam.), 9 à 10 cm (épais.)
⚖	2,5 kg
🅓	45 %
✓	Toute l'année
↻	Pasteurisé
♀	Cérons moelleux, maury (VDN)

Croûte naturelle formée durant l'affinage.

MIDI-PYRÉNÉES
Lot

BLEU DU VERCORS-SASSENAGE (AOC)

Ce bleu traditionnel au goût délicat a obtenu l'AOC en 1998. Pur produit montagnard, il n'est pas fabriqué à Sassenage – ville de plaine proche de Grenoble – dont le nom lui est pourtant associé en raison des comtes de Sassenage : au XIVe siècle, ceux-ci demandèrent à leurs sujets de payer leurs impôts en fromages, ce qui eut pour effet d'augmenter la production. Aujourd'hui des efforts sont menés pour accroître la production fermière, avec le lait de trois races de vaches : d'Abondance, montbéliardes et villardes. Son affinage dure deux ou trois mois.

Pâte persillée, non pressée, non cuite.

Croûte naturelle.

⊖	30 cm (diam.), 8 à 9 cm (épais.)
⚖	5 à 6 kg
🗋	45 %
✓	Été, automne
⌒	Cru, pasteurisé
🍷	Barsac moelleux, banyuls (VDN)

RHÔNE-ALPES Isère

BRESSE BLEU

Fromage industriel fabriqué pour la première fois après la Seconde Guerre mondiale dans la région dont il porte le nom. Sa pâte onctueuse est persillée par endroits. Il existe en trois tailles. Le plus grand mesure 10 cm de diamètre, 6,5 cm d'épaisseur et pèse 500 g. La taille moyenne est de 8 cm de diamètre pour 4,5 cm d'épaisseur et un poids de 225 g. La plus petite version ne fait que 6 cm de diamètre, mesure 4,5 cm d'épaisseur et pèse 125 g. L'affinage dure de deux à quatre semaines.

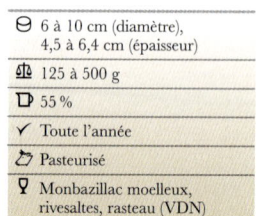

Pâte crémeuse et souple, non pressée, non cuite.

Croûte naturelle blanche.

⊖	6 à 10 cm (diamètre), 4,5 à 6,4 cm (épaisseur)
⚖	125 à 500 g
🗋	55 %
✓	Toute l'année
⌒	Pasteurisé
🍷	Monbazillac moelleux, rivesaltes, rasteau (VDN)

RHÔNE-ALPES Ain

LES BLEUS

BLEU DE TERMIGNON

Termignon est le nom du village des Alpes où ce fromage est fabriqué, à une altitude de 1 300 mètres. Exceptionnel et d'une grande qualité, il est un peu gras, naturel et rustique et n'est fabriqué qu'en très faible quantité, en chalet d'alpage. Ses vaches se régalent d'herbe et de fleurs sur les hautes pâtures du parc national de la Vanoise. Sur ces végétaux se trouvent des moisissures qui passent dans le lait, puis dans le fromage, et l'imprègnent d'un parfum subtil. Les moisissures sont donc spontanées et non introduites artificiellement comme souvent. Elles se développent lentement et irrégulièrement. La croûte blanche teintée de marron est dure et a l'aspect d'une pierre. La pâte est friable. Pendant l'affinage de quatre ou cinq mois, le fromage est retourné et essuyé régulièrement.

Bleu de Termignon après cinq mois d'affinage.

Croûte naturelle formée pendant l'affinage.

Fromage sec.

⊘	28 cm (diam.), 10 cm (épais.)
⚖	7 kg
🗔	50 %
✓	Toute l'année
⌒	Cru
♇	Tokay sélection de grains nobles moelleux, rivesaltes grand cru (VDN)

RHÔNE-ALPES
Savoie

PETIT BAYARD

Fromage artisanal de la laiterie du col Bayard, dans le Dauphiné. L'affinage dure environ un mois.

Pâte non pressée, non cuite.

Croûte naturelle.

⊖	12 à 13 cm (diam.), 5 cm (épais.)
⚖	450 g
🗔	45 %
✓	Toute l'année
⌒	Cru
♇	Côtes-de-provence

PROVENCE-ALPES-CÔTE D'AZUR
Hautes-Alpes

BOULE DE LILLE / MIMOLETTE FRANÇAISE

Le nom « boule de Lille » serait dû au fait que ce fromage fut longtemps affiné dans des caves lilloises. Quant au terme de mimolette, il provient d'une déformation de « mi-mou ». Certains disent que ce fromage est une invention hollandaise ; d'autres soutiennent qu'il a toujours existé en France. La vérité est peut-être que les Français ont commencé à fabriquer de la mimolette au XVIIe siècle, alors que les produits étrangers, y compris les fromages, étaient frappés d'interdiction sur le territoire par ordre du ministre Colbert. La méthode de fabrication est la même que pour l'édam hollandais.

La boule de Lille est fabriquée en coopérative ou en usine. C'est une sphère aplatie, de la taille d'un disque, sans odeur particulière. La pâte est d'abord mi-dure, puis durcit au point d'en devenir cassante. L'affinage donne des résultats différents selon le degré d'humidité de la cave ; il est toujours d'au moins six semaines, mais atteint trois mois pour une mimolette jeune, six mois pour la demi-étuvée ou demi-vieille, douze mois pour l'étuvée ou vieille, deux ans pour une mimolette très vieille. Avec le temps, la couleur de la pâte passe de l'orangé au brun-rouge, et son goût évolue. La mimolette sèche peut être râpée pour une utilisation en cuisine.

Affinage de dix-huit mois.

Pâte mi-dure à dure, mi-cuite, pressée.

Croûte dure, sèche, allant de l'orangé au marron clair.

La couleur de la pâte oscille entre le jaune, l'orange et le rouge. Elle comporte quelques très petits trous.

Affinage de vingt-quatre mois.

⊘	20 cm (diam.), 15 cm (épais.)
⚖	2 à 4 kg
❖	54 g pour 100 g
	40 %
✓	Toute l'année
	Pasteurisé
♀	Banyuls (VDN)

NORD-PAS-DE-CALAIS
Pas-de-Calais

Le bleu de Bresse et le bleu de Sassenage comptent parmi les nombreux bleus de montagne fabriqués dans la région Rhône-Alpes.

B

Brebis de pays

BREBIS DE PAYS DE GRASSE

Fromage fermier au lait de brebis, qui se nourrissent d'herbe et de lavande dans les plateaux montagneux secs, exposés à l'air pur des Alpes et aux brises méditerranéennes. Le goût de la pâte est léger, un peu aigre pour un fromage de brebis préparé avec du lait de qualité. L'affinage dure six semaines environ.

Pâte mi-dure, non pressée, non cuite.

Croûte naturelle sèche.

⊖	12 x 20 cm, 5-6 cm (épaisseur)
⚖	1,5 à 2 kg
❖	54 g pour 100 g
🗋	40 %
✓	Toute l'année
⌔	Cru
♀	Cassis

PROVENCE-ALPES-CÔTE-D'AZUR
Alpes-Maritimes

BERGER PLAT

Fromage fermier produit au Berger des Dombes, ferme située dans la région lyonnaise. Il est né avec l'introduction dans le pays de brebis de race lacaune, les mêmes qu'à Roquefort (voir p. 216). La croûte est blanche ou beige, présentant des traces de moisissures bleues. L'odeur et le goût sont légers. Pendant l'affinage, les fromages sont disposés sur un lit de paille de quinze à vingt et un jours.

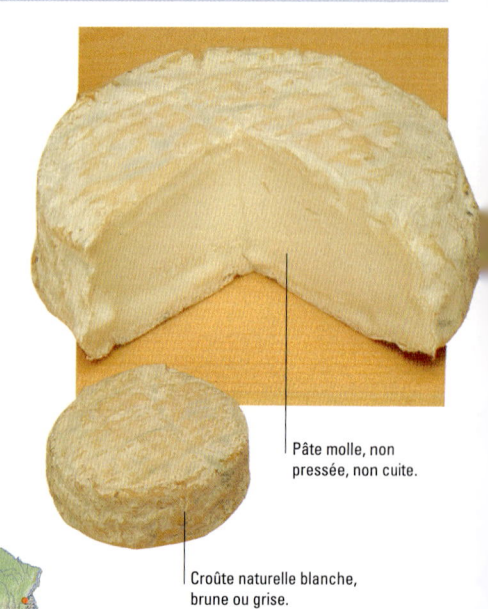

Pâte molle, non pressée, non cuite.

Croûte naturelle blanche, brune ou grise.

⊖	8 cm (diam.), 2,5 cm (épais.)
⚖	110 g
🗋	45 %
✓	Toute l'année
⌔	Cru, entier
♀	Coteaux-du-lyonnais, beaujolais

RHÔNE-ALPES
Ain

BREBIS DE PAYS

BREBIS DE BERSEND

Portant le nom de son village d'origine, il est l'un des seuls fromages de brebis fabriqués en Savoie. Jusqu'au XIXe siècle, on éleva de nombreux moutons dans cette région aux confins de la Suisse et de l'Italie. Après une longue période de déclin, le cheptel semble de nouveau reconnu. L'affinage d'au minimum deux mois est réalisé dans une cave naturelle.

Pâte mi-dure, légèrement souple sous le doigt, non pressée, non cuite.

Croûte naturelle blanche, brune ou grise.

⊖	12 cm (diam.), 5 cm (épais.)
⚖	580 g
🌡	45 %
✓	Meilleur en été
🧀	Cru
🍷	Roussette-de-savoie

RHÔNE-ALPES
Savoie

BREBIS DU LOCHOIS

Fromage fermier au lait de brebis récemment introduit dans une région où domine le fromage de chèvre. Il n'existe que deux producteurs pour toute la Touraine. Le fromage présenté ci-contre a été fabriqué à Perrusson, près de Loches. Il est affiné au minimum deux semaines.

Pâte molle, non pressée, non cuite.

Croûte naturelle.

⊖	6,5 cm (diam.), 3 cm (épais.)
⚖	120 à 130 g
🌡	45 %
✓	Meilleur de la fin de l'hiver à l'été
🧀	Cru
🍷	Menetou-salon

CENTRE
Indre-et-Loire

CAUSSEDOU

Fromage fermier produit à la ferme Poux del Mas, dans le Quercy. Le nom combine les mots «causse», nom des plateaux calcaires du Quercy, et «doux», adjectif bien adapté au produit fini. Des moisissures naturelles bleues apparaissent sur la croûte au bout de quelques jours. L'affinage de quinze jours au minimum est mené à une température de 13 °C.

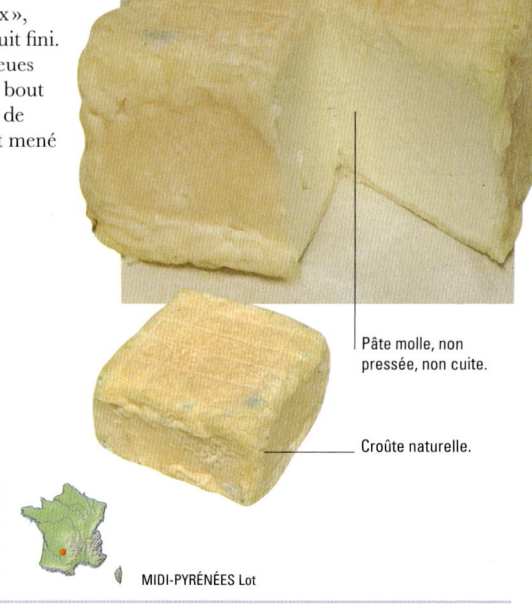

Pâte molle, non pressée, non cuite.

Croûte naturelle.

⊖ 7 cm (côté), 2-3 cm (épaisseur)
⚖ 170 à 180 g
ⅅ 45% min
✓ Toute l'année
⌬ Cru
🍷 Cahors

MIDI-PYRÉNÉES Lot

FROMAGE DE BREBIS

Riche fromage fermier produit par le GAEC Saint-Pierre, dans le village de Meyrueis. Épais, il a un goût fort. Chaque fromage, qui pèse 95 g, contient 25 g de matières grasses. Il s'agit donc d'un produit très calorique. L'affinage dure de cinq à dix jours.

Pâte molle, non pressée, non cuite.

Croûte naturelle.

⬡ 2 cm (épaisseur)
⚖ 95 g
ⅅ 50% min.
✓ Toute l'année
⌬ Cru
🍷 Minervois

LANGUEDOC-ROUSSILLON
Lozère

FROMAGE FERMIER PUR BREBIS

Produit par le GAEC la Bourgeade, près de Saint-Hilaire-Foissac, sur le versant ouest du Massif central. Le fromage présenté ci-contre semble moelleux au centre et plus dur sur les bords : il a été acheté sur le lieu de production au début de la période d'affinage. Son goût est un peu acide, modérément salé, et d'une douceur subtile qui laisse un arrière-goût agréable. L'affinage dure de une à quatre semaines.

Pâte molle, non pressée, non cuite.

Croûte naturelle.

⬡	6 à 7 cm (diam.), 2 cm (épais.)
⚖	85 à 100 g
🗋	45 %
✓	De mars à décembre
🧀	Cru
🍷	Saint-pourçain

LIMOUSIN
Corrèze

FROMAGEON FERMIER AU LAIT CRU DE BREBIS

Bien qu'il soit issu du même lait que le roquefort (voir p. 216), le fromageon n'a rien à voir avec son illustre voisin. De saveur douce, il est fabriqué suivant une méthode fermière traditionnelle à la ferme de J. Massebiau, à La Cavalerie, dans le Rouergue. L'affinage dure dix jours au minimum.

Pâte molle, non pressée, non cuite.

Croûte naturelle.

⬡	6 à 7 cm (diam.), 2 cm (épais.)
⚖	85 g
🗋	Variable
✓	De la fin de l'hiver à l'été
🧀	Cru
🍷	Côtes-du-roussillon

MIDI-PYRÉNÉES
Aveyron

LACANDOU

C'est dans le nord de l'Aveyron, où les montagnes s'étendent à perte de vue, que M. Lacan produit son lacandou selon des méthodes artisanales traditionnelles. Le fermier auprès de qui il se procure le lait ne donne jamais d'ensilage à ses brebis, qui broutent dans la montagne. L'affinage dure trois semaines.

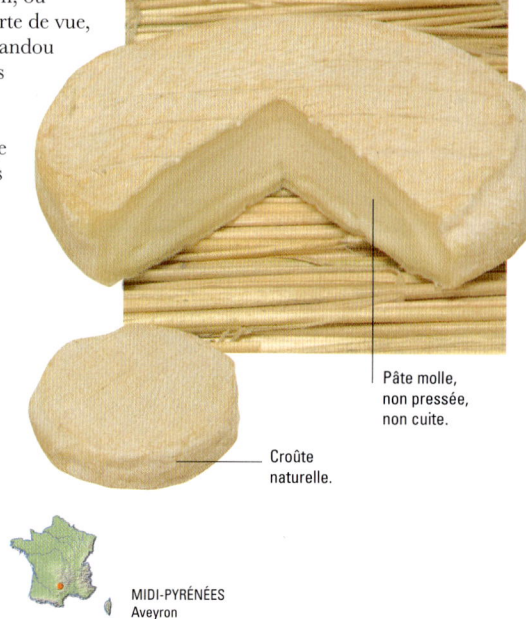

Pâte molle, non pressée, non cuite.

Croûte naturelle.

- 10 cm (diam.), 1,5 cm (épais.)
- 200 g
- 45% minimum
- Toute l'année
- Cru
- Côtes-du-roussillon, crozes-hermitage

MIDI-PYRÉNÉES
Aveyron

MOULAREN

Fromage fermier qui existe grâce à deux femmes du village de Montlaux. Là, à 600 mètres d'altitude, les chutes de neige ne sont pas rares. Les brebis restent au pré huit mois par an et agnèlent en octobre et en mars, ce qui permet d'avoir du lait toute l'année. Comme beaucoup de fromages à croûte lavée, le moularen est jaune orangé en surface. La pâte est crémeuse et épaisse, agréable en bouche. L'affinage dure trois semaines.

Pâte souple, non pressée, non cuite.

Croûte lavée en saumure, de couleur orange.

- 11 cm (diam.), 2,5 cm (épais.)
- 240 g
- 50 %
- Meilleur de la fin de l'hiver à l'été
- Cru
- Bandol ou bandol rosé

PROVENCE-ALPES-CÔTE-D'AZUR Alpes-de-Haute-Provence

BREBIS DE PAYS   B   65

PÉRAIL

Ce fromage fermier ou artisanal est fabriqué traditionnellement sur les plateaux calcaires du Larzac, dans le Rouergue. Il a l'odeur du lait de brebis et une consistance molle comparable à celle de la crème épaisse. Le goût est doux et velouté. L'affinage dure une semaine.

Pâte molle, non pressée, non cuite.

Croûte naturelle.

⊖	8 à 10 cm (diamètre), 1,5 à 2 cm (épaisseur)
⚖	80 à 120 g
🄳	45 à 50 %
✓	De l'hiver à l'été
🧀	Cru
🍷	Saint-chinian

MIDI-PYRÉNÉES
Aveyron

TRICORNE DE MARANS

Après une éclipse de plusieurs années, la production du tricorne a repris en 1984 dans la ville côtière de Marans. Le fromage ci-contre a été fabriqué à partir du lait de 150 brebis. Ce lait de haute qualité donne un fromage à la teneur en matières grasses assez élevée. Le goût est riche, légèrement aigre-doux. Quand on manque de lait de brebis, on le mélange à du lait de vache et de chèvre. Il faut 1,5 litre de lait de chèvre pour produire un tricorne, mais seulement 0,7 litre de lait de brebis. Il se déguste frais ou affiné de deux semaines à trois mois.

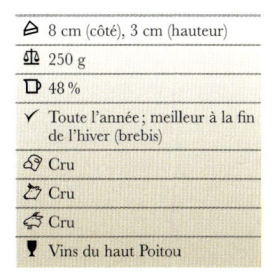

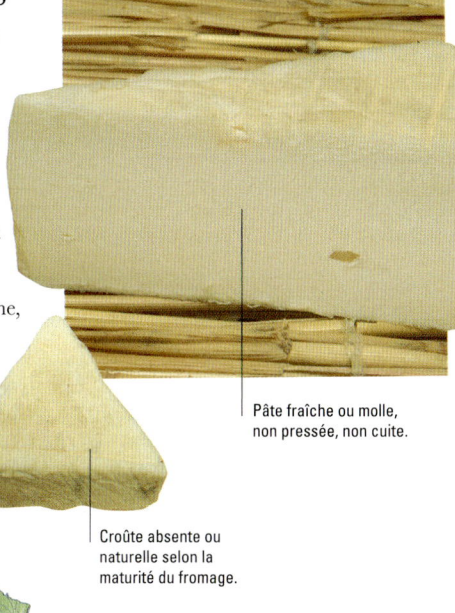

Pâte fraîche ou molle, non pressée, non cuite.

Croûte absente ou naturelle selon la maturité du fromage.

◮	8 cm (côté), 3 cm (hauteur)
⚖	250 g
🄳	48 %
✓	Toute l'année ; meilleur à la fin de l'hiver (brebis)
🧀	Cru
🐂	Cru
🐐	Cru
🍷	Vins du haut Poitou

POITOU-CHARENTES
Charente-Maritime

Brebis des Pyrénées

Les fromages présentés sous ce nom sont tous originaires du Béarn et du Pays basque, dans l'ouest des Pyrénées. La fabrication de fromage au lait de brebis est ancestrale dans ces régions. La plupart sont des produits fermiers au lait cru entier, dont la teneur en matières grasses n'est pas déterminée.

Ils sont localement appelés « fromage de montagne » ou « fromage de brebis ». Le lait étant produit en quantité limitée sur une partie de l'année, ils sont presque tous consommés sur place. L'AOC Ossau-Iraty-Brebis des Pyrénées a été délivrée en 1980.

Il est bon de couper ces fromages un peu à l'avance. Ils accompagnent bien les vins blancs tels que : jurançon sec, irouléguy, pacherenc du vic-bilh et bordeaux sec.

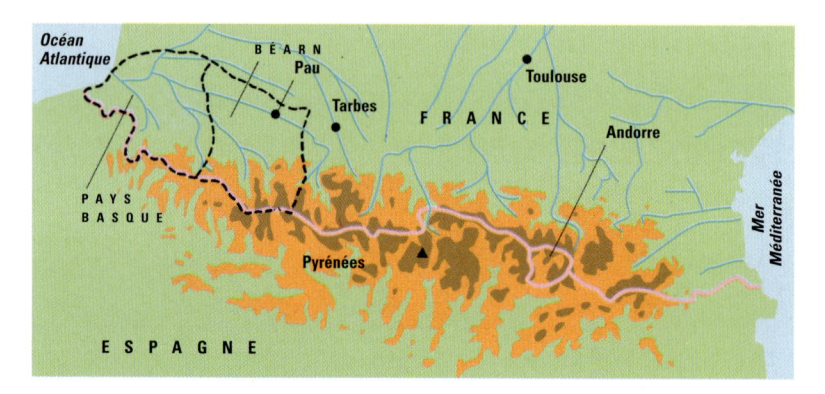

OSSAU-IRATY-BREBIS DES PYRÉNÉES (AOC)

Ces fromages sont faits au lait de brebis principalement de race manech. Il existe diverses versions : fermières, artisanales, laitières et industrielles. On distingue trois tailles : petit, moyen (qui n'est jamais fermier) et grand (fermier). L'affinage varie, selon la taille du fromage, de soixante jours à quatre-vingt-dix, la température de la cave doit être inférieure à 12 °C.

- 18 à 28 cm (diamètre), 7 à 15 cm (épaisseur) (les tailles varient en fonction de la production)
- 2 à 7 kg (en fonction de la taille)
- 58 g minimum pour 100 g
- 50 % minimum
- Toute l'année (selon l'affinage) ; automne (fromages de montagne)
- Entier
- Irouléguy, graves sec

AQUITAINE
Pyrénées-Atlantiques
MIDI-PYRÉNÉES
Hautes-Pyrénees

Gage de qualité
Le producteur marque ses fromages à ses initiales au moyen d'un fer spécial.

Spécifications de l'AOC

1 Le lait des brebis ne peut être employé durant les vingt jours qui suivent l'agnelage.
2 L'emprésurage doit se faire dans les quarante-huit heures qui suivent la traite.
3 Le caillage doit être obtenu par l'adjonction de présure, à l'exclusion de toute autre enzyme, en particulier d'origine fongique ou microbienne.
4 L'appellation « de montagne » ne peut être employée que si les brebis estivent du 10 mai au 15 septembre.
5 Tout fromage ne se conformant pas à ces directives doit être vendu sous le nom de « fromage de brebis ».

AOC DÉLIVRÉE EN 1980

BREBIS DES PYRÉNÉES

ABBAYE DE BELLOCQ

Ce fromage fermier est issu du lait des brebis manech, reconnaissables à leur mufle rouge. Le lait, produit dans les fermes environnantes, est acheminé jusqu'à l'abbaye Notre-Dame de Bellocq, au Pays basque, où il est transformé en fromage. Celui que l'on voit ci-contre a une pâte fine et dense, riche en matières grasses. Son goût fort et entêtant, qui rappelle le sucre brun caramélisé, est dû à un long affinage. Il est d'ailleurs difficile de croire que le seul produit ajouté au lait soit du sel. Le vin et le pain le complètent bien ; c'est l'un des seuls fromages de sa catégorie qui soient disponibles à Paris.

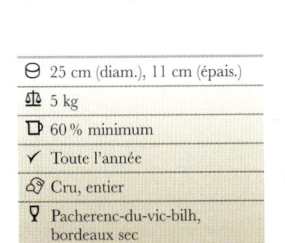

Couche grise sous la croûte.

Pâte mi-dure, non cuite, légèrement pressée.

Croûte naturelle grise, marron clair, acajou ou beige.

⊖	25 cm (diam.), 11 cm (épais.)
⚖	5 kg
🗋	60 % minimum
✓	Toute l'année
♋	Cru, entier
♀	Pacherenc-du-vic-bilh, bordeaux sec

AQUITAINE
Pyrénées-Atlantiques

ARDI-GASNA (1)

En basque, *ardi* signifie brebis, et *gasna*, fromage. Questionné sur l'identité du producteur de ce fromage, le fromager de Saint-Jean-Pied-de-Port nous a répondu : « C'est mon berger qui l'a fait. » Le berger en question s'occupe de 200 à 250 brebis et part en mai pour les pâtures d'été, où il trait les bêtes et fait ses fromages. Ceux-ci sont ensuite affinés avec soin par le fromager, les deux hommes étant liés d'amitié depuis longtemps. La croûte est jaune, orange ou beige, légèrement humide. La pâte de ce fermier, d'un goût raffiné, est teintée de gris.

Pâte mi-dure, non cuite, pressée.

Croûte naturelle.

⊖	19 cm (diamètre), 7 cm (épaisseur)
⚖	3 kg
🗋	50 %
✓	Toute l'année (selon l'affinage)
♋	Cru, entier
♀	Margaux, madiran

AQUITAINE
Pyrénées-Atlantiques

ARDI-GASNA (2)

Fabriqué dans les Pyrénées, à la ferme d'Aire-Ona dont le nom signifie «air pur». Au printemps, les 250 brebis et les 60 vaches qui y vivent sont menées pour tout l'été au pâturage, où elles se nourrissent d'herbe grasse. Le fromage produit au printemps est particulièrement remarquable. En novembre, le troupeau redescend et les mises bas ont lieu. L'hiver, les bêtes sont nourries de maïs et de foin. Ce fromage peut être affiné jusqu'à deux ans, mais, même jeune, il a un parfum très agréable.

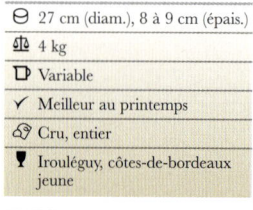

Croûte naturelle.

Pâte mi-dure, non cuite, légèrement pressée.

⊖	27 cm (diam.), 8 à 9 cm (épais.)
⚖	4 kg
🗓	Variable
✓	Meilleur au printemps
🧀	Cru, entier
🍷	Irouléguy, côtes-de-bordeaux jeune

AQUITAINE
Pyrénées-Atlantiques

FROMAGE DE VACHE BRÛLÉ

Les deux produits qui suivent sont fabriqués au lait de vache et dans les Pyrénées. Brûlé, le fromage est aromatisé à la poudre de charbon de chêne. Sa pâte est fine et acide.

Pâte mi-dure, non cuite, légèrement pressée.

Croûte brûlée.

CAILLÉ DE LAIT DE VACHE

Cette spécialité se prépare en mélangeant du fromage frais avec du sucre ou du miel. On la mange avec le café, ou bien en dessert.

⊖	13 à 15 cm (diam.), 5 à 6 cm (épais.)
⚖	1 à 1,3 kg
🗓	Variable
✓	Meilleur au printemps
🧀	Cru, entier
🍷	Bergerac léger et fruité
☕	Café

AQUITAINE
Pyrénées-Atlantiques

AUBISQUE PYRÉNÉES

La lettre F imprimée sur la croûte de ce jeune fromage fermier est l'initiale de l'un des trois seuls bergers de la vallée béarnaise d'Ossau qui le fabriquent. Il est fait d'un mélange de lait de vache et de brebis dont les proportions varient suivant la saison et la production des bêtes. L'aubisque est d'un goût délicat et agréable, sa douceur est proportionnelle à la quantité de lait de vache utilisée. Le mélange des laits permet un affinage plus court.

⊖	26 à 30 cm (diam.), 10 cm (épais.)
⚖	5 kg
⇩	Variable
✓	Du printemps à l'automne
⌇	Cru
⌇	Cru
♀	Madiran jeune, côte-de-blaye

Pâte mi-dure, non cuite, pressée.

AQUITAINE
Pyrénées-Atlantiques

Croûte naturelle.

BREBIS PAYS BASQUE CAYOLAR

Un jeune fromager se rend en camionnette au marché de Saint-Jean-Pied-de-Port pour y vendre ses produits. Son cayolar a une croûte marron, une pâte collante d'un gris brillant, percée de trous dus à la pression subie pendant la fabrication et l'affinage. La teneur en matières grasses est élevée. Quant au nom, il indique que ce fromage de brebis a été façonné dans un *cayolar*, cabane de berger du Pays basque.

Pâte mi-dure, non cuite, pressée.

Croûte dure naturelle.

⊖	19 cm (diam.), 7,5 cm (épais.)
⚖	2,5 kg
⇩	Variable
✓	Meilleur à la fin de l'été
⌇	Cru, entier
♀	Pacherenc-du-vic-bilh

AQUITAINE
Pyrénées-Atlantiques

BREBIS

Produit fermier, acheté dans un village de montagne nommé Izeste, dans la vallée d'Ossau, et, comme le précédent, fabriqué dans un *cayolar*. Son goût est étonnamment prononcé compte tenu de la douceur du lait employé. Les lettres C et D estampillées sur sa croûte sont les initiales du berger et propriétaire, M. Daniel Casau. L'affinage dure trois mois.

⊖	26 cm (diam.), 8 cm (épais.)
⚖	4,05 kg
⬜	Variable
✓	Meilleur à la fin de l'automne
⌂	Cru, entier
♀	Irouléguy, graves sec

Croûte naturelle.

Pâte mi-dure, non cuite, légèrement pressée.

AQUITAINE
Pyrénées-Aquitaine

MIXTE

Izeste est arrosé par le gave d'Ossau, qui dévale les 2 884 mètres du pic du Midi d'Ossau, où il prend sa source. Sur le panneau d'une petite maison, on peut lire : «vache, chèvre, brebis». C'est là que les habitants du pays viennent chercher leur lait. Derrière la porte sont exposés deux ou trois fromages, que l'on coupe sur une planche. Leur saveur est forte, leur arôme emplit la bouche. Il est étonnant qu'un lait si doux donne un fromage si charpenté. L'affinage dure trois mois.

Croûte naturelle.

Pâte mi-dure, non cuite, légèrement pressée.

⊖	27 à 31 cm (diam.), 8 cm (épais.)
⚖	5,1 kg
⬜	Variable
✓	Meilleur à la fin de l'été
⌂	Cru, entier, 50 %
⌂	Cru, entier, 50 %
♀	Irouléguy, graves sec

AQUITAINE
Pyrénées-Aquitaine

BREBIS PYRÉNÉES

Au marché de Saint-Jean-de-Luz, un fromager et sa fille, qui est également son apprentie, vendent de grands fromages fermiers à pâte dure que nul n'a le droit de toucher. Ce sont des fromages fabriqués à la ferme près d'Arudy, dans la vallée d'Ossau. L'affinage dure de six à dix mois.

- 26 à 28 cm (diamètre), 9 à 10 cm (épaisseur)
- 5 à 6 kg
- Variable
- Toute l'année, selon l'affinage
- Cru, entier
- Pacherenc-du-vic-bilh

Pâte pressée mi-dure, non cuite.

Croûte naturelle dure et sèche.

AQUITAINE
Pyrénées-Aquitaine

FROMAGE DE BREBIS

Le fromage fermier est un produit important dans ces régions isolées par la neige durant l'hiver. Il met à profit l'abondance du lait d'été et se conserve longtemps. Sa production s'étale sur six à sept mois de l'année. C'est un grand et lourd fromage. Sa pâte jaune est serrée, et sa croûte brune et rouge est dure. À savourer afin que la subtilité de son goût se développe pleinement. Presque toute la production est consommée localement.

- 25 cm (diam.), 9 cm (épais.)
- 5 kg
- Variable
- Meilleur en automne
- Cru
- Pacherenc-du-vic-bilh, côte-de-blaye

Pâte pressée mi-dure, non cuite.

Croûte naturelle.

AQUITAINE
Pyrénées-Aquitaine

FROMAGE FERMIER DE BREBIS ET DE VACHE

Ce fromage fermier porte l'initiale du nom de son producteur, M. Sanche, qui n'en fabrique que 200 par an et les vend en gros à M. Chourre alors qu'ils sont encore «blancs», c'est-à-dire frais. Ce dernier, qui se fournit en fromages auprès de dix fermes des alentours, se charge de leur affinage et de leur commercialisation. Dans sa cave, propriété de la famille depuis des générations, reposent en permanence 1 500 fromages à divers stades de maturité. Leur qualité dépend du lait : les brebis donnent leur meilleur lait de deux à trois ans. L'affinage dure trois mois.

⊖	24 à 26 cm (diam.), 8 cm (épais.)
⚖	3,5 kg
🜄	Variable
✓	Toute l'année, meilleur en été
🜚	Cru
🜛	Cru
🍷	Irouléguy

Pâte mi-dure parsemée de petits trous, non cuite, légèrement pressée.

Croûte naturelle jaune rougeâtre.

AQUITAINE
Pyrénées-Atlantiques

FROMAGE DE BREBIS VALLÉE D'OSSAU (AOC)

Il existe dans les halles de Saint-Jean-de-Luz une crémerie où l'on peut acheter des fromages de brebis venus des deux principales régions productrices des Pyrénées : le Béarn et le Pays basque. Le patron est maître affineur. Ses fromages raffinés et élégants représentent l'aboutissement de l'union scellée entre la montagne, la terre, la brebis, le berger et l'affineur ; tout ce travail conjugué éclôt en un bouquet de saveurs. L'AOC a été délivrée en 1980.

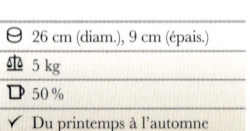

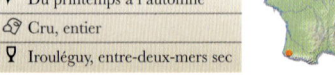

⊖	26 cm (diam.), 9 cm (épais.)
⚖	5 kg
🜄	50 %
✓	Du printemps à l'automne
🜚	Cru, entier
🍷	Irouléguy, entre-deux-mers sec

Pâte mi-dure, non cuite, légèrement pressée.

Croûte dure naturelle.

AQUITAINE
Pyrénées-Atlantiques

BREBIS DES PYRÉNÉES   B   73

FROMAGE FERMIER AU LAIT DE BREBIS

Ce fromage fermier doux et salé provient de la ferme de Penen, dans le Béarn. La propriétaire de la ferme trait les brebis, fait le fromage et le vend au marché de la ville. « Aujourd'hui, dit-elle, les gens préfèrent les fromages plus doux, pas trop salés. Je les fais pour qu'ils soient bons à manger tout de suite. Mieux vaut les vendre rapidement, surtout les plus lourds. Il ne faut que très peu de sel. En fait, ils sont meilleurs quand ils attendent un peu, mais alors ils rétrécissent et sont plus chers. » Au début de l'affinage, les fromages sont essuyés, puis ils sont brossés régulièrement durant quatre mois.

Pâte pressée mi-dure, non cuite.

Croûte naturelle.

⊖	9 à 26 cm (diam.), 5 à 11 cm (épais.)
⚖	0,5 à 6 kg
🝢	Variable
✓	De l'été à l'hiver
⌔	Cru, entier
🍷	Jurançon sec

AQUITAINE
Pyrénées-Atlantiques

FROMAGE FERMIER AU LAIT DE VACHE

Fabriqué à la ferme de Penen, il est le cousin au lait de vache du fromage précédent. Lui aussi existe en trois tailles. Au début de l'affinage, il est essuyé et brossé, parfois avec du sel, puis mis à reposer pendant au moins deux mois.

Pâte pressée mi-dure, non cuite.

Croûte naturelle veloutée.

⊖	11 à 20 cm (diam.), 5 à 6 cm (épais.)
⚖	1 à 2 kg
🝢	Variable
✓	Meilleur au printemps
⌔	Cru
🍷	Madiran

AQUITAINE
Pyrénées-Atlantiques

FROMAGE D'OSSAU / LARUNS

Fermier fabriqué au hameau de Bagès, près de Laruns, chef-lieu de canton de l'un des centres fromagers de la vallée d'Ossau. D'un goût prononcé, il se mange traditionnellement après un repas composé de garbure (soupe épaisse de poireaux, chou, céleri, haricots blancs, lard, confit d'oie et de graisse d'oie, le tout ayant mijoté trois ou quatre heures) et d'agneau rôti.

Pâte pressée mi-dure, non cuite.

Croûte dure naturelle.

- 25 cm (diamètre), 12 cm (épaisseur)
- 6 kg
- Variable
- Meilleur à la fin de l'été
- Cru, entier
- Jurançon sec

AQUITAINE
Pyrénées-Atlantiques

FROMAGE DE VACHE

Comme le précédent, ce fromage est fabriqué au hameau de Bagès, dans le canton de Laruns. Entouré de montagnes, à 29 kilomètres seulement de la frontière espagnole, le village perché à 531 mètres d'altitude baigne dans l'air pur et froid des Pyrénées. Le fromage a une saveur riche et complexe.

Pâte pressée mi-dure, non cuite.

Croûte naturelle.

- 24 cm (diam.), 6 cm (épais.)
- 3 kg
- Variable
- Été
- Cru
- Madiran

AQUITAINE
Pyrénées-Atlantiques

BREBIS DES PYRÉNÉES — B — 75

FROMAGE DE PAYS MIXTE

Non loin du col d'Aubisque, devant une ferme, un panneau indique que l'on y vend des fromages de pays. Il est vrai que la plupart des fermes de la région possèdent un troupeau de vaches ou de brebis. Lorsque le lait de brebis n'est pas assez abondant pour faire du fromage, on le complète avec du lait de vache. La pâte est alors plus douce, plus crémeuse, plus jaune et moins sèche que celle d'un pur brebis.

Pâte pressée mi-dure, non cuite, de couleur jaune.

Croûte naturelle.

⊖	25 cm (diam.), 9 cm (épais.)
⚖	4,6 kg
⊓	Variable
✓	Toute l'année, selon l'affinage
⌇	Cru
⌇	Cru
♀	Jurançon sec

AQUITAINE
Pyrénées-Atlantiques

Des oies se promènent autour d'une ferme dans les Pyrénées-Atlantiques.

LARUNS

Chaque année a lieu à Laruns une foire aux fromages, où tous les bergers de la région exposent et vendent leurs produits et où les prix sont fixés pour la saison suivante. Le lait de brebis étant plus concentré que le lait de vache, il ne faut que 5,5 litres pour obtenir 1 kg de fromage caillé, contre 10 litres de lait de vache. La croûte du fromage ci-contre est sèche ; la pâte est très friable, de la couleur d'un fromage de brebis bien affiné. À la fin de l'affinage, son goût est équilibré, à la fois acidulé, salé et gras. L'odeur forte de la brebis ajoute encore à cette saveur. Les fromages de la vallée d'Ossau se caractérisent par une absence totale de saveur sucrée.

Pâte pressée non cuite, mi-dure.

Croûte naturelle dure et sèche.

⊖	28 cm (diam.), 9 cm (épais.)
⚖	5 kg
🗖	Variable
✓	Toute l'année ; octobre pour le montagne d'été
🧀	Cru
🍷	Jurançon sec

AQUITAINE
Pyrénées-Atlantiques

MATOCQ (AOC)

Produit artisanal portant le nom de son producteur, un Béarnais d'Asson. Il utilise du lait de brebis pour obtenir ce fromage dense, bien charpenté, au goût prononcé.

Le matocq est l'un des rares fromages à bénéficier à la fois d'un label et d'une AOC. Il appartient à la catégorie des Ossau-Iraty-Brebis des Pyrénées, reconnue par une AOC en 1980.

Pâte pressée non cuite, mi-dure.

Croûte naturelle.

⊖	26 cm (diam.), 9 cm (épais.)
⚖	4,2 kg
🗖	50 %
✓	Toute l'année ; meilleur de la fin du printemps à l'automne
🧀	Cru, entier
🍷	Jurançon sec

AQUITAINE
Pyrénées-Atlantiques

BREBIS DES PYRÉNÉES   B   77

MATOCQ

Le fromage ci-contre est un matocq au lait de vache, aussi riche que la version au lait de brebis. La production annuelle de matocq de brebis est de 200 tonnes environ, égalant celle au lait de vache ; le fromage aux deux laits mélangés atteint les 110 tonnes par an. L'affinage de tous ces produits s'effectue dans des caves à 8-10 °C. L'exportation du fromage augmente chaque année vers l'Allemagne, la Belgique et les États-Unis.

Croûte naturelle.

Pâte pressée mi-dure, non cuite.

- 24 cm (diam.), 9 cm (épais.)
- 4,2 kg
- 50 %
- Toute l'année
- Entier
- Jurançon sec

AQUITAINE
Pyrénées-Atlantiques

OSSAU FERMIER

Le fromage ci-contre est un peu jeune mais parfaitement à point, percé de petits trous régulièrement répartis. Il dégage un parfum agréable de matières grasses bien incorporées. Au palais, la pâte est d'abord sèche et salée, puis une saveur acidulée et douce se développe. Il s'agit d'un fromage fort, ni timide ni exubérant.

Pâte mi-dure, légèrement pressée, non cuite.

- 26 cm (diam.), 9 cm (épais.)
- 4 kg
- Variable
- Toute l'année, selon l'affinage
- Cru, entier
- Madiran (de type château-montus), pauillac

AQUITAINE
Pyrénées-Atlantiques

Croûte naturelle.

LES FROMAGES D'ALPAGE

L'été est tardif dans les Alpes, mais chaque année, dès que la neige a disparu des sommets, commence la migration estivale des troupeaux. Entre le 15 et le 30 juin, les animaux, souvent propriété de plusieurs éleveurs, sont confiés à des bergers, qui les emmènent vers les pâturages de haute montagne. Là, les bêtes vivent à leur rythme et broutent herbe et fleurs. Durant ces quelques mois, le berger vit et travaille dans un chalet, sorte de relais d'étape, et trait les vaches deux fois par jour pour faire du fromage. Quand l'herbe d'une pâture est épuisée, le troupeau est amené un peu plus haut. C'est ainsi que, vers la mi-août, il atteint généralement la ligne des neiges éternelles, à presque 3000 mètres d'altitude.
La première chute de neige donne le signal de la désalpe. Par paliers successifs, le berger ramène ses vaches en suivant exactement le même chemin, l'herbe ayant repoussé entre-temps. Traditionnellement à la Saint-Michel, le 29 septembre, on rejoint le village. Les vaches entrent à l'étable pour vêler et la production de fromage d'hiver peut commencer.

Dans les Pyrénées a lieu une migration d'été comparable, appelée transhumance : chèvres et moutons sont menés par des bergers.

Le lait des montagnes
Le lait produit par les vaches à l'alpage est riche et crémeux. Le berger en fait des fromages et les laisse dans les chalets qui jalonnent son parcours vers les sommets.

TOURMALET

Malgré la taille imposante de la plupart des fromages des Pyrénées, il en existe quelques-uns dont les dimensions plus modestes facilitent la vente. Le tourmalet, qui porte le nom du col des Pyrénées d'où il provient, est un fromage de brebis artisanal. Sa saveur soutenue, rustique et très agréable soutient facilement la comparaison avec les fromages de taille supérieure.

Pâte pressée mi-dure, non cuite.

Croûte dure naturelle.

⊖	10 cm (diam.), 7 cm (épais.)
⚖	600 g
🗋	50 %
✓	Toute l'année
🐄	Cru
🍷	Jurançon sec

AQUITAINE
Pyrénées-Atlantiques

BREBIS DES PYRÉNÉES   B   79

PETIT PARDOU

Il s'agit de la version au lait de vache du fromage présenté précédemment. Tous deux sont des produits artisanaux fabriqués à Laruns.

Pâte pressée mi-dure, non cuite.

Croûte dure naturelle.

- ⚖ 10 cm (diam.), 7 cm (épais.)
- 600 g
- 50 %
- Toute l'année
- Variable
- Madiran, fronsac

AQUITAINE
Pyrénées-Atlantiques

Le lait des brebis des Pyrénées est utilisé pour la fabrication du tourmalet, du matocq et du laruns.

Brie

BRIE DE MEAUX (AOC)

Situé à une cinquantaine de kilomètres à l'est de Paris, le plateau verdoyant de la Brie entretient une longue tradition fromagère. La proximité de la capitale, important centre de consommation, a fait en partie le succès des fromages briards.

En Brie, le lieu de production est traditionnellement différent de celui où se déroule l'affinage. Au moment de la vente, le brie de Meaux doit être «fait» sur au moins la moitié de son épaisseur. Raffiné, d'aspect et d'odeur bien équilibrés, il possède toute la douceur que l'on attend d'un produit laitier de première qualité. Celui présenté ci-contre est fait à cœur et dégage une légère odeur de moisi. Sa croûte ressemble à du velours et se teinterait de rouge si on le laissait mûrir davantage. La pâte jaune paille est dense et homogène. Comme pour la croûte, on note une discrète odeur de fermentation. Le goût riche et concentré est doux et charpenté.

Le brie de Meaux artisanal ou industriel doit obligatoirement être mené à maturité dans la zone de l'AOC figurant sur la carte ci-dessous, à laquelle on peut ajouter les Hauts-de-Seine, la Seine-Saint-Denis, le Val-de-Marne et Paris.

Pendant la fabrication, le caillé est à peine rompu. L'égouttage est spontané et une bonne proportion de liquide s'évapore en raison de la surface assez étendue du fromage. Si l'égouttage est trop rapide, le fromage se fend. L'affinage dure huit semaines.

Fine croûte fleurie, teintée de lignes et de taches rougeâtres.

Pâte crémeuse tendre et homogène, non pressée, non cuite.

⊖	36 à 37 cm (diamètre), 3 à 3,5 cm (épaisseur)
⚖	2,5 à 3 kg
🗋	Variable
❀	44 g minimum pour 100 g
✓	Toute l'année
⌇	Cru
🍷	Saint-julien, vosne-romanée, hermitage

ÎLE-DE-FRANCE Seine-et-Marne
CENTRE Loiret
CHAMPAGNE-ARDENNE Aube, Marne, Haute-Marne
LORRAINE Meuse
BOURGOGNE Yonne

Spécifications de l'AOC

1 Le lait ne peut être porté à 37 °C maximum qu'une seule fois et uniquement au cours de l'emprésurage.
2 Le fromage doit être moulé à la main à l'aide d'une «pelle à brie».
3 Le salage se fait au sel sec exclusivement.

AOC DÉLIVRÉE EN 1980

BRIE FERMIER

À la laiterie Ganot, où ce brie fermier a été fabriqué, la fromagerie jouxte l'étable. L'air ammoniaqué et chaud qui s'en dégage facilite le développement des moisissures. Mme Clein fait son fromage de manière traditionnelle, tandis que son associée, Mme Ganot, se charge de l'affinage et de la vente sur les marchés de Meaux et de Melun. Selon elle, «il est excellent avec des pommes vertes, des noix et un verre de champagne». Sa taille n'étant pas réglementaire, il ne peut prétendre à l'appellation contrôlée «brie de Meaux». La croûte, tachée de rouge aux endroits où la paille a frotté, a la couleur d'un brie fait à cœur, riche en goût et en parfum. L'affinage dure deux mois.

Pâte molle, non pressée, non cuite.

Croûte fleurie.

⊖	32 cm (diam.), 2 cm (épais.)
⚖	1,88 kg
🗗	Variable
✓	À partir de l'été
⌁	Cru
🍷	Saint-julien, vosne-romanée, hermitage

ÎLE-DE-FRANCE
Seine-et-Marne

BRIE NOIR

Le brie ci-contre a été affiné environ un an. Il est dense et velouté. Les gens du pays le trempent dans leur café au lait au petit déjeuner.

Croûte friable.

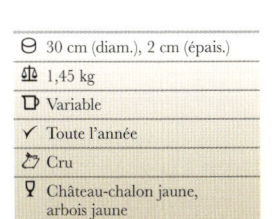

Pâte sèche qui doit être savourée.

⊖	30 cm (diam.), 2 cm (épais.)
⚖	1,45 kg
🗗	Variable
✓	Toute l'année
⌁	Cru
🍷	Château-chalon jaune, arbois jaune

ÎLE-DE-FRANCE
Seine-et-Marne

BRIE DE MELUN
(AOC)

Le brie de Melun et le brie de Meaux sont proches cousins mais, alors que celui de Meaux est raffiné et tendre, celui de Melun est fort, dense et un peu plus salé. Cette différence tient aux méthodes de fermentation. Pour le brie de Meaux, le caillage se fait en moins de 30 minutes grâce à l'utilisation de présure ; pour le brie de Melun, le lait caille par fermentation lactique, ce qui prend au moins dix-huit heures. Son affinage est également plus long.

Le brie artisanal ci-contre dégage une odeur de moisissure ; il a une pâte onctueuse, douce quoiqu'un peu salée.

Presque tous les bries de Melun sont vendus frais ou affinés sur les marchés locaux. Frais, le brie est acide car en pleine phase de fermentation lactique, mais tendre et crémeux.

Croûte mince, moisissure blanche avec taches et lignes brun et rouge.

Pâte molle et de texture régulière, crème de couleur uniforme, non pressée, non cuite.

Affinage de dix semaines.

Même fromage, coupé.

ÎLE-DE-FRANCE
Seine-et-Marne
CHAMPAGNE-
ARDENNES Aube
BOURGOGNE Yonne

Fromage frais.

⊖	27 à 28 cm (diamètre), 3,5 à 4 cm (épaisseur)
⚖	1,5 à 1,8 kg
	45 %
	40 g pour 100 g
✓	Toute l'année
	Cru
♀	Bourgogne

Spécifications de l'AOC

1 Le lait ne doit être chauffé qu'une fois, à 30 °C et uniquement au moment de l'emprésurage.
2 Le caillage se fait par fermentation lactique spontanée, mais on peut avoir recours à la présure.
3 Le caillage doit durer au moins dix-huit heures.
4 L'égouttage doit être mené lentement.
5 Le fromage doit être moulé à la main.
6 Le salage se fait exclusivement au sel sec.

AOC DÉLIVRÉE EN 1980

BRIE DE COULOMMIERS

Il serait l'ancêtre de tous les bries. Jusqu'en 1989, une version fermière du brie de Coulommiers était produite par Mme Storme, qui élevait 50 vaches. Ses fromages étaient affinés par une petite entreprise familiale de la région, la Société fromagère de la Brie.

Les Briards préfèrent le manger encore ferme et non coulant. Son arôme délicat et son odeur de moisi se développent sous le palais. Aujourd'hui, il n'y a plus de production fermière, seule une version artisanale est fabriquée.

Pâte tendre, non pressée, non cuite.

Croûte fleurie.

- 21 à 25 cm (diam.), 3 cm (épais.)
- 1,3 kg
- 45 %
- De l'automne à l'hiver
- Cru
- Bourgogne, bordeaux, côtes-du-rhône

ÎLE-DE-FRANCE
Seine-et-Marne

BRIE DE MONTEREAU

Sa saveur est voisine de celle du brie de Melun. Il a en outre une odeur et un arrière-goût assez forts pour un brie. Le fromage ci-contre est plutôt jeune.

Pâte molle, sans élasticité, non pressée, non cuite.

Croûte fleurie parfois tachée de rouge.

- 18 à 20 cm (diam.), 3 cm (épais.)
- 0,81 kg
- 40 à 45 %
- De l'été à l'hiver
- Cru
- Bourgogne, bordeaux, côtes-du-rhône

ÎLE-DE-FRANCE
Seine-et-Marne

COULOMMIERS

Il existe des bries grands, moyens et petits. Le coulommiers est petit, mais très épais. Celui que l'on voit ci-contre a atteint la maturité appréciée dans la région. Il lui reste un cœur blanc un peu suret, entouré d'une pâte jaune clair à la saveur douce et fondante. Sur ce seul fromage s'observent donc divers stades d'affinage. La production de coulommiers est fermière, artisanale ou industrielle. L'affinage dure huit semaines pour les fromages au lait cru et au moins quatre semaines pour les fromages pasteurisés.

- 12,5 à 15 cm (diamètre), 3 à 4 cm (épaisseur)
- 400 à 500 g
- 140 g minimum
- 40 % minimum
- Fin de l'été (fermier); toute l'année (pasteurisé)
- Cru ou pasteurisé
- Bourgogne, bordeaux, côtes-du-rhône

Cœur blanc. Pâte molle, non pressée, non cuite.

Croûte fleurie avec quelques taches rouges.

ÎLE-DE-FRANCE
Seine-et-Marne

FOUGERUS

Ce fromage artisanal de la famille des bries est légèrement plus grand que le coulommiers. À l'origine, il était fabriqué à la ferme en vue d'une consommation familiale, la feuille de fougère servant autant à le décorer qu'à le parfumer. La production commerciale commença au début du XXe siècle. L'odeur de la fougère se marie avec celle des moisissures de la croûte. La pâte est souple et douce, un peu salée. L'affinage dure quatre semaines.

Pâte molle, non pressée, non cuite. Croûte fleurie.

- 16 cm (diam.), 4 cm (épais.)
- 650 g
- 45 à 50 %
- Du printemps à l'automne
- Cru
- Bourgogne, bordeaux, côtes-du-rhône

ÎLE-DE-FRANCE
Seine-et-Marne

BRIE DE NANGIS

Il y a peu, ce produit artisanal, détrôné par le brie de Melun (voir p. 82), était totalement absent des marchés. Il a été ressuscité par un unique producteur, mais n'est plus fabriqué dans la ville dont il porte le nom. Le cœur du fromage photographié ici est à peine affiné et conviendrait donc aux amateurs de brie jeune. L'affinage dure quatre ou cinq semaines.

Pâte molle, non pressée, non cuite.

Croûte fleurie.

- 20 à 23 cm (diamètre), 4 cm (épaisseur)
- 1 à 1,2 kg
- 45 %
- De l'été à l'hiver
- Cru
- Bourgogne, bordeaux, côtes-du-rhône

ÎLE-DE-FRANCE
Seine-et-Marne

BRIE DE PROVINS

Après une disparition totale, mais brève, le provins revient timidement sur le marché. On voit ici un fromage dont le cœur est sur le point de devenir crémeux. Sa saveur n'est plus âpre. Si certains préfèrent le brie jeune, nous recommandons toutefois de consommer celui-ci bien fait, car le bouquet du lait, l'arôme persistant, l'odeur de moisissure claire et raffinée sont alors à leur apogée. Ce fromage artisanal est affiné quatre ou cinq semaines.

Pâte tendre, non pressée, non cuite.

Croûte fleurie.

- 27 cm (diam.), 4 cm (épais.)
- 1,5 à 1,8 kg
- 45 %
- De l'été à l'hiver
- Cru
- Bourgogne, bordeaux, côtes-du-rhône

ÎLE-DE-FRANCE
Seine-et-Marne

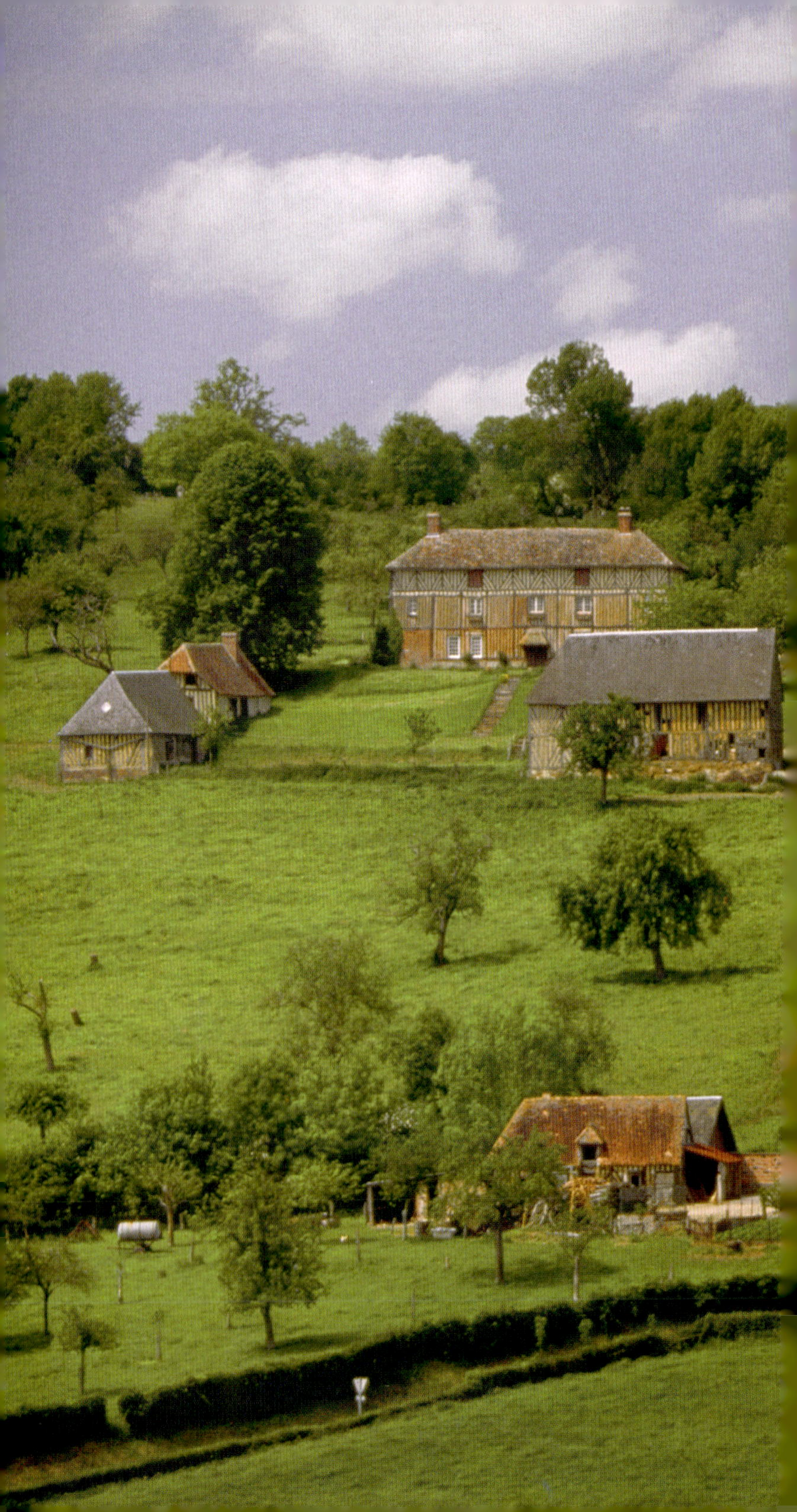

Les fromages
C

Cabécou / Rocamadour (AOC)

Ces très petits mais délicieux fromages ronds au lait de chèvre cru acquièrent avec l'âge du corps et de la saveur. Chaque année, 490 tonnes de cabécou sont produites dans le triangle formé par les localités de Rocamadour, Gramat et Carlucet. En langue d'oc, un cabécou est un petit fromage de chèvre. Les fromages frais du printemps embaument l'herbe et le lait. L'AOC «rocamadour», réservée aux fromages au lait de chèvre cru et entier, a été attribuée le 16 janvier 1996.

CABÉCOU DE GRAMAT

L'affinage de ce fromage fermier dure dix jours au minimum.

MIDI-PYRÉNÉES
Lot

Croûte naturelle.

Cabécou de Gramat.

Pâte souple, non pressée, non cuite.

CABÉCOU

Il s'agit d'un cabécou fermier du Quercy.

PICADOU

Pour produire cette spécialité, on enveloppe un cabécou bien fait dans des feuilles de noyer ou de platane. On l'arrose ensuite de marc de prune, puis on le place dans un récipient hermétique. L'arôme du marc imprègne peu à peu le fromage. Parfois, du poivre écrasé vient apporter une agréable sensation de croquant et ajoute du piquant à un fromage déjà corsé (d'où son nom).

Cabécou.

Croûte naturelle.

Pâte souple, non pressée, non cuite.

⊖	4 à 5 cm (diam.), 1 à 1,5 cm (épais.)
⚖	30 à 40 g
	45 %
✓	Du printemps à l'automne
	Cru
	Cru
♀	Jurançon sec, vouvray sec, tursan (avec du cabécou et du cabécou de Gramat)
	Marc, eau-de-vie de prune

Picadou.

◀ Le village de Camembert où vécut Marie Harel, à qui l'on doit l'invention du célèbre fromage.

CABÉCOU   89

CABÉCOU DE ROCAMADOUR (AOC)

En raison de leur petite taille, ces fromages fermiers arrivent vite à maturité. Leur croûte est fine, leur pâte tendre et crémeuse, avec une odeur rappelant le lait et le moisi. L'arrière-goût est également léger, sucré et parfumé à la noisette. Les fromages ci-contre ont atteint chacun un degré différent de développement.

Pâte molle à dure, non pressée, non cuite.

Affinage de une semaine environ.

⊖	4 à 5 cm (diamètre), 1 à 1,5 cm (épaisseur)
⚖	30 à 40 g
🗋	45 %
✓	Du printemps à l'automne
🥛	Cru
🍷	Gaillac
🍷	Bergerac sec

Croûte naturelle variant selon l'affinage.

MIDI-PYRÉNÉES Lot

Affinage de deux semaines environ.

Affinage de trois semaines environ.

Affinage de quatre semaines environ.

Affinage de six semaines environ.

LA FABRICATION DU CAMEMBERT

Camembert fermier
Ce panneau signale l'entrée de la ferme où M. Durand fabrique le célèbre fromage.

En Normandie, sous l'action conjuguée du soleil et de l'humidité, pousse une herbe grasse broutée par les vaches normandes noir et blanc typiques. Ces dernières donnent un lait d'excellente qualité qui a rendu la Normandie célèbre pour son beurre, sa crème et ses nobles fromages : pont-l'évêque, livarot et camembert.

Depuis 1981, François Durand, né à Paris en 1961, fabrique un fromage fermier aux abords du village de Camembert. Chaque semaine, il en produit environ 450 avec le lait de 60 vaches. Il faut 2,25 litres de lait et deux jours de fabrication pour obtenir un fromage de 250 g.

Bien que n'étant pas d'excellente qualité, son fromage s'est vu attribuer l'AOC dont le label reconnaît exclusivement les camemberts de Normandie.

1 Collecte de lait
La traite des vaches normandes a lieu deux fois par jour, matin et soir.

2 Transport
Le lait quitte le lieu de la traite dans des cuves réfrigérées à 12 °C.

3 Commencement de la fermentation
La veille de la fabrication, on ajoute un ferment au lait.

4 Écrémage
Les matières grasses (20 %) sont retirées, puis le lait est porté à 32 °C.

5 Chauffage du lait
Le lait chaud est versé dans des cuves. L'air est à 30 °C, son taux d'humidité proche de 100 %.

6 Emprésurage
La présure liquide, extraite de la caillette d'un veau, est mélangée au lait.

7 Caillage
Le caillage prend entre une heure et demie et deux heures.

8 Préparation du plan de travail
La table en inox rainurée est recouverte d'un tapis en bois de peuplier étuvé.

9 Moules
Les moules mesurent 13 cm d'épaisseur et 11,5 cm de diamètre. Ils sont perforés sur les côtés.

10 Nettoyage du caillé
On passe sur le caillé une brosse qui retire les impuretés accumulées à la surface.

11 Découpage du caillé
Le caillé est rompu quatre fois, avec une lame de 60 cm.

12 Moulage du caillé
On prélève le caillé à l'aide d'une louche avant de le mouler.

13 Remplissage des moules
La louche est légèrement plus petite que les moules.

14 Quatre couches de caillé
Chaque moule reçoit quatre pleines louches de caillé.

15 Cinquième couche
Une heure plus tard, une cinquième louche de caillé est ajoutée dans les moules.

16 Gouttage du petit-lait
Le petit-lait s'écoule naturellement sous le poids du caillé. Il sert à nourrir les porcs.

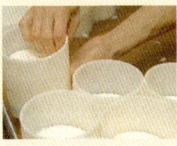

17 Retournage
Au bout de sept heures, on retourne chaque moule à la main délicatement.

18 Mise sous poids
Une plaque de métal de 95 g est placée sur le caillé, qui repose ensuite jusqu'au lendemain.

19 Démoulage
Le lendemain, les moules sont retirés, mais la plaque métallique est laissée pour faciliter l'égouttage.

20 Retrait des plaques
Les plaques sont ôtées de la surface des fromages.

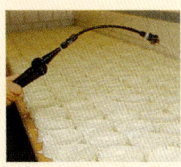

21 Ensemencement
Les fromages sont aspergés de trois variétés de *Penicillium candidum* dilué dans l'eau.

22 Salage du dessus et des côtés
Au bout de cinq jours, du sel sec et fin est appliqué sur les fromages.

23 Salage du dessous
Les fromages alignés sont retournés et légèrement salés sur le dessous.

24 Ensemencement du dessus
Le dessous, qui se trouve à présent au-dessus, reçoit une vaporisation de moisissure diluée.

25 Mise au repos
Les fromages sont mis à reposer une nuit avant de passer au hâloir.

26 Séchage
Les fromages sont maintenus à 14 °C et 85 % d'humidité pendant deux semaines.

27 Cinquième jour
Au cinquième jour de séchage, les fromages sont encore assez épais, mais la croûte se développe.

28 Huitième jour
Après huit jours, les fromages ont perdu de l'épaisseur. Ils sont retournés au cours du séchage.

29 Après deux semaines
La moisissure blanche caractéristique du camembert apparaît nettement.

30 Emballage
Après deux semaines de séchage, les fromages sont enveloppés dans un papier paraffiné.

31 Mise en boîte
Les fromages sont mis dans une boîte en copeaux de bois et envoyés chez les revendeurs.

32 Prêt pour la dégustation
Après deux semaines d'affinage chez le fromager, le camembert est enfin prêt.

CAMEMBERT DE NORMANDIE (AOC)

Le camembert est partout synonyme de fromage français. Avant d'obtenir son AOC, en 1983, il était déjà le plus copié au monde. Comment choisir un camembert : forme parfaite, croûte fleurie blanche striée ou tachée de rouille. La pâte doit être jaune crème, souple au toucher. Il doit dégager une légère odeur de moisissure. En Normandie, on le préfère mi-fait, lorsque le cœur est encore blanc et non crémeux.

À l'intérieur de la zone d'AOC, on produit des camemberts laitiers et industriels, dont l'affinage dure au moins vingt et un jours. On regrette qu'il soit devenu si difficile d'en trouver un bon depuis quelque temps. Les camemberts fermiers AOC sont produits par quelques fromageries et par un agriculteur qui est le seul à les fabriquer entièrement à l'ancienne.

- ⊖ 10,5 à 11 cm (diamètre), 3 cm (épaisseur)
- ⚖ 150 g minimum
- ♣ 215 g
- ▷ 45 % minimum
- ✓ Toute l'année
- ⌂ Cru
- ♟ Saint-émilion, saint-estèphe

NORMANDIE
Calvados, Manche, Orne, Eure, Seine-Maritime

Croûte fleurie avec affleurements rouille ; pâte molle non cuite et non pressée.

Spécifications de l'AOC

1 Il est interdit d'ajouter au lait du lait concentré ou en poudre, des protéines lactiques ou des colorants.
2 Le lait ne doit pas être porté à plus de 37 °C.
3 La masse du caillé doit être coupée verticalement.
4 Le caillé doit être moulé à l'aide d'une louche en cinq couches successives (voir p. 90-92).
5 Le salage se fait exclusivement au sel sec.
6 Les fromages salés doivent être entreposés en hâloir à une température comprise entre 10 et 12 °C. Avant d'être emballés dans leur boîte caractéristique en bois, ils peuvent être rangés sur des planches, dans des caves à 8 ou 9 °C.
7 Seuls les fromages AOC peuvent faire figurer sur leur étiquette « fabrication traditionnelle au lait cru avec moulage à la louche ». La mention « fabriqué en Normandie » est réservée aux fromages normands n'ayant pas droit à l'AOC.

AOC DÉLIVRÉE EN 1983

CAMEMBERT AFFINÉ AU CIDRE DE LA MAISON

Ce fromage est la spécialité d'un fromager qui fait macérer quinze jours dans le cidre de jeunes camemberts dont la croûte est déjà formée. Ils absorbent ainsi le goût du cidre et le parfum des pommes. Leur odeur est légèrement piquante.

Marques laissées par la toile pendant l'affinage.

CŒUR DE CAMEMBERT AU CALVADOS

Il s'agit d'un camembert débarrassé de sa croûte et trempé dans le calvados, mariage de deux grandes spécialités normandes.

🍷	Beaujolais
🍺	Cidre, cidre-jasnières
🥃	Calvados

Cerneaux de noix pour décorer.

CANCOILLOTTE / METTON

C'est le metton, fromage de fabrication artisanale ou industrielle, qui sert à faire la cancoillotte. Le metton est fabriqué au lait écrémé, caillé, finement découpé et porté à 60°C avant d'être pressé, écrasé, puis affiné quelques jours. Pour obtenir la cancoillotte, on fait fondre du metton à feu doux dans un peu d'eau ou de lait, avant d'y ajouter du sel et du beurre. Elle peut se manger chaude ou froide sur du pain, au petit déjeuner ou en en-cas, avec des légumes ou de la viande. On la trouve en pot, nature ou aromatisée au beurre, à l'ail ou au vin. Elle est très appréciée en Franche-Comté.

Metton. Le metton se présente sous forme de granulés.

FRANCHE-COMTÉ
Doubs

🧀	Écrémé
🍷	Côtes-du-jura, bourgogne passe-tout-grain

Cancoillotte. Pâte jaune, peu salée, onctueuse, de la consistance du miel liquide.

Cantal, salers, laguiole et aligot

CANTAL / FOURME DE CANTAL (AOC)

On produit aujourd'hui du cantal fermier, laitier et industriel. Un morceau de cantal est lourd et humide. Le sel qu'il contient relève la saveur pleine de ce fromage. Un cantal bien affiné a un goût fort, tandis qu'un cantal jeune garde la douceur du lait cru. L'AOC a été délivrée en 1980.

⊖	36 à 42 cm (diamètre), 35 à 40 cm (épaisseur)
⚖	35 à 45 kg
♣	57 g minimum pour 100 g de fromage affiné ; 56 g minimum pour 100 g de fromage blanc
🗋	45 % minimum
✓	Toute l'année
⌂	Cru, pasteurisé
🍷	Côtes-d'auvergne, châteaugay, moulin-à-vent

AUVERGNE Cantal, Haute-Loire, Puy-de-Dôme
MIDI-PYRÉNÉES Aveyron
LIMOUSIN Corrèze

Affinage de six mois.

Pâte compacte mi-dure couleur ivoire, non cuite, pressée deux fois.

Affinage de huit jours.

Plaque en aluminium : CA signifie cantal, 15 est le département de production, EE identifie le fabricant.

Affinage de six mois, fromage entier.

Croûte naturelle ocre tachée de rouge et d'orange.

LA FABRICATION DU CANTAL

Il est fabriqué en trois tailles différentes : le cantal normal pèse environ 40 kg, le petit environ 20 kg, et le cantalet, ou cantalon, environ 10 kg.

L'emprésurage
Le lait est chauffé à 32 °C. Le caillé se forme en une heure environ.

Le découpage du caillé
Le caillé est d'abord rompu en cubes de 1 cm de côté, puis brassé. Le petit-lait est éliminé.

1 Le caillé est enveloppé dans une toile et passé dans le presse-tomme.

Le premier pressage
Le caillé, divisé en masses compactes de 80 à 100 kg, est enveloppé dans une toile et mis sous presse (1). Il en sort sous forme de pains épais nommés tommes (2), coupées et pressées plusieurs fois pour en chasser le petit-lait.

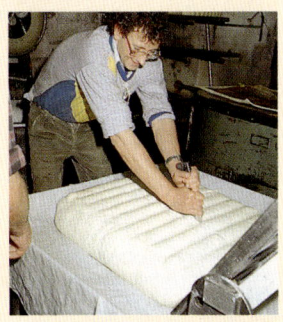

La mise en forme
Après le pressage, chaque tomme repose pendant huit heures à une température de 12 à 15 °C. Cette période de repos encourage le développement naturel des acides lactiques qui protègent et modifient la structure physique de la tomme, opération indispensable à l'affinage. La tomme est ensuite coupée en petits morceaux à l'aide d'une sorte de broyeuse. Ce procédé, couramment utilisé à l'étranger, n'est employé en France que pour le cantal.

2 La tomme est découpée avant d'être encore pressée pour éliminer le petit-lait.

Le salage
La tomme, réduite en morceaux de la taille d'une noisette, est salée : on utilise au moins 24 g de sel par kg de caillé en été, 21 g en hiver. On procède à un nouveau brassage pendant lequel le sel se dissout et s'incorpore au caillé. Le lendemain, alors que la tomme s'est à nouveau agglomérée, on l'effrite rapidement. On en prélève une poignée que l'on serre dans le creux de la main. Si elle se détache facilement de la peau, le salage est réussi.

Le moulage et le deuxième pressage
Les moules, garnis de toile, sont emplis de tomme (3), fermés à l'aide d'un couvercle métallique et mis sous presse (4). Les moules sont pressés trois ou quatre fois en quarante-huit heures, la toile étant changée à chaque fois.

3 La tomme broyée et enveloppée est placée dans un moule en métal.

L'affinage
Après démoulage, le fromage est emporté vers une cave d'affinage sombre et ventilée où règnent une température de 10 °C et une humidité de 90 %. Pendant les trente premiers jours, les fromages sont retournés et brossés deux fois par semaine. Au bout de trente jours, on obtient un fromage jeune et doux. En deux à six mois, le cantal dit « entre-deux » ou « doré » est prêt. Il faut six mois d'affinage pour obtenir un cantal vieux à croûte rougeâtre.

4 Chaque fromage est pressé trois ou quatre fois en quarante-huit heures.

CANTAL, SALERS, LAGUIOLE, ALIGOT

SALERS (AOC)

Depuis 2 000 ans, on fabrique dans les monts du Cantal deux fromages différents, le salers et le cantal, selon des méthodes sensiblement identiques. Les spécifications de l'AOC stipulent que le salers ne peut être fait qu'avec le lait de vaches paissant l'été dans la montagne. Le cantal, lui, peut être produit avec le lait de n'importe quelle saison. Le salers est le seul qui soit entièrement fermier, comme en témoigne sa plaque rouge. Les fourmes sont marquées en creux Salers Salers ou Tradition Salers, pour celles qui sont faites à partir du seul lait de vache salers. L'affinage, mené dans des zones strictement délimitées, doit durer au moins trois mois et se dérouler à une température maximale de 12 °C.

Une exceptionnelle teneur en matière sèche

Le salers et le cantal ne sont pas des pâtes cuites, mais des pâtes pressées deux fois, la tomme étant broyée entre les deux pressages. C'est pourquoi ils contiennent plus de 58 g de matière sèche pour 100 g. Un fromage cuit et pressé comme le beaufort (voir p. 48) en contient encore plus. La plupart des fromages sont composés pour moitié d'humidité ; il est rare qu'un fromage comporte plus de 50 % de matière sèche. Le salers, très compact, a une pâte dense et ferme, dont le goût complexe est d'une qualité inégalée.

La période de production

Les monts du Cantal sont couverts de neige six mois durant. En avril ou mai, les vaches partent pour les alpages, accompagnées de leurs gardiens. Ceux-ci vivent et travaillent dans des cabanes de pierre nommées burons. En 1948, on recensait 1 000 burons, où l'on fabriquait le salers de haute montagne. Aujourd'hui, il n'en reste que six. Un décret de 1961 stipulait que le salers de haute

Affinage de dix mois.

Pâte ferme, jaune, mi-dure, non cuite, pressée deux fois.

Croûte sèche naturelle.

Matière sèche pour 100 g				
Cantal	Salers	Laguiole	Beaufort	Brie
57 g min.	58 g min.	58 g min.	62 g min.	44 g min.

Teneur en matières grasses pour 100 g				
Cantal	Salers	Laguiole	Beaufort	Brie
25,6 g min.	26,1 g min.	26,1 g min.	29,7 g min.	19,8 g min.

CANTAL, SALERS, LAGUIOLE, ALIGOT   97

montagne ne pouvait être produit qu'entre le 20 mai et le 30 septembre, mais cette période a été prolongée et s'étale maintenant du 15 avril au 15 novembre, quand les vaches sont nourries à satiété d'herbe pâturée.

La production

Le salers est produit dans 95 fermes environ, chacune possédant de 35 à 50 vaches, chaque troupeau permettant la production d'un salers de 40 kg par jour avec les 350 à 400 litres de lait qu'il fournit. Durant les sept mois de période de production autorisée, le nombre de salers fabriqués s'élève à 30 000 environ, soit 1 500 tonnes, un chiffre à comparer aux 17 000 tonnes de cantal.

Les vaches de Salers

Les vaches de Salers vêlent en général tous les ans et donnent de 7 à 9 litres de lait par jour, soit 3,3 tonnes par an. Leur lait de très haute qualité contient 34 % de protéines et 38 % de matières grasses. Ces bovins, également appréciés pour leur viande, sont originaires du Massif central. Résistants, d'un tempérament placide, de couleur acajou, ils portent d'impressionnantes cornes en lyre.

Après dix mois d'affinage

Le fromage de la page de gauche a été affiné pendant dix mois. Sa plaque rouge porte la mention SA15HK, qui permet d'identifier le département et le fabricant. La croûte brune du salers évoque un rocher. Elle est due à des brossages successifs et à un séjour en cave fraîche (12 °C). Épaisse, elle protège une pâte couleur jaune d'œuf à forte odeur carnée. Cette pâte d'allure ferme est étonnamment tendre au palais, où elle laisse une sensation humide et un peu grasse. Son goût de noisette se transforme vite en un véritable bouquet : arnica, anémone, pissenlit, gentiane, toute la flore montagnarde estivale est là, suivie du piquant acidulé du sel. Le salers est un fromage fort.

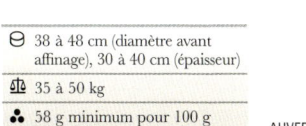

Après dix-huit mois d'affinage

Le fromage ci-dessus est fendillé et couvert de moisissures dues à des acariens qui dévorent la croûte et pénètrent à l'intérieur du fromage. Certains amateurs préfèrent attendre ce stade d'affinage pour déguster le salers. Ils grattent la croûte et la dégustent ensuite réduite ainsi en poudre.

Affinage de dix-huit mois.

⊖	38 à 48 cm (diamètre avant affinage), 30 à 40 cm (épaisseur)
⚖	35 à 50 kg
♣	58 g minimum pour 100 g
🗇	45 % minimum, 26,1 g minimum pour 100 g
✓	Toute l'année, selon l'affinage : un salers fabriqué en mai peut être consommé dès l'automne
⌂	Lait d'été, cru, entier
🍷	Saint-pourçain, touraine

AUVERGNE Cantal, Haute-Loire, Puy-de-Dôme
MIDI-PYRÉNÉES, LIMOUSIN

LAGUIOLE (AOC)

Le laguiole (prononcer «layole») tire son nom d'un bourg des monts d'Aubrac. C'est un fromage à pâte ferme et dorée, à croûte épaisse. Il partage avec le cantal (voir p. 94) et le salers (voir p. 96) son mode de production, sa forme et sa forte teneur en matière sèche. L'affinage d'un laguiole, mené dans des zones définies, dure au moins quatre mois. Affinage et conservation doivent se faire à moins de 14 °C. L'AOC a été délivrée en 1976.

Pâte ferme, jaune, mi-dure, non cuite, pressée deux fois.

Croûte naturelle sèche, blanc et orange, qui fonce avec l'âge.

MIDI-PYRÉNÉES Aveyron;
AUVERGNE Cantal;
LANGUEDOC-ROUSSILLON Lozère

- 40 cm (diamètre), 30 à 40 cm (épaisseur)
- 30 à 50 kg
- 58 g minimum pour 100 g
- 45 % minimum, 26,1 g minimum pour 100 g
- Toute l'année, selon l'affinage
- Cru, entier
- Côtes-du-frontonnais

L'histoire du laguiole

Selon l'histoire locale, le laguiole a été inventé dans un monastère de l'Aubrac au XIe siècle. Les moines auraient ensuite transmis leur recette aux fromagers de la région.

La production a atteint son apogée au début de notre siècle. À l'époque, l'estive durait exactement cent quarante-deux jours, du 25 mai au 13 octobre. Pour chaque vache, on ne pouvait obtenir que 50 kg de fromage, car non seulement la production de fromage était limitée à l'estive mais les vaches de l'Aubrac ne donnaient que 3 ou 4 litres de lait par jour. Malgré ces contraintes, les 1 200 fromagers fabriquaient chaque été 700 tonnes d'un laguiole de grande qualité. Aujourd'hui subsistent 295 burons.

CANTAL, SALERS, LAGUIOLE, ALIGOT

Naissance d'une association

À la fin du XIXᵉ siècle fut fondée une association destinée à promouvoir les ventes de ce fromage, dont la petite ville de Laguiole était devenue le centre de production le plus important.

En 1939, l'association se donna pour but de protéger le laguiole. Malgré ces efforts, la main-d'œuvre se raréfia et le nombre de burons chuta à 55. Dans les années 1960, la production annuelle n'étant plus que de 33 tonnes, la coopérative fromagère Jeune Montagne fut fondée pour tenter de pallier ce déclin. En 1976 fut enfin accordé le droit de fabriquer du laguiole toute l'année.

Les vaches de Laguiole

Il est à déplorer que la qualité du laguiole ait baissé depuis 1981, date d'introduction des vaches hollandaises dans la région. Si leur lactation est importante, leur lait est moins riche en protéines que celui des races locales. Leur adaptation à cet environnement nouveau ayant posé des problèmes, des recherches ont été lancées afin de trouver quelle autre race pourrait s'adapter au climat et au sol de l'Aubrac. C'est une race suisse, la pie rouge de l'Est, qui a été sélectionnée. La pie rouge donne en trois cents jours 4 800 litres de lait contenant 32,5 % de protéines. On s'efforce actuellement d'atteindre les 5 000 litres par an tout en conservant un taux de protéines de 32 % minimum.

La production

Le laguiole est fabriqué dans trois départements (voir carte). Avec une cinquantaine de localités produisant 750 tonnes annuelles de fromage, il ne saurait rivaliser avec le cantal ou le salers.

La production est en grande partie laitière, mais trois burons en activité sur le plateau de l'Aubrac fabriquent encore un laguiole au lait cru. Toutefois, celui-ci est surtout vendu aux touristes sans avoir le temps de mûrir quatre mois, ainsi que l'exige le règlement de l'AOC.

DÉTAILLER UN GRAND FROMAGE CYLINDRIQUE

Pour découper un grand fromage cylindrique, dont certains, comme le laguiole, peuvent atteindre 50 kg, il faut veiller à trancher la pâte franchement.

1 Tout d'abord, poser le fromage bien à plat sur l'une de ses extrémités.

2 À l'aide d'un fil à couper le beurre robuste, couper le fromage en deux dans le sens de la hauteur.

3 Recouper chaque moitié en deux perpendiculairement à la première coupe.

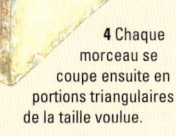

4 Chaque morceau se coupe ensuite en portions triangulaires de la taille voulue.

Les couteaux de Laguiole
Jadis, les habitants de Laguiole allaient travailler en Espagne durant la saison hivernale. C'est là qu'ils découvrirent des canifs qu'ils s'efforcèrent de reproduire une fois rentrés au pays. Ils eurent tant de succès qu'aujourd'hui ces petits couteaux sont simplement appelés «Laguiole».

ALIGOT / TOMME FRAÎCHE

L'origine du mot aligot est disputée. Pour certains, il s'agirait d'une déformation du latin *aliquid*, « quelque chose », que les pèlerins mendiants du Moyen Âge répétaient à la porte des monastères. Les moines leur donnaient une soupe faite de pain et de tomme fraîche, à laquelle le mot serait resté associé. Selon d'autres, il s'agirait d'un dérivé de l'ancien français « alicoter » : couper.

La tomme fraîche est produite en trois versions : fermière, laitière et industrielle. C'est un fromage qui entre dans la composition de nombreux plats et souvent associé aux pommes de terre. Spécialité du Rouergue, l'aligot est composé de tomme fraîche incorporée à une purée de pommes de terre très chaude assaisonnée d'ail, de jus de cuisson de saucisses, de sel et de poivre. On sert également la tomme fraîche avec des tripous ou de la purée de marrons, accompagnée de saint-pourçain.

Absence de croûte, non cuit et pressé.

Pâte fraîche non salée, blanche, spongieuse et élastique.

- Gros bloc hexagonal
- 20 kg, ou paquets sous vide de 2,5 kg
- 45 % minimum
- Toute l'année, mais surtout au printemps et en été
- Cru ou pasteurisé
- Saint-pourçain

AUVERGNE
Cantal,
MIDI-PYRÉNÉES
Aveyron

Un fromage à cuire
La tomme fraîche fondue s'étire en longs filaments. Il est recommandé de la manger très chaude.

CARRÉ DE L'EST

Ce fromage, dont la forme est à l'origine du nom, a une croûte humide et élastique qui colle aux doigts. Sa pâte, percée de trous réguliers, est onctueuse, collante, salée et fondante. La dégustation est meilleure quand la croûte est un peu moisie. On produit des versions laitières et industrielles du carré de l'Est. L'affinage dure trois ou quatre semaines.

⊖	11 cm (côté), 3 cm (épaisseur)
⚖	300 g
🗋	45 %
✓	Toute l'année
⟁	Pasteurisé
🍷	Coteaux-champenois, pinot noir d'Alsace, sancerre

ALSACE, CHAMPAGNE-ARDENNE, LORRAINE

Croûte lavée rougeâtre, parfois couverte de moisissure blanche.

Pâte molle, non pressée, non cuite.

SAINT-RÉMY

Cousin du carré de l'Est (ci-dessus), le saint-rémy a un goût moins affirmé, ni fort ni doux, qui rappelle le camembert (voir p. 92). Plutôt gras, à pâte molle et croûte lavée, ce fromage porte le nom de son village. L'affinage dure deux ou trois semaines.

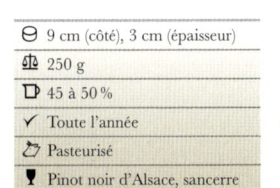

⊖	9 cm (côté), 3 cm (épaisseur)
⚖	250 g
🗋	45 à 50 %
✓	Toute l'année
⟁	Pasteurisé
🍷	Pinot noir d'Alsace, sancerre

LORRAINE Meuse

Croûte humide rouge.

Pâte molle, non pressée, non cuite.

SAULXUROIS

Originaire de Saulxures, près de Bassigny, artisanal, il appartient également à la famille du carré de l'Est (voir ci-dessus). Son goût est salé. Il est lavé en saumure pendant l'affinage.

Croûte humide rouge.

⊖	8 à 9 cm (côté), 2,5 cm (épais.)
⚖	200 g
🗋	45 %
✓	Toute l'année
⟁	Cru
🍷	Coteaux-champenois, pinot noir d'Alsace, sancerre

CHAMPAGNE-ARDENNE Haute-Marne

Pâte souple, non pressée, non cuite.

CHAOURCE (AOC)

Tous les fromages ne nécessitent pas un long affinage. Le chaource ci-contre est très jeune et fond dans la bouche comme de la neige. La production, limitée à certaines zones de Bourgogne et de Champagne, est artisanale ou industrielle. L'affinage dure au minimum deux semaines, et souvent jusqu'à un mois.

CHAMPAGNE-ARDENNE Aube ; BOURGOGNE Yonne

- Petit : 9 cm (diamètre), 6 à 7 cm (épaisseur) ; grand : 11 cm (diamètre), 5 à 6 cm (épaisseur)
- Petit : 250 g minimum ; grand : 450 g minimum
- 215 g
- 50 % minimum
- Toute l'année ; meilleur de l'été à l'automne
- Variable
- Coteaux-champenois
- Irancy, sancerre
- Champagne rosé

Pâte molle, non pressée, non cuite.

Croûte fleurie (Penicillium candidum).

Spécifications de l'AOC

1 Le caillage doit être principalement d'origine lactique et durer au moins douze heures.
2 L'égouttage doit être spontané et lent.

AOC DÉLIVRÉE EN 1977

CHAUMES

Ce fromage industriel est fabriqué par l'une des plus grosses laiteries de France, la fromagerie des Chaumes, à Jurançon. Cette société produit des fromages au lait de vache et de brebis, des fromages allégés, ainsi que des bleus. De forme arrondie et plate, certains le trouvent un peu fade. L'affinage dure quatre semaines.

- 20 à 23 cm (diam.), 4 cm (épais.)
- 2 kg
- 215 g
- 50 % minimum
- Toute l'année
- Pasteurisé
- Madiran, côtes-de-bourg

Pâte mi-dure, non pressée, non cuite.

Croûte lavée.

AQUITAINE Pyrénées-Atlantiques

La Champagne est réputée pour ses fromages au lait de vache, comme le chaource.

C

Chèvre de la Loire (AOC)

La Loire, le plus beau et le plus long fleuve de France, coule d'abord vers le nord avant d'obliquer vers l'ouest. Les plaines qui bordent ce large virage forment une région très justement surnommée «jardin de la France», parsemée de châteaux Renaissance et de vignobles.

Au VIIIe siècle, les sarrasins furent repoussés à Poitiers. Ces descendants des Arabes, installés dans le sud de l'Espagne depuis des siècles, étaient peu à peu remontés jusqu'en France. Lorsqu'ils furent chassés du territoire, ils laissèrent derrière eux non seulement leurs chèvres, mais aussi des recettes de fromage. C'est ainsi que la vallée de la Loire est devenue le berceau du fromage de chèvre et le plus important centre de production. De chaque côté du fleuve, on produit dans diverses localités des fromages de tailles et de formes diverses. Leur saveur très spécifique leur a valu d'obtenir à ce jour cinq AOC : au sud-ouest, le chabichou du Poitou (voir ci-contre) ; à l'est de la zone, on trouve le crottin de Chavignol (voir p. 106), en forme de petit tambour ; le pouligny-saint-pierre (voir p. 107), de forme pyramidale assez élancée ; à l'ouest, le sainte-maure de Touraine (voir p. 108), bûche épaisse enrobée de cendre ; au nord, le selles-sur-cher (voir p. 110), lui aussi cendré. Le valençay cendré (voir p. 111), qui affecte la forme d'une pyramide, est candidat à l'appellation contrôlée.

Tous ces fromages s'accompagnent d'un vin blanc tel que le sancerre.

LA FABRICATION DU FROMAGE DE CHÈVRE

La tradition veut que l'on serve du fromage de chèvre de Pâques à la Toussaint. Le caillage est le plus souvent causé par une fermentation lactique induite par l'adjonction d'un ferment au lait. Celui-ci repose ensuite une nuit, avant d'être chauffé à 18 ou 20 °C. On lui ajoute une très faible quantité de présure et on le laisse reposer encore vingt-quatre heures. Le caillé n'est ni rompu, ni chauffé, ni brassé, ni pressé : l'égouttage est immédiat à partir du moment où on le verse dans une faisselle perforée sur les côtés et à la base. Le fromage est ensuite affiné à sec dans une pièce fraîche (11 °C) et bien ventilée, à 80 % d'humidité. Ce degré est assez faible comparé à certaines caves qui sont à un degré de 90 %, voire 100 % d'humidité. Le séchage de la pâte et celui de la croûte doivent se faire simultanément, sinon la croûte se riderait et collerait à la pâte, qui ne pourrait plus se débarrasser de son petit-lait. Des moisissures bleues apparaissent spontanément sur la croûte ; une couche de cendre de chêne ou de charbon de bois pulvérisé crée un environnement favorable à leur développement.

Les faisselles
Les trous des faisselles à Valençay (ci-dessus) ou à Selles-sur-Cher (à droite) permettent au petit-lait de s'écouler rapidement.

Le cendrage
En enrobant le fromage de cendre de chêne, on favorise l'apparition de moisissures bleues.

CHÈVRE DE LA LOIRE AOC   105

CHABICHOU DU POITOU (AOC)

Le Poitou est la plus importante région d'élevage caprin et produit notamment de très nombreux fromages de chèvre. Celui-ci est doté d'une saveur délicate, un peu sucrée, avec une légère acidité et une pointe de sel. La production est fermière, laitière ou industrielle. AOC en 1990.

Croûte naturelle garnie de moisissures blanches, jaunes ou bleues.

Pâte non pressée, non cuite ; tendre et homogène, elle durcit et devient friable avec l'âge.

⊖	6 cm (diamètre base), 5 cm (sommet), 6 cm (épaisseur)
⚖	100 à 150 g
♣	40 g minimum
🗗	45 % minimum
✓	Toute l'année ; du printemps à l'automne (fermier)
🧀	Entier
🍷	Sancerre, pouilly-fumé

POITOU-CHARENTES
Charente, Deux-Sèvres, Vienne

CHABICHOU / CHABIS

Les fromages présentés ci-contre ont tous été achetés et photographiés avant la délivrance de l'AOC en 1990. La variété des tailles et des formes qui régnait alors est intéressante.

POITOU-CHARENTES
Charente

⊖	6,5 cm (diamètre base), 5 cm (sommet), 5 à 7 cm (épaisseur)
⚖	120 g
♣	40 g minimum
🗗	45 % minimum
✓	Toute l'année ; du printemps à l'automne (fermier)
🧀	Cru, entier
🍷	Sancerre, menetou-salon

Chabis.

Chabichou.

Chabichou.

Chabichou fermier.

CHÈVRE DE LA LOIRE AOC

CROTTIN DE CHAVIGNOL (AOC)

Ce fromage doit être acheté dur, quand sa surface est noirâtre et irrégulière.

Un crottin blanc (frais) pèse environ 140 g et ne ressemble pas encore à un vrai crottin. Au bout de deux semaines, il ne pèse déjà plus que 110 g, sa croûte commence à bleuir et sa pâte à devenir brillante. Il est prêt à être dégusté. Il est un peu salé, et l'équilibre entre acidité, douceur et goût de lait rehausse son goût. Au bout de cinq semaines, le crottin a encore rétréci et séché. Il sent fort, sa pâte a une consistance ferme, un goût robuste. Il est à cœur. Enfin, au bout de quatre mois, il ne pèse plus que 40 g, sa croûte dure et granuleuse doit être grattée avant la dégustation.

La production annuelle de crottin atteint 16 millions de pièces de qualité fermière, artisanale ou industrielle. L'affinage doit avoir lieu dans la zone de l'AOC. Jamais inférieur à dix jours, il dure le plus souvent entre deux et quatre semaines. La température doit être basse et le local bien ventilé.

Un crottin chaud sur un lit de salade verte assaisonnée au vinaigre de vin constitue une entrée délicieuse.

Pâte non pressée, non cuite, blanc cassé ou ivoire.

Affinage de deux semaines.

Fine croûte naturelle parfois couverte de moisissures blanches ou bleues.

Affinage de quatre mois.

Affinage de un mois.

⊖	4 à 5 cm (diamètre), 3 à 4 cm (épaisseur)
⚖	60 à 110 g
⁂	37 g minimum
⌀	45 % minimum
✓	Toute l'année ; du printemps à l'automne (fermier)
⌇	Entier ; le caillé surgelé est autorisé
♀	Sancerre

Spécifications de l'AOC

1 Le caillage doit être principalement d'origine lactique, avec très peu de présure.
2 Le caillé doit être pré-égoutté.
3 Les fromages préparés à partir de caillé surgelé ne peuvent porter les mentions « fromage fermier » ou « fabrication fermière ».

AOC DÉLIVRÉE EN 1976

BOURGOGNE
Nièvre ;
VAL-DE-LOIRE ;
CENTRE
Cher, Loiret

CHÈVRE DE LA LOIRE AOC

POULIGNY-SAINT-PIERRE (AOC)

La forme de ce fromage lui vaut ses surnoms de «pyramide» et «tour Eiffel». Celui ci-contre a subi un affinage de quatre semaines avant d'être à cœur. La croûte est sèche et porte une bonne moisissure bleue. La pâte est d'un blanc éblouissant, fine, humide, tendre et friable. Elle dégage une odeur de paille et de lait de chèvre. À la dégustation, une exquise sensation acidulée envahit la bouche, suivie d'un goût de noisette. Une acidité plus modérée suit et s'évanouit en laissant un arrière-goût. Six ou sept jours plus tard, la croûte est encore plus belle et plus riche : les couleurs sont chatoyantes, des crevasses se forment, la moisissure s'étend.

L'étiquette verte est réservée au pouligny fermier, la rouge au pouligny laitier.

Croûte naturelle.

Pâte tendre, non pressée, non cuite.

- ◈ 6,5 cm (côté), 8 à 9 cm (épaisseur)
- ⚖ 250 g minimum
- ❖ 90 g minimum
- ⌑ 45 % minimum
- ✓ Toute l'année ; du printemps à l'automne (fermier)
- ⌾ Entier
- ⚱ Reuilly, sancerre

Spécifications de l'AOC

1 Le caillage doit être principalement d'origine lactique, avec peu de présure.
2 Les fromages préparés à partie de caillé surgelé ne peuvent porter les mentions «fromage fermier» ou «fabrication fermière».

AOC DÉLIVRÉE EN 1976

CENTRE
Indre

CHÈVRE DE LA LOIRE AOC

SAINTE-MAURE DE TOURAINE (AOC)

Sa production est fidèle à la tradition (voir p. 104) : le lait est chauffé entre 18 et 20 °C, puis il caille vingt-quatre heures ; moulé en forme de bûche, il s'égoutte naturellement. Après démoulage, on insère au cœur de la pâte une longue paille dont le rôle est de consolider et d'aérer la fragile bûchette. Le fromage est ensuite roulé dans la cendre de charbon de bois salée, puis il termine son égouttage sur une planche.

Il existe des versions fermières, laitières et artisanales. L'affinage est mené dans la zone de l'AOC. Il a lieu dans une cave bien ventilée, à une température de 10 à 15 °C, l'air à un degré de 90 % d'humidité. Le fromage est retourné tous les jours. Le dixième jour, la croûte est jaune pâle et dépourvue de moisissures. La pâte est encore molle et dégage une odeur acide. Au cours de la troisième semaine, des moisissures bleues apparaissent sur la croûte. La pâte est devenue sèche, lisse, dense. Après la cinquième ou sixième semaine, la surface du fromage, qui a rétréci, est dure. Sous les moisissures gris-bleu, la pâte est fine, homogène et ferme. Le fromage est mûr, équilibré, rond en bouche, salé et acidulé, avec un arôme de noix.

Après vingt-quatre heures de séchage.
Pâte fine blanche ou ivoire, non pressée, non cuite.

Affinage de trois semaines.
Croûte naturelle, parfois cendrée.

Affinage de six semaines.
Long cylindre.

⬦	3 à 4 cm (diamètre à l'une des extrémités), 4 à 5 cm (à l'autre extrémité), 14 à 16 cm (longueur)
⚖	250 g
⁞	100 g minimum
⎆	45 % minimum, 45 g minimum
✓	Toute l'année ; du printemps à l'automne (fermier)
❄	Caillé surgelé interdit
🍷	Chinon
🍷	Vouvray

CENTRE Indre, Indre-et-Loire, Loir-et-Cher ;
POITOU-CHARENTES Vienne

Spécifications de l'AOC

1 Le caillage doit être principalement d'origine lactique, avec peu de présure.
2 Le caillé frais non égoutté (voir p. 104) doit être moulé à la louche manuelle ou mécanique.
3 L'égouttage doit être spontané.

AOC DÉLIVRÉE EN 1990

Les fromages du Val de Loire sont fabriqués avec le lait des chèvres paissant sur ses terres fertiles.

C

CHÈVRE DE LA LOIRE AOC

CHÈVRE DE LA LOIRE AOC

SELLES-SUR-CHER
(AOC)

Le selles-sur-cher se reconnaît à son odeur et à son arrière-goût noisetté. Les gens du pays mangent la croûte : en effet, ils cultivent les moisissures et considèrent qu'elles font partie intégrante du fromage. Il faut environ 1,3 litre de lait pour faire un seul selles-sur-cher. Celui que l'on voit ci-contre a été fabriqué par la famille Moreau, qui élève des chèvres à Bellevue.

Après un affinage de quatre semaines, la surface du fromage est très irrégulière, la croûte est sèche et entièrement couverte de moisissures gris-bleu, sous lesquelles se trouve une couche de charbon de bois pulvérisé. La pâte est caractéristique d'un véritable chèvre : un peu dure au début, puis tendre, pesante et collante tandis qu'elle fond dans la bouche. Le goût est un peu acide, salé, assez doux. L'arôme du lait de chèvre et de la cave s'attarde sous le palais.

La production de ce fromage peut être fermière, laitière ou industrielle. L'affinage, qui dure au moins dix jours, a lieu dans la zone de l'AOC.

Pâte tendre, non pressée, non cuite.

Croûte naturelle, couverte de cendre de charbon de bois salée.

Affinage de quatre semaines environ.

CENTRE Cher, Indre, Loir-et-Cher

- 8 cm (diamètre base), 7 cm (sommet), 2 à 3 cm (épaisseur)
- 200 g minimum frais, sinon 150 g
- 45 % minimum
- 55 g minimum
- Toute l'année ; du printemps à l'automne (fermier)
- Entier
- Sancerre, pouilly-fumé

Spécifications de l'AOC

1 Le caillage doit être principalement d'origine lactique, avec très peu de présure.
2 Le caillé doit être moulé à la louche.

AOC DÉLIVRÉE EN 1975

CHÈVRE DE LA LOIRE AOC

VALENÇAY (AOC)

Le Berry compte de nombreux fromages de chèvre renommés : crottin de Chavignol (voir p. 106), selles-sur-cher (voir ci-contre), pouligny-saint-pierre (voir p. 107).

On raconte que le valençay avait autrefois la forme d'une pyramide parfaite et pointue. À son retour de la désastreuse campagne d'Égypte, Bonaparte fit halte au château de Valençay et, voyant ce fromage qui lui rappelait les pyramides égyptiennes, de rage il tira son épée et lui coupa la pointe.

Pendant la fabrication (fermière, artisanale ou industrielle), le caillé égoutté est moulé dans une faisselle. Le fromage est ensuite démoulé et poudré de cendre de charbon de bois salée, puis affiné dans un local bien ventilé à 80 % d'humidité. Une moisissure naturelle recouvre la surface de la pyramide.

L'AOC a été délivrée en 1998.

Affinage de trois semaines environ.

Pâte ferme, tendre, humide, non pressée, non cuite.

Croûte naturelle couverte de poudre de charbon de bois salée.

◈	6 à 7 cm (côté base), 3,5 à 4 cm (côté haut), 6 à 7 cm (épais.)
⚖	200 à 250 g
🗋	45 % minimum
♣	90 g minimum
✓	Du printemps à l'automne
⌇	Cru, entier
🍷	Quincy, reuilly, sancerre

CENTRE
Indre

Le château de Valençay, où Napoléon aurait tranché la pointe pyramidale du fromage local.

Chèvre de pays

AMBERT / CROTTIN D'AMBERT

Les fromages de chèvre sont rares en Auvergne. Le village de Saint-Just, près d'Ambert, où l'on produit ce fromage fermier, est situé à 840 mètres d'altitude. L'affinage dure dix jours.

- 6 cm (diam.), 3 à 3,5 cm (épais.)
- 130 g
- Variable
- D'avril à novembre
- Cru
- Côtes-du-forez, beaujolais primeur

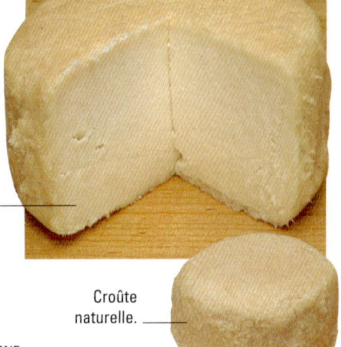

Pâte tendre, non pressée, non cuite.

Croûte naturelle.

AUVERGNE
Puy-de-Dôme

ANNEAU DU VIC-BILH

Fromage fermier fait à la main, dont le goût est un parfait équilibre entre acidité et salinité. Le fabricant déclare : « Dans le Midi, on l'aime jeune. » L'affinage dure au moins dix jours.

- 10 cm (diamètre), 3 cm (trou), 2 cm (épaisseur)
- 200 à 250 g
- 45 % minimum
- Du printemps à l'automne
- Cru
- Pacherenc-du-vic-bilh

Pâte blanche moelleuse, parfaite, non pressée, non cuite.

Croûte naturelle enrobée de charbon de bois pulvérisé.

MIDI-PYRÉNÉES
Hautes-Pyrénées

APÉROBIC

L'apérobic peut prétendre au titre de plus petit fromage du monde. Le suffixe « bic » dérive de bicot. Ce fromage est fabriqué au lait de chèvre au printemps et en été ; à partir de l'automne, il est fait au lait de chèvre et de vache mélangés, et en hiver au lait de vache seul. Mené à maturité avec soin pendant quinze jours, il est léger et piquant.

- 1,5 cm (diam. base), 2 cm (épais.)
- 3 g
- Variable
- Toute l'année
- Cru, entier (du printemps à l'automne)
- Cru, entier (de l'automne à l'hiver)
- Bourgogne aligoté

Croûte naturelle.

Pâte tendre, non pressée, non cuite.

BOURGOGNE
Saône-et-Loire

CHÈVRE DE PAYS   C   113

AUTUN

Ce fromage fermier a une consistance fine, un goût riche, raffiné, rond en bouche avec une pointe d'acidité. L'affinage dure au minimum trois semaines.

Pâte blanche tendre, homogène et compacte, non pressée, non cuite.

Croûte naturelle.

⊖	5 à 6 cm (diam.), 8 cm (épais.)
⚖	270 à 300 g
🗋	45 % minimum
✓	Du printemps à l'automne
⌔	Cru
⌔	Cru
🍷	Mercurey, rully

BOURGOGNE
Saône-et-Loire

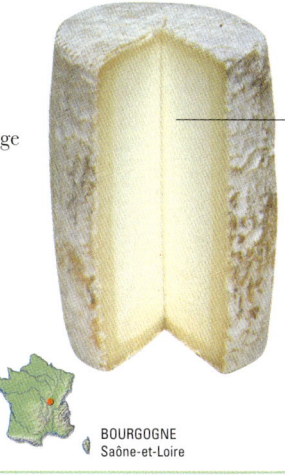

PETIT BEAUJOLAIS PUR CHÈVRE

Ce fromage artisanal provient du village de Saint-Georges-de-Reneins. L'affinage dure généralement de quatre à cinq semaines, jusqu'à ce que la pâte durcisse. Le fromage ci-contre, arrivé à complète maturation, a été affiné six semaines par un fromager lyonnais. Il a un goût légèrement acide.

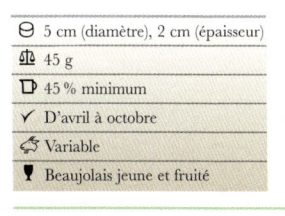

⊖	5 cm (diamètre), 2 cm (épaisseur)
⚖	45 g
🗋	45 % minimum
✓	D'avril à octobre
⌔	Variable
🍷	Beaujolais jeune et fruité

Pâte tendre ou dure, non pressée, non cuite.

Croûte marron clair couverte de moisissures gris-bleu.

RHÔNE-ALPES
Rhône

BESACE DE PUR CHÈVRE

Ce fromage fermier est fabriqué par une femme dans une petite ferme située au pied du mont Tournier, en Savoie, à 876 mètres d'altitude. Elle forme ses fromages à la main en les serrant dans une toile. Pour un résultat optimal, l'affinage doit durer deux semaines.

Croûte naturelle.

Pâte tendre, non pressée, non cuite.

⊖	8 cm (diamètre), 4 cm (épaisseur)
⚖	170 g ; 260 g frais
🗋	45 % minimum
✓	Du printemps à l'automne
⌔	Cru
🍷	Crépy, seyssel

Affinage de deux semaines.

Fromage frais.

RHÔNE-ALPES
Savoie

BIGOTON

Fromage fermier, simple et léger, il est fabriqué dans une ferme de l'Orléanais : la chèvrerie d'Authon. L'affinage dure au minimum quinze jours.

Pâte tendre, non pressée, non cuite.

- 5 à 6 cm (largeur), 12 à 13 cm (longueur), 4 cm (épaisseur)
- 130 à 150 g
- 45 %
- Du printemps à l'automne
- Cru
- Coteaux-du-vendômois jeune et fruité

CENTRE
Loir-et-Cher

Croûte naturelle.

PETIT BILOU DU JURA

Les fromages de chèvre sont plutôt rares en Franche-Comté. En voici pourtant un, fabriqué avec un lait de grande qualité et qui vaut bien les chèvres du Val de Loire. L'affinage dure au minimum dix jours.

Pâte tendre, non pressée, non cuite.

- 6 à 7 cm (diam.), 3 cm (épais.)
- 100 à 150 g
- 45 %
- Du printemps à l'automne
- Cru
- Côtes-du-jura

FRANCHE-COMTÉ Jura

Croûte naturelle.

BONDE DE GÂTINE

Fermier de haute qualité, fabriqué au GAEC de la Fragnée, dans la Gâtine du Poitou. L'affinage prend entre quatre et dix semaines, mais en général le fromage est prêt à la dégustation au bout de six semaines. La pâte possède une acidité et une salinité prononcées ; elle fond dans la bouche en laissant un arôme léger mais riche.

- 5 à 6 cm (diam.), 5 à 6 cm (épais.)
- 140 à 160 g
- 45 %
- Du printemps à l'automne
- Cru
- Haut-poitou

POITOU-CHARENTES
Deux-Sèvres

Pâte blanche tendre, non pressée, non cuite.

Croûte naturelle.

CHÈVRE DE PAYS

BOUCA

Le nom de ce fromage fermier est évidemment tiré du mot bouc. Ce produit au fort arôme de lait est parfaitement équilibré entre acidité et salinité. La pâte du fromage entamé ci-contre a un bel aspect et possède la fermeté voulue. L'affinage doit durer dix jours minimum.

⌀	5 à 6 cm (largeur), 12 à 13 cm (longueur), 4 cm (épaisseur)
⚖	130 à 150 g
	45 %
✓	Du printemps à l'automne
	Cru
	Touraine

CENTRE
Indre-et-Loire

Pâte tendre, non pressée, non cuite.

Croûte naturelle enrobée de charbon de bois pulvérisé.

BOUGON

Une coopérative fabrique ce fromage au lait cru. Emballé dans une boîte en copeaux de bois, il ressemble au camembert. Il faut le conserver à moins de 8 °C et le laisser une heure à température ambiante avant de le déguster. Sa pâte est ferme et son goût homogène. L'affinage dure deux ou trois semaines.

⌀	10 cm (diam.), 2,5 cm (épais.)
⚖	180 g
	50 %
✓	Toute l'année
	Cru ; pasteurisé pour l'exportation
	Cru ; pasteurisé pour l'exportation
	Vin du haut Poitou

POITOU-CHARENTES
Deux-Sèvres

Pâte molle, non pressée, non cuite.

Affinage de dix jours.

Croûte fleurie.

BOUTON DE CULOTTE

Les Bourguignons mangent ce fromage à l'automne, au moment des vendanges. Il est produit à base de lait de chèvre, ou à base de lait de vache, voire avec un lait mélangé. La production est fermière ou artisanale. Après deux semaines d'affinage, des moisissures bleues apparaissent sur la croûte ; au bout de un mois, la pâte jaunit et devient piquante.

⌀	3 à 4 cm (diam.), 3 à 4 cm (épais.)
⚖	180 g
	50 %
✓	Toute l'année
	Cru
	Bourgogne aligoté

BOURGOGNE
Saône-et-Loire

De gauche à droite, affinage de dix jours, deux semaines et un mois.

Pâte molle à dure, non pressée, non cuite.

BOUTON D'OC

Petit fromage fermier de forme originale se vendant à la douzaine, parfait pour l'apéritif. La pâte de consistance très fine a une saveur agréable. L'affinage dure dix jours.

◊	3 cm (diamètre base), 1 cm (sommet), 3,5 cm (épaisseur)
⚖	15 g
🗋	45 %
✓	Du printemps à l'automne
🐑	Cru
🍷	Gaillac perlé ou mousseux

MIDI-PYRÉNÉES
Tarn

Pâte tendre, non pressée, non cuite.

Fromage en forme de poire, percé d'une pique en bois.

Croûte naturelle.

BRESSAN

Bien que ce fromage fermier soit théoriquement au lait de chèvre, selon la saison et le producteur, on utilise parfois du lait de vache. En Bresse, il se déguste au petit déjeuner avec de la confiture, après un affinage de une semaine minimum.

⊖	5 cm (diamètre base), 4 cm (sommet), 4 cm (épaisseur)
⚖	100 g
🗋	45 %
✓	Du printemps à l'automne
🐑	Cru
🐄	Cru
🍷	Bugey, seyssel, roussette-de-savoie

Pâte molle à dure, non pressée, non cuite.

RHÔNE-ALPES Ain ;
BOURGOGNE
Saône-et-Loire

Affinage de une semaine.

Croûte naturelle.

BRIQUE ARDÉCHOISE

Cet élégant fromage fermier est né de la rencontre d'un talentueux fromager, d'un lait d'une qualité exceptionnelle et d'une technique d'affinage attentive de trois à quatre semaines. Au goût un peu piquant, il s'accommode d'un vin blanc robuste.

⬦	4 à 5 cm (largeur), 11 à 12 cm (longueur), 3 cm (épaisseur)
⚖	150 g
🗋	Variable
✓	Du printemps à l'automne
🐑	Cru
🍷	Hermitage, saint-joseph, saint-péray

Pâte tendre, non pressée, non cuite.

RHÔNE-ALPES
Ardèche

Affinage de quatre semaines.

Croûte naturelle.

CHÈVRE DE PAYS   117

BRIQUE DU FOREZ

La brique ci-contre a été fabriquée avec un mélange de lait de chèvre et de vache. La production est soit fermière, soit artisanale, avec un affinage de deux ou trois semaines.

◇	5 à 6 cm (largeur), 13 cm (longeur), 3,5 cm (épaisseur)
⚖	350 à 400 g
🌡	40 à 45 %
✓	Toute l'année ; du printemps à l'automne (pur chèvre)
🐄	Cru, entier
🐐	Cru, entier
🍷	Beaujolais, côte-roannaise

Pâte molle, non cuite, non pressée.

AUVERGNE
Puy-de-Dôme ;
RHÔNE-ALPES
Loire

Affinage de trois semaines.

Croûte naturelle.

BRIQUETTE DE COUBON

Ce fromage fermier originaire du Velay porte bien son nom. Actuellement, on produit dans toute la France des briquettes au lait de chèvre, de vache ou de brebis. Celle-ci est au lait de vache. L'affinage dure huit jours.

◇	5 cm (largeur), 12 cm (longueur), 3 cm (épaisseur)
⚖	240 g
🌡	Variable
✓	Toute l'année
🐄	Cru
🍷	Saint-pourçain

Pâte molle, légèrement pressée, non cuite.

AUVERGNE
Haute-Loire

Affinage de dix jours.

Croûte naturelle.

BÛCHETTE D'ANJOU

C'est le sainte-maure (voir p. 108) qui a inspiré la création de ce fromage artisanal. Il est encore jeune, presque frais, sent légèrement le lait et possède un goût acidulé. La croûte, enrobée de charbon de bois pulvérisé, est consommable, mais le fromage est meilleur sans. L'affinage dure deux semaines.

◇	3 à 4 cm (diam.), 9 cm (long.)
⚖	85 à 100 g
🌡	45 %
✓	Du printemps à l'automne
🐐	Cru
🍷	Saumur, anjou-villages

Croûte naturelle.

PAYS DE LA LOIRE
Maine-et-Loire

Pâte tendre, non pressée, non cuite.

BÛCHETTE DE BANON

La légère acidité de ce fermier frais se marie à l'arôme du brin de sarriette, qui lui donne une saveur typiquement provençale. Fromage à déguster frais, sous un arbre, par un beau jour d'été, de préférence en début de repas. La bûchette de Banon peut se manger fraîche ou après une semaine d'affinage.

⌀	3 cm (diamètre), 14 cm (longueur)
⚖	120 g
	45 %
✓	Du printemps à l'automne
	Cru
	Coteaux-d'aix-en-provence rosé

PROVENCE-ALPES-CÔTE-D'AZUR Alpes-de-Haute-Provence

Absence de croûte.
Brin de sarriette pour décorer.

CAPRI LEZÉEN

Chaque petit fromage est enveloppé dans une feuille de châtaignier et placé dans une boîte en bois. La croûte collante jaune pâle porte des traces de moisissure bleue. La pâte crémeuse de ce fromage est un peu coulante. L'affinage de huit à quinze jours se fait dans une atmosphère à 100 % d'humidité, ce qui est élevé pour un chèvre.

⌀	8 à 9 cm (diam.), 1,5 cm (épais.)
⚖	120 g
	50 %
✓	Toute l'année
	Cru
	Vin du haut Poitou

POITOU-CHARENTES Deux-Sèvres

Pâte très molle, non pressée, non cuite.
Feuille de châtaignier.
Croûte naturelle.

CAPRICORNE DE JARJAT

Ce fromage fermier, fabriqué par M. Grimaldi, appartient à la famille du picodon (voir p. 206). Il est couvert d'une moisissure au goût corsé qui pique la langue et s'associe bien avec le vin. L'affinage de trois ou quatre mois s'effectue à un taux d'humidité de 90 %. Le capricorne peut aussi se manger frais.

⌀	10 cm (diam.), 3,5 cm (épais.)
⚖	250 g
	45 %
✓	Toute l'année
	Cru
	Saint-péray, crozes-hermitage

RHÔNE-ALPES Ardèche

Pâte tendre, non pressée, non cuite.
Croûte naturelle couverte de moisissures blanches et bleues. 
Affinage d'un mois.

CHÈVRE DE PAYS   C   119

CATHELAIN

En savoyard, *cathelain* signifie chèvre.
Le fromage montré ici est très jeune ;
sa pâte lisse et un peu acide fond dans
la bouche. L'affinage dure quinze jours.

- 7 cm (diamètre), 4 cm (épaisseur)
- 170 g
- 45 %
- D'avril à décembre
- Cru
- Crépy

RHÔNE-ALPES
Savoie

Croûte naturelle.

Pâte tendre, non pressée, non cuite.

CHAROLAIS / CHAROLLES (AOC)

Ce fromage provient des plaines granitiques
du Charolais, en Bourgogne. Il met en valeur
les qualités du lait, et son acidité, son goût de
sel, sa douceur se développent dans la bouche.
Les couleurs et la texture des moisissures sont
agréables et laissent un arrière-goût persistant.
Son affinage dure de deux à six semaines.

- 5 à 6 cm (diam.), 7 à 8 cm (épais.)
- 200 g
- 45 %
- Du printemps à l'automne
- Cru
- Mercurey, rully, montagny
- AOC délivrée le 21 janvier 2010

BOURGOGNE
Saône-et-Loire
AUVERGNE
Allier
RHÔNE-ALPES
Loire, Rhône

Pâte tendre et raffinée, non pressée, non cuite.

Croûte naturelle couverte de moisissures bleues ou blanches.

CHEF-BOUTONNE

Ce fromage fermier ou laitier devrait satisfaire
le goût actuel pour les fromages jeunes
de goût léger et simple, sans saveurs fortes.
En plus de la forme pyramidale ci-contre,
le chef-boutonne existe également en version
ronde et carrée. L'affinage dure deux
semaines.

- 7 à 8 cm (côté base), 4 cm (côté haut), 6 à 7 cm (épaisseur)
- 250 g
- 45 %
- Du printemps à l'automne
- Cru
- Vin du haut Poitou

POITOU-CHARENTES
Deux-Sèvres

Croûte naturelle.

Pâte tendre, non pressée, non cuite.

CHÈVRE FERMIER

Ce chèvre fermier est le produit de la ferme Marchal, en Lorraine, près du Thillot. Celui que l'on voit ci-contre est encore assez humide, couvert de moisissures bleues et brunes. Sa croûte commence à sécher. Son goût est équilibré entre acidité et salinité. L'affinage dure de deux à quatre semaines.

⊖	6 cm (diam.), 3 à 4 cm (épais.)
⚖	100 à 130 g
🍶	45 %
✓	Du printemps à la fin de l'automne
🥛	Cru
🍷	Vin gris des côtes de Toul (rosé)

LORRAINE
Vosges

Pâte tendre, non pressée, non cuite.

Croûte naturelle.

CHÈVRE FERMIER DES ALPILLES

Ce jeune chèvre fermier a été fabriqué au pied des Alpilles, en Provence. Sa saveur délicate, mais déjà robuste, s'affirmera avec l'âge. L'affinage dure dix jours au minimum.

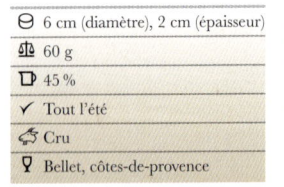

⊖	6 cm (diamètre), 2 cm (épaisseur)
⚖	60 g
🍶	45 %
✓	Tout l'été
🥛	Cru
🍷	Bellet, côtes-de-provence

PROVENCE-ALPES-CÔTE D'AZUR
Bouches-du-Rhône

Pâte tendre, non pressée, non cuite.

Croûte naturelle.

CHÈVRE FERMIER DU CHÂTEAU-VERT

Ce fromage fermier provient des pentes du mont Ventoux, en Provence. Sa croûte est couverte de charbon de bois pulvérisé et de moisissures grises. La pâte est lisse, acidulée et douce. L'affinage dure au moins deux semaines.

⊖	6 cm (diamètre), 2 cm (épaisseur)
⚖	70 g
🍶	45 %
✓	Du printemps à l'automne
🥛	Cru
🍷	Côtes-du-ventoux blanc et rosé

PROVENCE-ALPES-CÔTE D'AZUR
Vaucluse

Pâte tendre, non pressée, non cuite.

Croûte naturelle couverte de charbon de bois pulvérisé.

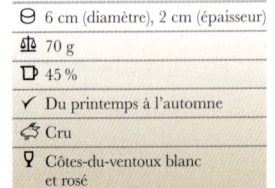

CIVRAY

Ce fromage fermier tendre provient des plaines de Civray, dans la Vienne, et appartient à la famille du chabichou (voir p. 105). Des moisissures naturelles lui donnent une saveur agréable ; sa pâte fine pauvre en sucres possède une acidité prononcée. L'affinage dure au minimum deux semaines.

Croûte naturelle.

Pâte tendre, non pressée, non cuite.

⊖	5 à 6 cm (diamètre base), 5 cm (sommet), 5 cm (épaisseur)
⚖	110 à 150 g
🍶	45 %
✓	Du printemps à l'automne
🐇	Cru
🍷	Vin du haut Poitou

POITOU-CHARENTES
Vienne

CLACBITOU

Comme le charolais (voir p. 119), auquel il ressemble, ce fromage fermier d'invention récente est produit en Bourgogne. Il est meilleur très jeune et son affinage se déroule sur deux à trois semaines.

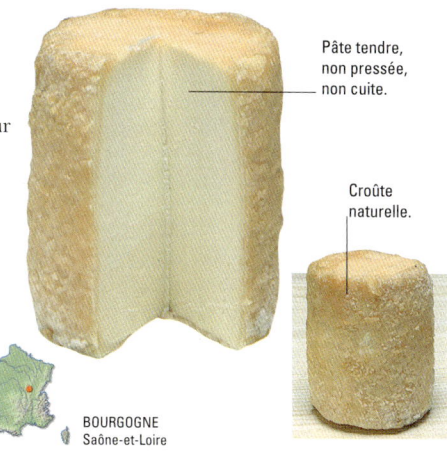

Pâte tendre, non pressée, non cuite.

Croûte naturelle.

⊖	5 cm (diam.), 7 à 8 cm (épais.)
⚖	150 g
🍶	45 %
✓	Du printemps à l'automne
🐇	Cru
🍷	Bourgogne aligoté de Bouzeron

BOURGOGNE
Saône-et-Loire

CLOCHETTE

Fromage fermier fabriqué par le GAEC Jousseaume de Saint-Estèphe. Son arôme plaisant naît du mariage de la moisissure et de la cave où il est affiné durant deux semaines au minimum.

Pâte tendre, non pressée, non cuite.

Croûte naturelle enrobée de charbon de bois pulvérisé.

◈	8 à 9 cm (diamètre base), 9 cm (épaisseur)
⚖	250 g
🍶	45 %
✓	Du printemps à l'automne
🐇	Cru
🍷	Vin du haut Poitou

POITOU-CHARENTES
Deux-Sèvres

CHÈVRE DE PAYS

CŒUR DU BERRY

Fromage artisanal, il appartient à la famille du selles-sur-cher (voir p. 110), mais de forme différente. Il est affiné après avoir été poudré de charbon de bois.

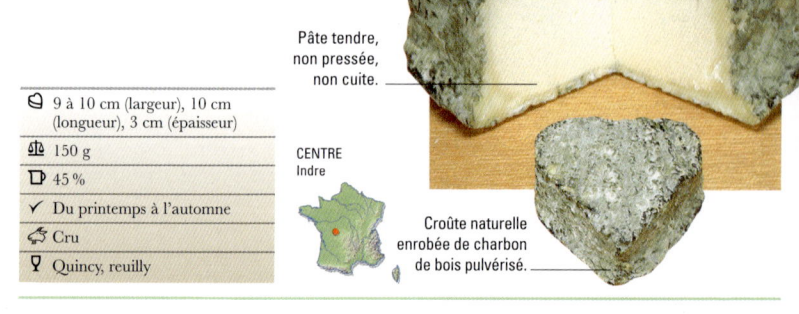

⊘	9 à 10 cm (largeur), 10 cm (longueur), 3 cm (épaisseur)
⚖	150 g
🗗	45 %
✓	Du printemps à l'automne
🗢	Cru
🍷	Quincy, reuilly

Pâte tendre, non pressée, non cuite.

CENTRE
Indre

Croûte naturelle enrobée de charbon de bois pulvérisé.

CORNILLY

Les trois fromages artisanaux ci-contre, originaires du Berry, ont atteint chacun un stade de maturation différent. L'affinage dure en général entre trois et quatre semaines, mais il arrive qu'on les consomme frais. Ils ont très peu d'odeur et une saveur de noisette.

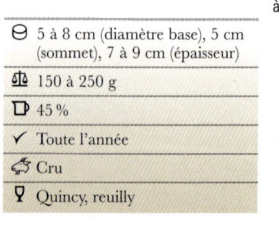

⊖	5 à 8 cm (diamètre base), 5 cm (sommet), 7 à 9 cm (épaisseur)
⚖	150 à 250 g
🗗	45 %
✓	Toute l'année
🗢	Cru
🍷	Quincy, reuilly

Pâte tendre à dure, non pressée, non cuite.

CENTRE
Indre

Croûte naturelle. | Fromage frais. | Fromage affiné. | Fromage sec.

COUHÉ-VÉRAC

La feuille de platane dans laquelle est enveloppé ce fromage fermier ou artisanal lui communique son parfum, qui se marie à celui des moisissures.

Croûte naturelle.

Pâte tendre, non pressée, non cuite.

⬦	9 cm (côté), 3 cm (épaisseur)
⚖	250 à 280 g
🗗	45 %
✓	Du printemps à l'automne
🗢	Cru
🍷	Vin du haut Poitou

POITOU-CHARENTES
Vienne

Feuille de platane ou de châtaignier.

CHÈVRE DE PAYS   C   123

CROTTIN DE PAYS

Ce fromage fermier doux, de la région d'Albi, est fait avec du lait de chèvre des montagnes. Il est parfaitement biologique, car aucun engrais chimique n'est utilisé dans les pâturages.

Pâte tendre, non pressée, non cuite.

- ⊖ 5 cm (diamètre), 3 cm (épaisseur)
- ⚖ 50 à 60 g
- 45 %
- ✓ Toute l'année sauf en janvier; meilleur du printemps à l'automne
- Cru
- Gaillac

MIDI-PYRÉNÉES
Tarn

Croûte naturelle.

FIGUE

Ce fromage artisanal est pressé et moulé dans une toile pendant son affinage. De la taille d'un poing d'adulte, il est assez friable. Il est parfois cendré. Sa fabrication est la même que celle du besace de pur chèvre (voir p. 113).

Pâte tendre, non pressée, non cuite.

- ◊ 7 à 8 cm (diamètre base), 5 cm (épaisseur)
- ⚖ 160 à 200 g
- 45 %
- ✓ Toute l'année
- Cru
- Bergerac sec

AQUITAINE
Dordogne

Croûte naturelle.

FOURME DE CHÈVRE DE L'ARDÈCHE

Fromage fermier légèrement acide.

Croûte naturelle couverte de moisissures bleues et brunes.

- ◇ 9 à 10 cm (diamètre), 15 cm (épaisseur)
- ⚖ 1 kg
- 45 %
- ✓ Du printemps à l'automne
- Cru
- Saint-péray

Affinage de un mois.

BOURGOGNE
Saône-et-Loire

Pâte tendre, non pressée, non cuite.

FROMAGE DE CHÈVRE DE L'ARIÈGE

L'acidité et la douceur sont les deux caractéristiques de ce fromage fermier fabriqué dans une ferme de montagne près de Foix, dans les Pyrénées centrales.

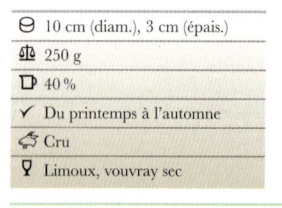

- ⊖ 10 cm (diam.), 3 cm (épais.)
- ⚖ 250 g
- 40 %
- ✓ Du printemps à l'automne
- Cru
- Limoux, vouvray sec

MIDI-PYRÉNÉES
Ariège

Pâte tendre, non pressée, non cuite.

Croûte naturelle.

FROMAGE DE CHÈVRE DE GLÉNAT

Jadis, les habitants de Glénat fabriquaient ce fromage pour leur propre consommation. Peu à peu, ils se mirent à le vendre au marché sous le nom du village et le commercialisèrent tout en lui conservant son aspect rustique.

- ⊖ 6 cm (diamètre), 2 cm (épaisseur)
- ⚖ 50 g
- 45 %
- ✓ Du printemps à l'automne
- Cru
- Saint-pourçain

AUVERGNE
Cantal

Croûte naturelle.

Pâte tendre, non pressée, non cuite.

Le château fort de Foix, dans l'Ariège.

C

FROMAGE DE CHÈVRE FERMIER (1)

Le fromage fermier que l'on voit ci-contre a été fabriqué à la ferme de Cierp-Gaud, dans les Pyrénées. Petit mais de bonne facture, il exhale une légère odeur de chèvre. Il peut être dégusté dès le quatrième jour d'affinage.

⊖	5 à 6 cm (diam.), 3 cm (épais.)
⚖	100 g ; 200 g (frais)
🗋	45 %
✓	De février à novembre
🗲	Cru
🍷	Limoux, vouvray sec

MIDI-PYRÉNÉES
Haute-Garonne

Pâte tendre, non pressée, non cuite.

Croûte naturelle.

Affinage de un mois.

FROMAGE DE CHÈVRE FERMIER (2)

Fromage à peine affiné, il possède une agréable acidité qui témoigne de la grande qualité du lait dont il est tiré. À Marciac, en Gascogne, on le mange souvent au petit déjeuner, saupoudré d'un peu de poivre moulu. À déguster frais ou affiné durant deux semaines.

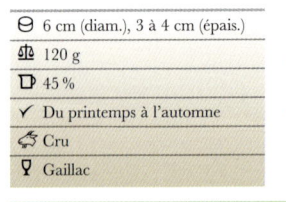

⊖	6 cm (diam.), 3 à 4 cm (épais.)
⚖	120 g
🗋	45 %
✓	Du printemps à l'automne
🗲	Cru
🍷	Gaillac

MIDI-PYRÉNÉES
Gers

Pâte tendre, non pressée, non cuite.

Croûte naturelle.

Affinage de dix jours.

FROMAGE DE CHÈVRE DU LARZAC

Ce fermier qui se déguste très frais, après une semaine d'affinage, a la bonne odeur d'un lait de qualité. Il provient du plateau du Larzac, proche de Roquefort, qui est traditionnellement le pays des fromages de brebis. L'affinage dure une semaine au minimum.

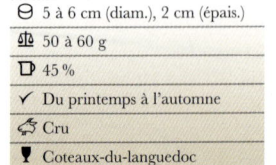

⊖	5 à 6 cm (diam.), 2 cm (épais.)
⚖	50 à 60 g
🗋	45 %
✓	Du printemps à l'automne
🗲	Cru
🍷	Coteaux-du-languedoc

MIDI-PYRÉNÉES
Aveyron

Pâte tendre, non pressée, non cuite.

Croûte naturelle.

CHÈVRE DE PAYS   127

FROMAGE FERMIER

C'est à Granges-sur-Vologne, dans les Vosges, que l'on fabrique ce fromage fermier au goût légèrement piquant. Celui ci-contre a été affiné quatre semaines : il est dur, couvert de moisissures blanches, brunes et bleu pâle. L'affinage dure au minimum dix jours.

- 5 à 6 cm (diamètre), 2,5 à 3 cm (épaisseur)
- 70 g
- Variable
- Du printemps à la fin de l'automne
- Cru
- Vin gris des côtes de Toul (rosé)

LORRAINE
Vosges

Pâte tendre, non pressée, non cuite.

FROMAGE DU JAS

Fermier, de saveur un peu aigre-douce, ce fromage est fabriqué au domaine du Jas, à la Roque-sur-Pernes, dans le Vaucluse. En provençal, *jas* signifie bergerie. L'affinage dure de une à trois semaines.

Pâte tendre, non pressée, non cuite.

- 6 cm (diamètre), 2 cm (épaisseur)
- 60 g
- 45 %
- Toute l'année, surtout du printemps à l'automne
- Cru
- Côtes-de-provence

PROVENCE-ALPES-CÔTE-D'AZUR
Vaucluse

Croûte naturelle.

FROMAGE AU LAIT DE CHÈVRE / CHÈVRE DE PAYS

À Saint-Julien-Chapteuil, localité de 1 700 habitants, les industries principales sont la dentelle et la chaussure. Au domaine de Villeneuve, le fermier M. Garnier fabrique, lui, des fromages en forme de petit tambour. L'affinage dure au minimum quinze jours.

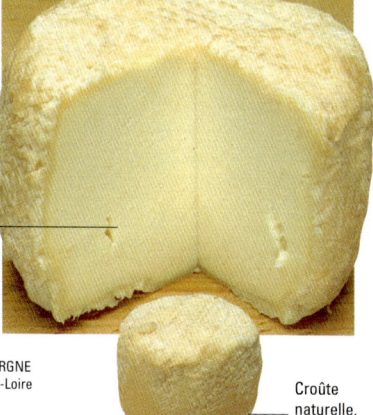

Pâte tendre, non pressée, non cuite.

- 5 cm (diamètre), 4 cm (épaisseur)
- 100 à 120 g
- Variable
- D'avril à octobre
- Cru
- Saint-pourçain

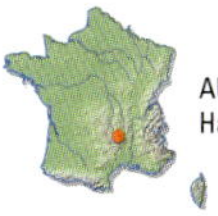

AUVERGNE
Haute-Loire

Croûte naturelle.

GALET DE BIGORRE

Fermier combinant plusieurs saveurs : goût salé, puis acidulé, suivi d'une douceur finale qui s'épanouit sous le palais. Un producteur local nous a conseillé de le déguster plutôt jeune, accompagné d'abricots bien mûrs. L'affinage dure deux semaines.

- 9 cm (diamètre base), 8 cm (sommet), 3 à 4 cm (épaisseur)
- 200 à 220 g
- 45 %
- Du printemps à l'automne
- Cru
- Jurançon moelleux

MIDI-PYRÉNÉES
Hautes-Pyrénées

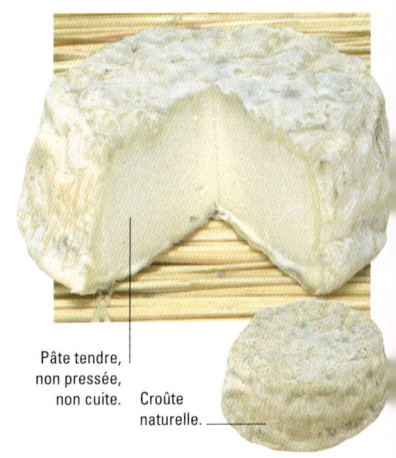

Pâte tendre, non pressée, non cuite. Croûte naturelle.

GALET SOLOGNOT

Les moisissures de ce fromage lui confèrent une odeur forte et une saveur aigre-douce. Elles influent sur le goût et sur l'odeur de la pâte. Quand la surface moisie d'un fromage n'est pas appétissante, elle donne souvent au produit un arrière-goût déplaisant, même si la croûte est enlevée. L'affinage dure deux semaines.

- 7 cm (diamètre base), 6 cm (sommet), 3 cm (épaisseur)
- 120 g
- 45 %
- Du printemps à l'automne
- Cru
- Reuilly

CENTRE Loiret

Pâte tendre, non pressée, non cuite.

Croûte naturelle cendrée.

GRAND COLOMBIER DES AILLONS

Ce fromage fermier est produit dans le massif des Bauges, en Savoie. Il est fabriqué le plus souvent avec du lait de chèvre ou avec plusieurs laits mélangés. Son goût s'affirme au fur et à mesure de sa maturation. L'affinage dure au minimum quatre semaines.

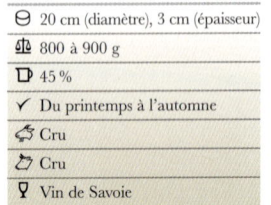

- 20 cm (diamètre), 3 cm (épaisseur)
- 800 à 900 g
- 45 %
- Du printemps à l'automne
- Cru
- Cru
- Vin de Savoie

RHÔNE-ALPES
Savoie

Pâte molle, non pressée, non cuite. Croûte lavée sèche.

CHÈVRE DE PAYS

MONT D'OR DU LYONNAIS

Ce petit fromage fermier ou artisanal au lait de chèvre se distingue par sa croûte rougeâtre parsemée de moisissures bleues, qui apparaissent après un affinage de deux à quatre semaines en milieu humide. Son goût est fortement salé, mais non acide.

⊖	10 cm (diamètre), 1 à 1,5 cm (épaisseur)
⚖	120 à 140 g
🗗	45 %
✓	Du printemps à l'automne
⌂	Cru
⌂	Cru
♀	Beaujolais, mâcon

RHÔNE-ALPES
Rhône

Pâte molle, non pressée, non cuite.
Croûte naturelle.

GALETTE DES MONTS DU LYONNAIS

Ce produit artisanal à la saveur très douce et légère rappelle plus le lait que le fromage. Il est si coulant qu'il doit être mangé à la cuillère et ne peut être transporté en dehors de sa boîte en copeaux de bois. Il est l'œuvre d'un unique fabricant installé dans les monts du Lyonnais. L'affinage dure deux ou trois semaines.

⊖	10 cm (diam.), 1,5 cm (épais.)
⚖	100 à 140 g
🗗	45 %
✓	Toute l'année
⌂	Cru
♀	Coteaux-du-lyonnais

RHÔNE-ALPES
Rhône

Pâte coulante, non pressée, non cuite.
Croûte naturelle.

MÂCONNAIS (AOC)

Aussi appelé chevreton de Mâcon, ce fromage fermier ou artisanal est fait au lait de chèvre. Celui ci-contre est assez dur pour être transformé en fromage fort (voir p. 173). La pâte dense dégage une légère senteur d'herbe de printemps ; il est affiné au minimum deux semaines.

⊖	4 à 5 cm (diamètre), 3 à 4 cm (épaisseur)
⚖	50 à 60 g
🗗	45 %
✓	Toute l'année
⌂	Cru
♀	Bourgogne aligoté

AOC délivrée le 28 juin 2010

BOURGOGNE
Saône-et-Loire

Pâte tendre à dure, non pressée, non cuite.
Croûte naturelle.

PAVÉ BLÉSOIS

On produit dans la région de Blois, sur les berges de la Loire, des pavés carrés et rectangulaires. La croûte est sèche et couverte de moisissure bleu argent. La pâte est fine, dense et pique un peu la langue. L'affinage dure de deux à quatre semaines.

Croûte naturelle cendrée au charbon de bois.

Croûte bleu argent.

◈ Pavé : 8 cm (côté), 3 à 4 cm (épais.) ;
◈ Rectangle : 11 à 12 cm (long.), 6 à 7 cm (larg.), 3,5 cm (épais.)
⚖ 250 g (pavé) ; 300 g (rectangle)
🌡 45 %
✓ Du printemps à l'automne
🥛 Cru
🍷 Sancerre, pouilly-fumé

CENTRE
Loir-et-Cher

Pâte tendre, non pressée, non cuite.

PAVÉ

Certains amateurs pourraient penser que ce fromage fermier est trop sec et trop fait. Sa pâte est ferme sous la dent, légèrement collante, mais d'une saveur parfaitement équilibrée entre douceur, acidité et salinité. Les moisissures qui recouvrent la croûte sont d'un joli bleu pâle. L'affinage dure au minimum quatre semaines.

◈ 7 cm (côté), 2 cm (épaisseur)
⚖ 110 à 130 g
🌡 45 %
✓ Du printemps à l'automne
🥛 Cru
🍷 Saint-péray

RHÔNE-ALPES
Ardèche

Pâte molle, non pressée, non cuite.

Croûte naturelle.

PAVÉ DE LA GINESTARIÉ

La méthode de production de ce chèvre de montagne biologique, d'un affinage de deux semaines maximum, reste secrète. On décèle des traces de paille sur la croûte et dans son parfum. Porteuse de bactéries jouant un rôle dans la maturation, la paille a la propriété d'absorber l'excès d'humidité.

⬦	8 cm (côté), 2 à 2,5 cm (épais.)
⚖	150 à 200 g
🗋	45 %
✓	Toute l'année sauf en janvier ; meilleur du printemps à l'automne
🥛	Cru
🍷	Coteaux-du-languedoc, collioure

MIDI-PYRÉNÉES
Tarn

La croûte naturelle porte des traces de moisissure.

Pâte molle, non pressée, non cuite.

POURLY

Ce fromage artisanal est fabriqué sur les plateaux calcaires de l'Auxerrois, en Bourgogne. Il séduira ceux qui aiment les chèvres doux. L'affinage dure en général de deux à quatre semaines, mais le fromage est consommable frais, dès le cinquième jour.

⊖	7 cm (diamètre base), 6 cm (sommet), 6 à 7 cm (épaisseur)
⚖	250 à 300 g
🗋	45 %
✓	Du printemps à l'automne
🥛	Cru
🍷	Sauvignon de Saint-Bris

BOURGOGNE
Yonne

Pâte tendre, non pressée, non cuite.

Croûte naturelle.

QUATRE-VENTS

Pour éviter d'en modifier le goût, ce fromage fermier est fabriqué sans adjonction de présure. Il doit son nom à la situation de la ferme où il est fabriqué : au sommet d'une colline exposée aux quatre vents. L'affinage dure de douze à quinze jours.

⊖	5 à 6 cm (diamètre), 2,5 cm (épaisseur)
⚖	60 g
🗋	45 %
✓	Du printemps à l'automne
🥛	Cru
🍷	Saint-péray

RHÔNE-ALPES
Isère

Pâte tendre, non pressée, non cuite.

Croûte naturelle.

PETIT QUERCY

Ce chèvre fermier de goût léger tient son nom de sa province d'origine. La croûte est joliment décorée de feuilles de mûriers sauvages. L'affinage dure au minimum deux semaines.

- ⊖ 7 cm (diamètre), 2 cm (épaisseur)
- ⚖ 100 g
- 🝆 Variable
- ✓ Du printemps à l'automne
- ⚶ Cru
- 🍷 Côtes-du-roussillon

QUERCY

Feuille de ronce.

Pâte molle, non pressée, non cuite.
Cœur blanc.
Croûte naturelle.

ROGERET DE LAMASTRE

Les moisissures rouges qui se développent pendant l'affinage de ce fromage fermier ou artisanal, produit dans la ville de Lamastre, sont à l'origine de son autre nom : fromage de Lamastre rouge. La pâte est crémeuse et délicate. Il est affiné de deux à quatre semaines.

- ⊖ 7 à 8 cm (diamètre base), 2 cm (épaisseur)
- ⚖ 100 à 120 g
- 🝆 Variable
- ✓ Toute l'année
- ⚶ Cru
- 🍷 Saint-péray

RHÔNE-ALPES
Ardèche

Pâte molle, non pressée, non cuite.
Croûte naturelle.

SAINT-FÉLICIEN DE LAMASTRE

Croûte molle, pâte tendre et saveur délicate : ce fromage fermier est fabriqué à partir de caillé doux. L'affinage dure au minimum deux semaines.

- ⊖ 8 à 10 cm (diamètre), 1 à 1,5 cm (épaisseur)
- ⚖ 90 à 120 g
- 🝆 45 %
- ✓ Du printemps à l'automne
- ⚶ Cru
- 🍷 Saint-péray, saint-joseph

RHÔNE-ALPES
Ardèche

Pâte tendre, non pressée, non cuite.
Croûte naturelle jaune.

SAINT-PANCRACE

Les chèvres de l'élevage où est produit ce fromage fermier paissent sur les flancs de la montagne Saint-Pancrace. Quand le fromage sèche, des taches de moisissure bleue apparaissent à la surface. La pâte est ferme, lisse, fondante au palais, et révèle une saveur modérée. L'affinage dure deux ou trois semaines.

⊖	11 cm (diamètre), 2 cm (épaisseur)
⚖	200 à 220 g
🌡	45 %
✓	Du printemps à l'automne
🧀	Cru
🍷	Condrieu, château-grillet

RHÔNE-ALPES
Rhône

Pâte tendre, non pressée, non cuite.

Croûte naturelle parsemée de moisissures bleues.

SANTRANGES

Dans la région du Sancerrois, au cœur du Val de Loire, on fabrique trois fromages de chèvre fermiers portant le nom de leur village : le chavignol (voir p. 106), le crézancy et le santranges. Si le chavignol est le plus connu, le santranges n'est pas sans qualités. Produit en petite quantité, il se déguste avec un verre de vin. L'affinage dure un mois.

⊖	6 cm (diamètre), 3 cm (épaisseur)
⚖	120 à 150 g
🌡	45 %
✓	Du printemps à l'automne
🧀	Cru
🍷	Sancerre, pouilly-fumé

CENTRE
Cher

Pâte tendre, non pressée, non cuite.

Croûte naturelle.

SÉCHON DE CHÈVRE DRÔMOIS

C'est parce qu'il est petit et sec que ce fromage fermier s'appelle séchon. Il porte également le nom de la Drôme, rivière de cet immense Dauphiné où il est produit. Son goût est assez salé et doux. L'affinage dure trois semaines au minimum.

⊖	5 cm (diamètre), 2 cm (épaisseur)
⚖	50 g
🌡	45 %
✓	Toute l'année
🧀	Cru
🍷	Saint-péray

RHÔNE-ALPES
Drôme

Pâte tendre à dure, non pressée, non cuite.

Croûte naturelle.

TARENTAIS

Ce fromage fermier provient de la Tarentaise, en Savoie. Après quatre semaines d'affinage, sa croûte se couvre d'une légère couche de moisissure bleue. Une semaine plus tard, elle se teinte de rouge. Cet affinage peut durer de quinze jours à trois mois, mais le tarentais peut également se déguster frais.

- 6 à 7 cm (diam.), 7 cm (épais.)
- 250 g
- 45 %
- Du printemps à l'automne
- Cru
- Crépy

RHÔNE-ALPES
Savoie

Croûte naturelle.
Pâte tendre, non pressée, non cuite.

TAUPINIÈRE

Ce fromage fermier produit à Saint-Esthèphe a la forme du gaperon (voir p. 183). Il est fabriqué à partir du lait très concentré des chèvres de M. Jousseaume, fermier charentais. Pendant son affinage de deux semaines, il absorbe les moisissures naturelles présentes dans la cave, ce qui lui donne bon goût.

- 9 cm (diam. base), 5 cm (épais.)
- 100 à 120 g
- 45 %
- Toute l'année
- Cru
- Vin du haut Poitou

POITOU-CHARENTES
Charente

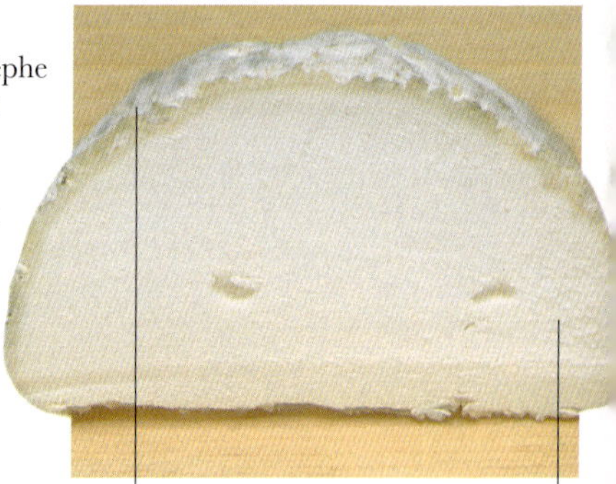

Croûte naturelle cendrée au charbon de bois.
Pâte tendre, non pressée, non cuite.

TOUCY

Chèvre fermier ou artisanal, fabriqué dans l'Auxerrois, au nord de la Bourgogne, et portant le nom du lieu d'où il est issu. Il est léger et facile à manger. L'affinage dure dix jours au minimum.

- 6 cm (diamètre base), 5 cm (sommet), 4 à 5 cm (épaisseur)
- 170 à 200 g
- 45 %
- Du printemps à l'automne
- Cru
- Sauvignon de Saint-Bris

BOURGOGNE
Yonne

Croûte lavée à moisissure naturelle.
Pâte tendre, non pressée, non cuite.

Chèvres paissant dans la Tarentaise, en Savoie.

CHÈVRE DE PAYS   C   135

VENDÔMOIS

Chèvre fermier, fabriqué au nord de Vendôme. Malgré l'aspect de la croûte, qui pourrait laisser supposer que le fromage ci-contre est à point, la pâte se révèle plutôt jeune. Elle est fine et légèrement acide. L'affinage dure au minimum dix jours.

- 6 à 7 cm (diam.), 3 cm (épais.)
- 90 à 100 g
- 45 %
- Du printemps à l'automne
- Cru
- Coteaux-du-vendômois

CENTRE
Loir-et-Cher

Croûte naturelle cendrée au charbon de bois.

Pâte tendre, non pressée, non cuite.

CROTTIN DU BERRY À L'HUILE D'OLIVE

Pour cette spécialité provençale, faites mariner des petits fromages de chèvre à pâte tendre dans de l'huile d'olive additionnée de poivre, de thym, de romarin, de laurier, de baies de genièvre et d'ail. Les crottins ainsi marinés se servent avec du pain, de la salade et des tomates.

PROVENCE-ALPES-CÔTE-D'AZUR

- Variable
- Tavel rosé, sancerre rosé

Les fromages marinés dans l'huile s'imprègnent des saveurs des herbes de Provence et des épices.

CHÈVRE À L'HUILE D'OLIVE ET À LA SARRIETTE

Faites mariner des petits chèvres de Provence dans l'huile d'olive parfumée avec des baies de genièvre et des brins de sarriette. Choisissez des fromages dépourvus de moisissures, qui donneraient une vilaine couleur à la marinade. La sarriette doit être bien sèche.

PROVENCE-ALPES-CÔTE-D'AZUR
Alpes-de-Haute-Provence

- Variable
- Bandol rosé

Huile d'olive parfumée à la sarriette et au genièvre.

LES FROMAGES DE CHÈVRE SAISONNIERS

Jean-Pierre Moreau est propriétaire de l'élevage caprin de Bellevue où, avec sa femme et deux employés, il élève 200 chèvres et huit boucs. Toutes les bêtes sont de pure race saanen (à droite) ou alpine ; leurs qualités se reflètent dans les fromages. M. Moreau emmène lui-même ses fromages à Paris deux fois par semaine.

Le goût d'un chèvre est soumis à divers facteurs, parmi lesquels : race et nourriture de l'animal, mode d'élevage, teneur du lait en protéines et en matières grasses, méthode de caillage et d'égouttage. Les chèvres ont leur premier chevreau vers l'âge de un an, puis elles mettent bas une fois par an entre janvier et la mi-mars. Chacune a deux ou trois chevreaux ; la valeur de ceux-ci diminuant avec l'âge, les petits en surplus sont vendus très vite. À deux ans, les chèvres sont adultes : elles donnent davantage de lait et leur lactation dure encore cinq ans. Avec 200 chèvres, on obtient chaque jour 700 litres de lait, qui servent à la fabrication d'une douzaine de fromages différents.

Les fromages saisonniers sont fabriqués suivant des méthodes traditionnelles à partir du lait de printemps, produit après la mise bas par des bêtes paissant en plein air dans des prairies grasses. Ce lait frais est transformé en fromage en avril et en mai. Aujourd'hui, les fromages de chèvre sont plus souvent produits avec le lait d'animaux élevés sous des hangars et nourris au foin. L'insémination artificielle et la congélation du caillé permettent de produire des fromages même en plein hiver, mais leur goût n'égale pas celui des saisonniers.

Chèvres blanches saanen à Bellevue.

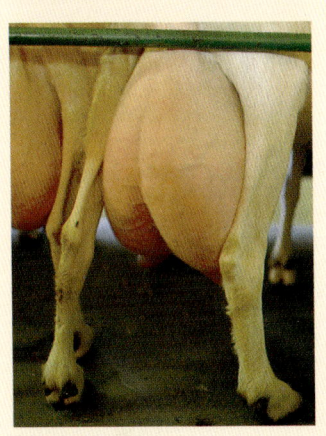

Prêtes pour la traite.

Les fermes provençales offrent de nombreux produits fins, dont le fameux crottin du Berry à l'huile d'olive, spécialité au lait de chèvre.

CHEVRETTE DES BAUGES

En Savoie, on appelle chevrette un fromage fabriqué avec plusieurs laits mélangés et chevrotin un fromage pur chèvre. Aujourd'hui, ce fromage fermier n'est plus fabriqué que par les anciens dans deux ou trois fermes ; il est donc menacé de disparition. Le fromage apparaissant sur la photographie du bas contient trois quarts de lait de chèvre et un quart de lait de vache. Il provient d'une fromagerie de Thonon-les-Bains.

Sur la photographie du haut se trouve un fromage mi-vache mi-chèvre ; il vient d'une fromagerie de Chambéry. Les patrons de ces deux magasins sont renommés pour la qualité de leurs produits savoyards, qu'ils affinent suivant leurs propres méthodes. Selon eux, les moisissures qui se développent à la surface du chevrette dépendent de la nourriture des bêtes, de l'altitude des pacages dans la montagne, et même de l'heure à laquelle on les a traites. Cela explique la différence entre les fromages. L'affinage dure de un à trois mois.

Croûte naturelle.

Pâte mi-dure, pressée, non cuite.

Fromage fabriqué avec trois quarts de lait de chèvre et un quart de lait de vache.

Fromage mi-vache mi-chèvre.

⊖	10 à 15 cm (diam.), 5 cm (épais.)
⚖	500 g à 1 kg
⌂	Variable
✓	Du début du printemps au début de l'hiver
🐑	Cru
🐄	Cru
🍷	Seyssel

RHÔNE-ALPES Savoie, Haute-Savoie

CHEVROTIN D'ALPAGE, VALLÉE DE MORZINE

Le fromage de chèvre fermier ci-contre a été fabriqué dans un chalet de la vallée de Morzine. Sa surface humide porte encore la trace de la toile dans laquelle il était enveloppé pendant l'affinage. Le lait utilisé est celui de chèvres qui paissent dans les pâturages fleuris des Alpes, ce qui donne à la pâte jaune pâle une odeur sucrée et un goût de miel. Elle est régulièrement percée de petits trous caractéristiques d'un fromage à pâte pressée. Le chevrotin d'alpage a été inspiré par un autre grand fromage : le reblochon (voir p. 213).
L'AOC du chevrotin a été attribuée en 2002.

Pâte pressée non cuite, mi-dure, qui cède sous le doigt.

Affinage de quatorze semaines.

Croûte humide naturelle, paraffinée, couverte de moisissures blanches et brunes.

- 17 à 20 cm (diam.), 4 cm (épais.)
- 1 à 1,3 kg
- Variable
- De l'automne à l'hiver
- Cru
- Vin de Savoie

RHÔNE-ALPES
Haute-Savoie

CHEVROTIN DES ARAVIS

Ce chèvre fermier est fabriqué dans la vallée des Aravis. Sa croûte orangée est tachée de moisissure blanche. Sa pâte pressée, non cuite, est onctueuse, douce et fine ; elle coule sur les côtés comme celle du reblochon (voir p. 213), fabriqué selon des méthodes de production semblables. Sa croûte lavée est recouverte après l'affinage – à 95 % d'humidité durant trois à six semaines – d'une mousse blanche. Décaillage, brassage, moulage, pressage et salage sont effectués manuellement. La croûte de ce fromage, constitué à 80 % minimum d'animaux de race alpine, comporte une plaque de caséine.

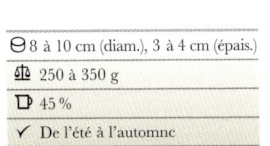

Pâte molle, légèrement pressée à la main.

Croûte lavée humide, orangée, poudrée de moisissures naturelles.

- 8 à 10 cm (diam.), 3 à 4 cm (épais.)
- 250 à 350 g
- 45 %
- De l'été à l'automne
- Cru
- Cru
- Vin de Savoie

RHÔNE-ALPES Savoie, Haute-Savoie

CHEVROTIN DE MACÔT

Une bonne fromagerie doit disposer d'un local d'affinage, où les fromages sont «finis» avant la vente. Ce fromage est fabriqué dans un ancien abri de la Seconde Guerre mondiale. Il s'agit d'une cave de 300 mètres carrés environ, à flanc de montagne, où les conditions d'obscurité, de fraîcheur et d'humidité sont idéales.

Au départ de leur ferme d'origine, dans la Tarentaise, les fromages sont blancs. On les emporte chez un fromager qui les affine de un à trois mois. Ils reposent ensuite un mois encore, afin que les moisissures jaunes et roses fleurissent à la surface. La pâte mûrit lentement.

Croûte naturelle.

Affinage de un mois.

Pâte mi-dure, pressée, non cuite.

⊖	10 à 11 cm (diamètre), 6 cm (épaisseur)
⚖	500 à 600 g
🝆	45 %
✓	De juin à décembre
🐇	Cru
🍷	Vin de Savoie

RHÔNE-ALPES Savoie

CHEVROTIN DU MONT-CENIS

Comme son nom l'indique, ce chèvre fermier est fabriqué dans la région du Mont-Cenis. Pendant un assez long affinage, la croûte lavée en saumure est régulièrement essuyée (voir p. 41). En se développant, la croûte protège la pâte contre les moisissures néfastes tout en lui permettant de rester en contact avec l'air de la cave. Le fromage ci-contre a été affiné durant six mois. Sa croûte est toujours souple, mais la pâte élastique commence à devenir collante.

Pâte mi-dure, pressée, non cuite.

Croûte lavée.

⊖	45 cm (diam.), 8 cm (épais.)
⚖	8 kg
🝆	45 %
✓	Meilleur à partir de l'automne
🐇	Cru
🍷	Crépy

RHÔNE-ALPES Savoie

CHEVROTIN DE MONTVALEZAN

Fromage fermier découvert dans la Tarentaise par un fromager qui a ensuite aidé son producteur à le fabriquer. Son apparence témoigne de leur enthousiasme commun et du sérieux de leur travail. C'est un fromage à pâte compacte, fine, de couleur ivoire, tendre et qui sent un peu le moisi. L'affinage dure quatre ou cinq semaines.

Pâte mi-dure, pressée, non cuite.

Croûte naturelle.

RHÔNE-ALPES Savoie

⊖	10 à 12 cm (diamètre), 6 cm (épaisseur)
⚖	500 à 600 g
	45 %
✓	Du printemps à l'automne
	Cru
	Roussette-de-savoie

CHEVROTIN DE PEISEY-NANCROIX

Les villages de Peisey et de Nancroix, situés à une altitude de 1 300 mètres, ne comptent que 481 habitants à eux deux. On y produit un chèvre fermier dont l'affinage peut durer jusqu'à six mois, ce qui est assez long, étant donné sa petite taille. Après l'affinage, la croûte a radicalement changé d'aspect. La pâte est assez collante. C'est un fromage de qualité, de goût mature.

Pâte mi-dure, pressée, non cuite.

Croûte naturelle.

RHÔNE-ALPES Savoie

⊖	10 à 12 cm (diamètre), 6 à 7 cm (épaisseur)
⚖	550 à 600 g
	Variable
✓	Du printemps à l'automne
	Cru
	Roussette-de-savoie

COMTÉ (AOC)

Avec le beaufort, le comté, aussi appelé gruyère de comté, est le fromage le plus riche et le plus apprécié de France. Il est traditionnellement produit dans le Jura, où les fermiers apportent leur lait aux «fruitières», ou coopératives. Il faut jusqu'à 530 litres de lait, soit la production journalière de trente vaches, pour faire une seule meule de comté d'un poids de 45 kg.

Aspect et saveur

La surface du fromage ci-contre est large et plane ; la croûte est humide, fraîche, jaune et ocre. À la coupe, on découvre une pâte ferme et souple qui fond dans la bouche, en laissant un goût légèrement sucré. On note une salinité, tempérée par un parfum de noisette acidulé. Le comté est un fromage nourrissant qui se prête à tous les usages : il est délicieux à l'apéritif, dans une salade, avec des fruits, en sandwich, dans un croque-monsieur ou une fondue.

La production et l'affinage

Le comté est le fromage français dont la production est la plus importante. L'AOC a limité la zone de fabrication à la Franche-Comté, à l'est de la Bourgogne, et à certaines zones de Lorraine, de Champagne et de la région Rhône-Alpes. Les contrôles de qualité sont sévères : chaque année, 5 % de la production se voit refuser le label AOC. L'affinage doit avoir lieu dans les zones déterminées et durer quatre-vingt-dix jours à compter de la date d'emprésurage, à une température inférieure à 19 °C et à 92 % d'humidité. Les meules sont régulièrement frottées et brossées à la saumure. La croûte doit être humide et passée à la morge.

Pâte ferme, légèrement élastique, ivoire à jaune pâle ; cuite à moins de 53 °C et pressée.

Croûte naturelle, piquée, jaune d'or à brunâtre.

Affinage de un an environ.

Œil.

Les yeux
Les yeux du comté sont le résultat d'un affinage soigné. Leur taille varie entre celle d'un pois et celle d'une petite cerise. Si l'affinage est mené à trop basse température, les yeux ne se forment pas.

- 40 à 70 cm (diamètre), 9 à 13 cm (épaisseur)
- 35 à 55 kg
- 62 g pour 100 g
- 45 % ; 27,9 g minimum pour 100 g
- Toute l'année
- Cru
- Côtes-du-jura (jaune), vin de paille doux

FRANCHE-COMTÉ Jura, Haute-Saône, Territoire de Belfort ; RHÔNE-ALPES Ain ; BOURGOGNE Côte-d'Or, Saône-et-Loire ; CHAMPAGNE-ARDENNE Haute-Marne ; LORRAINE Vosges

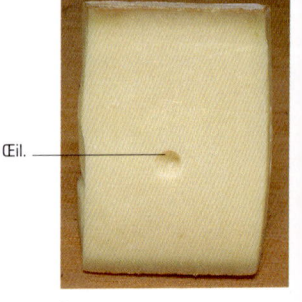

COMMENT COUPER UN COMTÉ

Pour couper une meule de comté en deux ou en quatre, on utilise un fil à couper le beurre. Ensuite, un couteau de cuisine suffit.

1 La meule est coupée en deux moitiés.

2 Chaque moitié est recoupée en deux.

3 On commence par la pointe de chaque quart…

4 …puis on coupe une part de chaque côté.

5 On coupe une tranche en travers de la pointe…

6 …puis une autre.

7 Ce qui reste du quart est détaillé en tranches.

8 Couper ainsi toute la meule.

Spécifications de l'AOC

1 Le lait doit être apporté sur le lieu de production immédiatement après la traite. S'il est réfrigéré et conservé entre 14 et 18 °C, l'emprésurage doit avoir lieu dans les quatorze heures qui suivent. Si le lait est conservé à 4 °C, il doit avoir lieu dans les vingt-quatre heures, trente-six heures l'hiver.
2 Le lait est chauffé une fois à un maximum de 40 °C, uniquement au moment de l'emprésurage. Ni machine, ni méthode permettant de chauffer le lait instantanément et à plus de 40 °C ne peuvent être employées.
3 Le salage se fait en surface, au sel sec ou à la saumure.
4 Une plaque de caséine verte portant la date de fabrication doit être apposée sur le talon de la meule.
5 Le fromage râpé ne saurait être vendu sous le nom de comté.
AOC DÉLIVRÉE EN 1976

UN CAS PARTICULIER : LE GRUYÈRE

Ce fromage au lait cru à pâte pressée cuite est au cœur d'une vieille rivalité entre producteurs suisses et français. Le sujet est désormais tranché. Le gruyère suisse bénéficie d'une AOC (2001) et d'une AOP (2010), le gruyère français d'une AOC (2007) et d'une IGP (2010) qui lui permet de conserver son nom.

BARÈME DE NOTATION DU COMTÉ

Le comté est noté sur une échelle de 1 à 20. La note minimale d'admissibilité est de 12. Les fromages obtenant entre 15 et 20 obtiennent une plaque verte, les autres une plaque rouge brique.

La note minimale pour l'épreuve de goût est de 3 à 9. Un zéro pour la forme, la croûte, les yeux ou la pâte entraîne l'élimination du fromage, qui sera vendu sous le nom de gruyère.

Aspect	Notes	Qualités idéales
Aspect général	1/20	Talon convexe, forme nette, sans joint entre le dessus, le talon et le dessous ; proportions harmonieuses, sans bosses ni crevasses.
Qualité croûte sur le dessus, les côtés, le dessous	1,5/20	Traité à la morge, piqué (avec marques de la toile) ; solide (non friable), propre (sec, lisse, sans taches ni voiles) ; de couleur unie (orange clair à ocre), sans défauts ni fêlures.
Aspect de la croûte et des yeux	3,5/20	De 10 à 20 yeux par demi-meule, ronds, nets, de la taille d'une cerise, bien répartis ; absence de rainures et autres défauts.
Qualité de la pâte	5/20	Couleur unie (blanc crème à jaune orangé clair) ; souple (légèrement élastique), lisse (ni trop humide, ni huileuse) ; résistance moyenne à la déformation ; pâte fine (absence de particules quand le fromage est dégusté) ; ne doit pas coller au palais.
Qualités gustatives	9/20	Simple (sans défauts) ; parfumé (goût de noix et de foin) ; fruité (abricot, fruits secs) ; lactique (goût de lait, de beurre) ; légèrement caramélisé ; équilibré (acidulé, salé, sucré, amer) ; ne doit pas piquer ; arrière-goût persistant.

Corse

La légende veut qu'une mythique bergère italienne, prénommée Corsica, venue à la nage depuis la côte toscane, soit à l'origine de la découverte de la Corse. Les produits laitiers ne pouvaient donc qu'être au premier rang de l'alimentation corse.

En raison de sa situation stratégique et de son potentiel commercial, l'île a toujours fait l'objet de convoitises, d'invasions et de dominations de la part des Grecs, des Romains, des Arabes, des Pisans, des Génois, et, depuis deux cents ans, des Français. Ce sont les Grecs qui y ont introduit le mouton, l'olivier et la vigne, les musulmans y ayant apporté des chèvres.

La majeure partie de l'île jouit d'un climat méditerranéen, mais, au-dessus de 1 500 mètres d'altitude, l'air est plus froid et plus alpin. La diversité des climats a permis l'implantation de 2 000 espèces végétales capables de résister à la chaleur, à l'aridité, aux vents violents et au froid intense. De toutes ces plantes, 78 sont inconnues ailleurs. Le maquis, végétation de rocaille faite d'arbustes et de fourrés, explose de couleurs au printemps et fournit une excellente pâture aux chèvres et aux moutons.

La variété des climats et des terrains, la végétation robuste, les bêtes vivant à l'état demi sauvage, rendent possible la production de fromages qui n'ont rien à voir avec ceux du continent. Les fromages corses sont en général de petite taille et marqués par la faisselle où ils ont été moulés. Toujours délicieux, à pâte molle ou dure, au goût prononcé ou doux. Un long affinage donne à beaucoup d'entre eux une saveur… corsée, qui s'accommode tout particulièrement aux vins locaux.

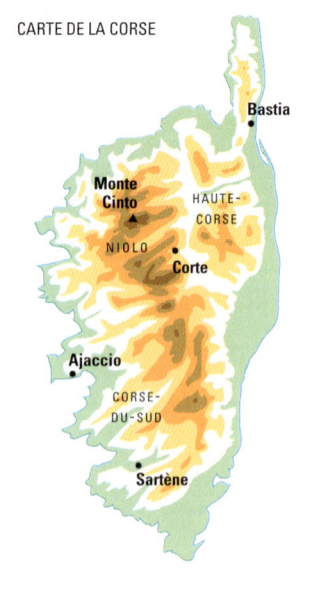

CARTE DE LA CORSE

Vue aérienne de Niolo
Le Niolo, région montagneuse du centre de la Haute-Corse, abrite de nombreux troupeaux de chèvres et de moutons à demi sauvages, dont le lait entre dans la composition d'une large gamme de fromages.

FROMAGE CORSE (1)

La maison et l'atelier de fabrication de M. Manenti sont perchés à 360 mètres d'altitude, au col San Bastiano, près de Calcatoggio. Fin juin, début juillet, les troupeaux de brebis et de chèvres sont menés dans la montagne, et y restent jusqu'en octobre. Les brebis passent l'année en plein air. La présure utilisée pour faire cailler le lait est préparée sur place à partir d'une enzyme, la chymosine, présente dans l'estomac des chevreaux : l'estomac du chevreau sacrifié sèche à l'abri pendant quarante jours avant d'être coupé finement et mis à tremper deux jours dans l'eau tiède. Jadis, la faisselle de jonc tressé où s'égouttaient les fromages était elle aussi fabriquée sur place. Au bout de cent jours, le fromage est couvert de moisissure. Salé, de consistance fine, il est affiné durant au moins deux mois.

Après dix heures d'égouttage.

Pâte molle, légèrement élastique sous le doigt, non pressée, non cuite.

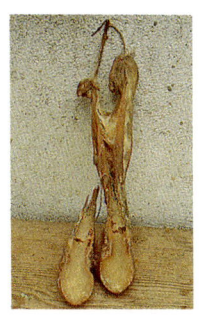

Estomac de chevreau séché.

Affinage de huit jours.

Affinage de quatre mois.

Croûte lavée.

Corse-du-Sud

- ⊖ 11 à 13 cm (diamètre), 3 à 4 cm (épaisseur)
- 500 g
- 48 %
- Du printemps à l'automne
- Cru
- Cru
- Patrimonio

Affinage de cinq mois.

BROCCIO / FROMAGE DE LACTOSÉRUM (AOC)

À l'origine du mot corse *broccio* (on dit aussi *brocciu*) se trouve peut-être le mot «brousse», qui désigne un fromage frais au lait de brebis ou de chèvre. Le broccio ressemble à la ricotta italienne. Ce fromage est un cas particulier, car il est le seul d'appellation contrôlée qui soit fabriqué à base de lactosérum, autrement dit de petit-lait, que l'on jette généralement pour ne garder que le caillé, mais qui contient des protéines et des éléments nutritifs. Très apprécié par les Corses, ce fromage est vendu sur les marchés dans des paniers en osier qu'il faut rapporter au vendeur.

La fabrication
Le petit-lait est d'abord chauffé à 35°C et salé, puis on lui ajoute entre 10 et 15 % de lait entier. Ce mélange est porté à 90 °C. Les particules blanches qui remontent à la surface sont écumées, déposées dans une faisselle et égouttées par couches successives. La production est fermière, artisanale ou laitière.

La dégustation
Le broccio se mange chaud ou froid, généralement dans les quarante-huit heures qui suivent sa fabrication. Il est excellent au petit déjeuner avec de la confiture, ou assaisonné de sel et de poivre. On peut également l'arroser de marc du pays, ou en farcir des omelettes et des cannelloni. En dessert, avec des œufs, du sucre et un zeste de citron, on réalise la célèbre *fiadone*, un gâteau merveilleusement moelleux.

Égoutté et salé, il peut toutefois être affiné comme n'importe quel fromage. Il a une pâte molle, douce, qui séduit tous les palais. L'AOC a été délivrée en 1988.

Pâte fraîche et blanche.

Broccio très frais, encore fumant.

En faisselle de différentes tailles	
En général 500 g (voir photo), jusqu'à 1 kg	
40 à 51 %	
Du printemps à l'automne (chèvre); de l'hiver au début de l'été (brebis); toute l'année (affiné)	
Cru	
Cru	
Marc de Corse	

CORSE

Les montagnes corses.

CORSE 147

QUELQUES TYPES DE BROCCIO

1 Broccio dans son panier traditionnel *(caciagia),* acheté au domaine de la Porette, près de Corte.
2 Broccio acheté chez un fromager parisien.
3 Broccio acheté au marché d'Ajaccio.
4 Broccio acheté au marché de Lyon.
5 Broccio au poivre acheté au marché de Sainte-Maure.

CALENZANA (NIOLO 1)

Voici un fromage renommé venu du plateau du Niolo, dans le nord de la Corse. Le fromage ici est assez blanc ; sa croûte est humide, sa pâte lourde rappelle l'argile et possède un goût fort. L'affinage dure au minimum trois mois.

Pâte molle, non pressée, non cuite.

Croûte naturelle.

⬦	10 cm (côté), 4 à 5 cm (épais.)
⚖	600 g
📦	Variable
✓	Du printemps à l'automne
🐄	Cru
🧀	Cru
🍷	Patrimonio

Haute-Corse

FIUM'ORBO

Ce fromage artisanal, qui porte le nom d'une petite rivière du nord de la Corse, a une croûte collante, marquée par la faisselle où le caillé s'est égoutté. De saveur concentrée, sa pâte n'est pas très souple au toucher.

Durant l'affinage de deux mois au minimum, le fromage est retourné tous les deux jours.

Pâte molle non élastique, non pressée, non cuite.

Croûte naturelle.

⬦	10 à 12 cm (diamètre), 4 cm (épaisseur)
⚖	400 à 450 g
📦	50 %
✓	De novembre à la fin de juin (brebis) ; janvier à la fin de juin (chèvre)
🐄	Cru
🧀	Cru
🍷	Vin de Corse

Haute-Corse

CORSE   C   149

FLEUR DU MAQUIS

Ce fromage artisanal est de création récente. Son nom rend hommage à la végétation typique de la Corse.

Fleur du maquis.

Piments, baies de genièvre, sarriette et romarin.

Croûte naturelle enrobée de sarriette et de romarin.

BRIN D'AMOUR

Comme le précédent, de production artisanale, ce fromage dégage une forte odeur d'herbes aromatiques. La pâte est fine, de couleur ivoire, légèrement acidulée. Ces deux fromages sont parfois fabriqués sur le continent, où ils remportent plus de succès que sur leur île. L'affinage dure un mois au minimum.

Brin d'amour.

Pâte molle, non élastique, non pressée, non cuite.

- 10 à 12 cm (côté), 5 à 6 cm (épaisseur)
- 600 à 700 g
- Fleur du maquis : 45 % ; brin d'amour : variable
- De l'hiver à l'été
- Cru
- Vin de Corse, côtes-de-provence

Haute-Corse

FILETTA

A filetta signifie « la fougère » en corse. Ce fromage artisanal, décoré d'une feuille de fougère, est originaire d'Isolaccio, à 45 kilomètres au sud de Bastia. Il sent un peu la vache et la fougère. Les fromages sont retournés durant l'affinage de trois ou quatre semaines. Les plus jeunes sont parfois expédiés sur le continent.

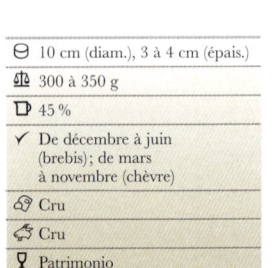

Pâte molle, non élastique, non pressée, non cuite.

Croûte naturelle marquée par la faisselle et décorée d'une fougère.

- 10 cm (diam.), 3 à 4 cm (épais.)
- 300 à 350 g
- 45 %
- De décembre à juin (brebis) ; de mars à novembre (chèvre)
- Cru
- Cru
- Patrimonio

Haute-Corse

FROMAGE DE BREBIS

Le fromage fermier ci-contre a été fabriqué en novembre à Santa-Maria-Siché avec le lait des brebis de M. Cianfarani. Le fromage de la photo a une semaine seulement. La croûte blanche semble fraîche et la pâte souple. L'utilisation du lait de la première traite matinale donne un fromage légèrement amer. L'affinage dure trois mois au minimum.

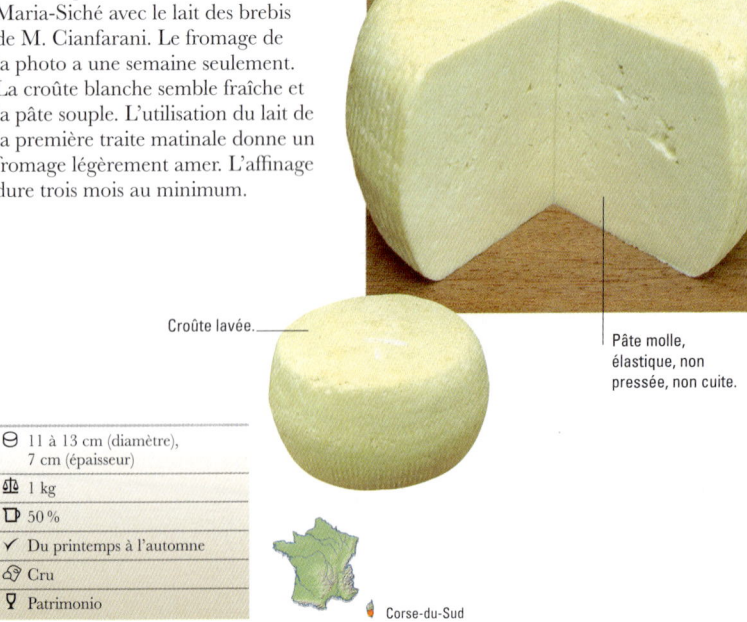

Croûte lavée.

Pâte molle, élastique, non pressée, non cuite.

- 11 à 13 cm (diamètre), 7 cm (épaisseur)
- 1 kg
- 50 %
- Du printemps à l'automne
- Cru
- Patrimonio

Corse-du-Sud

CORSE   151

FROMAGE FERMIER DE BREBIS

Ce fromage à croûte humide et à pâte collante appartient à la famille du venaco (voir p. 161). Il est meilleur entre le printemps et l'automne. La production commence au début de l'hiver, dès le début de la lactation des brebis, et dure jusqu'à l'été. Pendant les quarante-cinq jours d'affinage, les fromages sont lavés dans un peu d'eau et retournés tous les jours. Ils n'ont pratiquement aucune odeur au début de l'affinage.

Pâte molle, non élastique, non pressée, non cuite.

Croûte lavée.

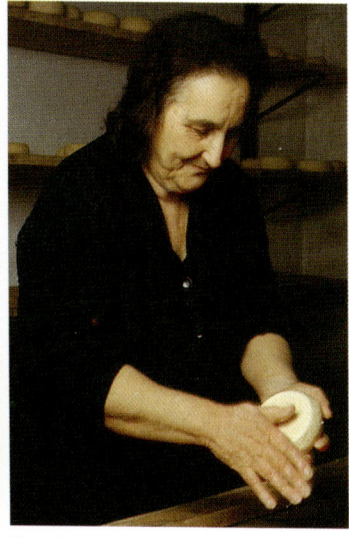

Un produit fait à la main
Bien que ce fromage ait l'aspect d'une croûte lavée, il est simplement humidifié à la main et retourné plusieurs fois.

Fromage frais.

- 9 à 11 cm (diamètre), 4 cm (épaisseur)
- 350 à 400 g
- 45 %
- Meileur du printemps à l'automne
- Cru
- Patrimonio

Haute-Corse

152   **C**   CORSE

FROMAGE
AU PUR LAIT DE BREBIS

Les quatre fromages présentés ici sont du même type, seule la durée de leur affinage varie (de deux mois à un an) et leur donne différentes caractéristiques.

La croûte et la pâte révèlent la qualité du lait.

La pâte cède à la pression du doigt ; elle est si humide qu'elle s'effrite.

Fromage jeune, âgé de deux mois environ.

Marques de la faisselle.

La croûte brun clair est tachée de moisissures blanches, vertes et jaune paille.

La pâte légèrement élastique est percée de multiples trous.

Fromage à point.

Trous laissés par les cirons (acariens du fromage).

La pâte cassante a un goût piquant.

Vieux fromage dur.

⊖	12 à 15 cm (diamètre), 5 à 6 cm (épaisseur)
⚖	500 à 700 g
🗓	Variable
✓	De l'hiver à l'été
⚗	Cru
🍷	Vin de Corse

Corse-du-Sud

Affinage de un an.

CORSE 153

FROMAGE CORSE (2)

Il n'y a pratiquement pas de fromageries en Corse; on achète son fromage au marché du matin. Les fabricants vendent directement leurs produits, qui sont souvent désignés sous leur nom : par exemple, « le fromage de Mme Nicole ».
Le fromage fermier ci-contre est si jeune qu'il sue encore un peu. La pâte et le sel ne sont pas encore complètement mêlés.

Pâte fraîche, non affinée.

◇	11 cm (côté), 5 cm (épaisseur)
⚖	570 g
🝰	Variable
✓	De l'hiver au début de l'été
⌬	Cru
🍷	Ajaccio

Haute-Corse

FROMAGE CORSE NIOLO (2)

Ce fromage fermier a été acheté sur un marché lyonnais. Vendu sous le nom de Niolo, il est du type du bastelicaccia de la région d'Ajaccio. Une moisissure bleu et roux couvre la croûte humide. La pâte cède sous le doigt. Il est encore un peu jeune, mais il a déjà du goût. L'affinage dure au minimum trois mois.

Pâte molle, non pressée, non cuite.

Croûte lavée, marquée par la faisselle.

⊖	11 à 12 cm (diamètre), 4,5 cm (épaisseur)
⚖	450 g
🝰	45 %
✓	De l'hiver au début de l'été
⌬	Cru
🍷	Patrimonio rosé

Haute-Corse

FROMAGE DE CHÈVRE FERMIER DE LA TAVAGNA

La maison de la famille Giancoli se trouve sur le littoral montagneux, au sud de Bastia. Huit mois sur douze, on y fabrique 70 fromages fermiers par jour. À l'ouverture, une puissante odeur se dégage, et le papier qui l'enveloppe porte les traces de la faisselle. Le fromage lui-même est d'aspect humide et dur comme du savon. Il a atteint sept mois de maturation. Durant l'affinage, qui dure généralement deux mois, les fromages sont essuyés régulièrement avec une toile humide.

Pâte molle, non pressée, non cuite.
Croûte naturelle.

⬖	9 à 10 cm (largeur), 11 cm (longueur), 4 cm (épaisseur)
⚖	300 à 400 g
	45 %
✓	Toute l'année
	Cru
⚱	Château-chalon (jaune), Arbois jaune
	Marc de Corse

Haute-Corse

NIOLO (3)

Le village de Casamaccioli ne compte que 140 habitants. C'est là, au plus profond des montagnes corses, que les frères Santini fabriquent leur niolo. C'est un fromage fermier à l'odeur puissante, de consistance collante, qui pique la langue. Son odeur se développe au fil du temps sans jamais s'atténuer. C'est au niolo que pensent les métropolitains quand ils évoquent le fromage corse. L'affinage dure au minimum trois mois.

Pâte molle et collante, non pressée, non cuite.
Croûte lavée portant des marques de faisselle.

⬖	10 à 13 cm (côté), 4 cm (épaisseur)
⚖	400 à 500 g
	50 %
✓	De l'hiver à l'été
	Cru
⚱	Château-chalon (jaune), Arbois jaune
	Marc de Corse

Haute-Corse

CORSE C 155

MOUFLON

Ce fromage fermier est fabriqué au lait de chèvre cru à Calgese, en Corse-du-Sud. L'affinage, qui dure en général trois mois, a lieu à Calacuccia, localité des montagnes du nord de l'île.

Croûte lavée.

La pâte non pressée, non cuite, se brise comme de l'argile sèche et n'a aucune souplesse.

Le mouflon
Bien que les fromagers le considèrent comme une chèvre, le mouflon est plutôt une sorte de mouton sauvage, ancêtre des ovins domestiques d'Europe. Il a des cornes recourbées mais pas de barbiche. De nos jours, on le rencontre surtout en Sardaigne et en Corse, où on l'appelle *muflone* ou *mufoli*. Aujourd'hui en voie de disparition, cet animal était jadis consommé rôti ou en ragoût, comme du mouton ou de la venaison.

◇	12 cm (côté), 3 cm (épaisseur)
⚖	400 à 500 g
🗗	50 %
✓	Meilleur en été
⌇	Cru
♀	Patrimonio

Corse-du-Sud

PÂTE DE FROMAGE

La pâte de fromage est une spécialité corse. Pour l'obtenir, on broie un fromage parvenu à maturité, on le dépose dans un récipient et on le laisse vieillir. Selon certains autochtones, il est encore meilleur lorsque les cirons, sortes d'acariens du fromage, l'ont investi. L'affinage de ce fromage artisanal se réalise dans des cuves et dure cinq ou six mois.

🍯	En bocal
⚖	200 g net
	50 %
	Cru
	Cru
✓	Toute l'année
🍷	Château-chalon (jaune), arbois jaune
	Marc de Corse

Haute-Corse

FILETTA (EN PÂTE)

On dit que ce fromage artisanal se faisait autrefois dans tous les foyers corses. Son odeur est si forte qu'elle pique les yeux. Son affinage dure cinq ou six mois.

🍯	En bocal
⚖	230 g net
	45 %
✓	Du printemps à l'automne
	Cru
🍷	Château-chalon (jaune), arbois jaune
	Marc de Corse

Haute-Corse

Village de montagne, Corse. ▷

CORSE

SAN PETRONE

Voici une autre pâte fabriquée à partir de vieux fromage broyé ; celui-ci est façonné à la main sans additifs. Il n'a pas de croûte. La pâte ressemble à une pâte à pain à peine pétrie. Collante, d'un goût salé, puissant et piquant, elle rappelle le fromage fort (voir p. 173). La production est artisanale.

Pâte rappelant la pâte à pain.

◇	10 à 11 cm (côté), 5 cm (épaisseur)
⚖	500 g
🜨	45 %
✓	Produit de décembre à la fin de juin ; disponible toute l'année
♘	Cru
♀	Château-chalon (jaune), arbois jaune
▢	Marc de Corse

Haute-Corse

VIEUX CORSE

Il s'agit d'une pâte de fromage artisanal, enveloppée dans trois couches de papier sulfurisé. Teintée de moisissures bleues, la pâte est salée, piquante, avec du goût. Les Corses l'étalent généreusement sur du pain. L'affinage dure au minimum trois mois.

Pâte colorée de moisissures bleues.

◇	10 cm (côté), 2 à 3 cm (épais.)
⚖	500 g
🜨	50 %
✓	Toute l'année
♘	Cru
♀	Château-chalon (jaune), Arbois jaune
▢	Marc de Corse

Haute-Corse

CORSE 159

TOMME DE CHÈVRE (1)

Cet excellent fromage fermier est dû à M. Andreani, établi au village de Piaggiola, près de Sartène. Ce fromage n'a rien à voir avec les chèvres fabriqués sur le continent. Sa croûte ressemble à une pierre sèche mangée par un lichen roussâtre, et la pâte, si dure qu'il faut la casser au marteau, brille comme de la cire. Il exhale une légère odeur de cave. Affiné trois mois au minimum, ce fromage est probablement un cousin d'un fromage sarde, le fleur-de-Sardaigne, dont l'origine remonterait à l'ère romaine.

Pâte dure, pressée, non cuite.

- 17 à 18 cm (diamètre), 8 à 9 cm (épaisseur)
- 2 kg
- Variable
- De l'été à l'hiver
- Cru
- Patrimonio

Corse-du-Sud

TOMME DE CHÈVRE (2)

Ce fromage fermier très sec sent bon le foin. C'est peut-être l'odeur des fleurs du maquis que les chèvres ont broutées. L'affinage dure trois mois.

Pâte mi-dure, pressée, non cuite.

- 16 cm (diam.), 6 cm (épais.)
- 1,5 kg
- Variable
- Cru
- Toute l'année
- Patrimonio

TOUTE LA CORSE

TOMME CORSE (1)

Mordez dans la pâte dure de ce fromage artisanal de brebis, et un bouquet presque cuivré de sel, de sucre, de piment et d'acidité explosera dans votre bouche. Ce fromage se marie parfaitement avec un vin corse millésimé. On peut le rapprocher de l'ossau fermier (voir p. 77) ou du salers (voir p. 96). L'affinage dure de trois mois à un an.

Pâte mi-dure, pressée, non cuite.

Croûte naturelle.

- 20 cm (diamètre), 8 cm (épaisseur)
- 2 kg
- 47 %
- Toute l'année
- Cru
- Vin de Corse millésimé

Haute-Corse

TOMME CORSE (2)

La coopérative A pecurella, où est fabriqué ce fromage, a été fondée en 1975. *Pecurella* est le terme corse désignant la jeune brebis qui donne le lait riche et très parfumé dont ce fromage est issu. Celui que l'on voit sur la photographie du bas, qui a été affiné pendant un an, est très friable. La tomme corse est affinée de trois mois à un an à 12 °C et 85 % d'humidité. Elle est très appréciée par les Corses.

Pâte mi-dure qui devient granuleuse avec l'âge, pressée, non cuite.

Croûte naturelle.

- 20 cm (diamètre), 8 à 10 cm (épaisseur)
- 2,5 kg
- 48 %
- Toute l'année
- Cru
- Vin de Corse millésimé

Corse-du-Sud

Affinage de un an.

CORSE | C | 161

RUSTINU

En règle générale, les fromages corses, hormis le broccio, n'ont pas de nom particulier. Joseph Guidicelli a baptisé ses deux productions *U Rustinu* et *U Muntanacciu* (le montagnard). *U Rustinu* est un fromage artisanal retourné régulièrement durant sa période d'affinage trois mois minimum.

Pâte molle, non pressée, non cuite.

Croûte humide rouge, tachée de moisissures blanches.

- 10 cm (diam.), 5 cm (épais.)
- 450 g
- 45 %
- Produit de décembre à la fin de juin ; meilleur au printemps
- Cru
- Patrimonio

Haute-Corse

VENACO

Le venaco est, avec le niolo (voir p. 154), le calenzana (voir p. 148) et le broccio (voir p. 146), le plus typique des fromages corses. S'il tire son nom de son lieu de naissance, une localité du centre de l'île, il n'y est pourtant plus fabriqué. C'est un fromage fermier au lait de chèvre ou de brebis, dont la période d'affinage dure au minimum deux mois.

Pâte molle, collante, non pressée, non cuite.

Croûte lavée.

- 9 cm (diamètre), 3 à 4 cm (épaisseur)
- 350 g
- 45 %
- Cru, entier
- Produit de l'hiver au début de l'été ; meilleur du printemps à l'automne
- Ajaccio

Haute-Corse

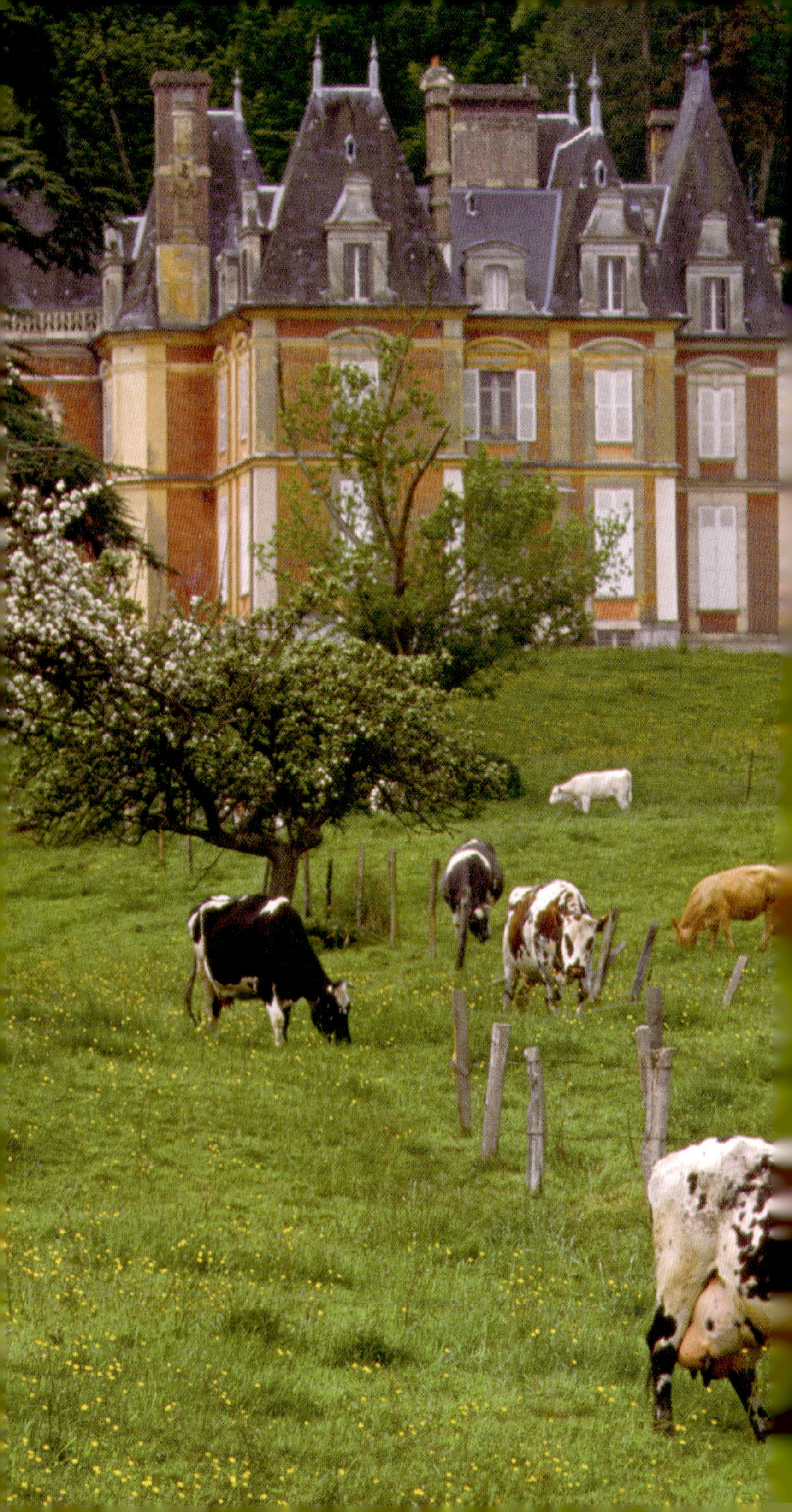

Les fromages
D-G

DREUX À LA FEUILLE / FEUILLE DE DREUX

La ville de Dreux se trouve au cœur des plaines céréalières du bassin parisien. On y fabrique des fromages en forme de galette qui vieillissent lentement sous une feuille de châtaignier destinée à les empêcher de se coller les uns aux autres. Un léger parfum de feuille se mêle à l'agréable odeur de la moisissure qui recouvre la croûte, qui devient brune ou rouge à la fin de l'affinage de deux ou trois semaines. Ce fromage artisanal était autrefois la collation type des paysans qui travaillaient aux champs.

Pâte molle, non pressée, non cuite.

Croûte fleurie décorée d'une feuille de châtaignier.

⊖	14 à 16 cm (diamètre), 2 à 3 cm (épaisseur)
⚖	300 à 350 g
🗋	30 à 40 %
✓	Toute l'année
⌂	Cru ou pasteurisé
♀	Touraine

CENTRE
Eure-et-Loir

EMMENTAL

Ce fromage industriel est pratiquement identique à l'emmental grand cru (ci-contre), mais il est fabriqué avec du lait pasteurisé.

Pâte cuite et pressée, dure, ivoire à jaune pâle, percée de trous allant de la taille d'une cerise à celle d'une noix.

Croûte dure ocre à marron clair.

⊖	70 cm à 1 m (diamètre), 13 à 25 cm (épaisseur)
⚖	60 à 130 kg
⁂	60 g pour 100 g
🗋	45 % minimum, 27 g pour 100 g
✓	Toute l'année
⌂	Pasteurisé
♀	Vin de Savoie, givry, rully, mercurey

TOUTES LES RÉGIONS

◀ **Vaches paissant dans le village de Castillon-en-Auge, près de Livarot.**

EMMENTAL GRAND CRU

L'étiquette de caséine rouge apposée sur ce fromage est une garantie de qualité. Elle précise son lieu de production et sa teneur en matières grasses, ainsi que le matricule du producteur. Il s'agit d'une meule de grande dimension, de fabrication laitière ou industrielle, à pâte cuite et pressée apparentée au beaufort (voir p. 48) et au comté (voir p. 142). Faite au lait cru, elle provient des régions citées ci-dessous. La pâte est tendre, l'arôme et le goût sont doux. Il est affiné au minimum dix semaines.

Croûte naturelle sèche, lavée et brossée, de couleur ocre.

Pâte ferme, ivoire ou jaune pâle, pressée et cuite.

Les trous mesurent de 1,5 à 3 cm de diamètre.

⊖	70 cm à 1 m (diamètre), 13 à 25 cm (épaisseur)
⚖	60 à 130 kg
⁂	62 g minimum pour 100 g
⌑	45 % minimum, 27,9 g pour 100 g
✓	Toute l'année
⌇	Cru
♀	Vin de Savoie, givry, rully, mercurey

RHÔNE-ALPES Ain, Rhône, Savoie, Haute-Savoie ; BOURGOGNE Côte-d'Or, Saône-et-Loire ; LORRAINE Vosges ; CHAMPAGNE-ARDENNE Haute-Marne

LA FABRICATION DE L'EMMENTAL GRAND CRU

Le caillage
Il faut de 800 à 900 litres de lait pour fabriquer une meule de 70 kg d'emmental. Le lait est chauffé à 33 °C au moment de l'emprésurage et caille en moins de 30 minutes. Le caillé est centrifugé pour activer la séparation du petit-lait, puis chauffé 90 minutes à 53 °C au maximum.

Le moulage
Le caillé est versé dans des moules et mis sous presse vingt-quatre heures. Le fromage blanc obtenu est ensuite placé dans un bain de saumure où il reste quarante-huit heures. Il y absorbe du sel et amorce la formation de sa croûte.

L'affinage
La meule est entreposée dans un local à 10-13 °C. Après quatre ou cinq jours, elle est placée dans une cave à 16-18 °C, où elle reste une semaine avant d'être transportée pour un mois vers une cave à 21-25 °C, où règne une humidité de 60 %. Des bactéries naturelles transforment l'oxygène présent dans la pâte en CO_2, d'où la formation de trous. La pâte devient peu à peu élastique, s'affine et acquiert du goût. Lorsque la surface du fromage devient convexe, on le stocke environ une semaine dans une cave à 16-18 °C, puis dans une autre à 10-13 °C, où l'affinage se poursuivra.

Des fromages blancs flottent dans la saumure où ils absorbent du sel.

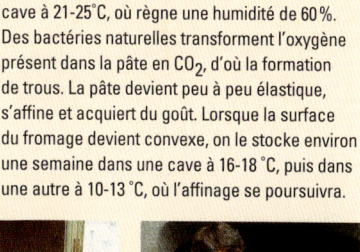

M. Boujon, fromager, coupe une meule impressionnante.

ÉPOISSES DE BOURGOGNE (AOC)

On dit que Napoléon faisait honneur à ce fromage, qu'il dégustait avec du chambertin. Très prisé à la fin du siècle dernier, l'époisses connut une éclipse après la Seconde Guerre mondiale. Il fut ressuscité en 1956 par M. Berthaut, établi à Époisses même. Aujourd'hui, un producteur fermier et trois entreprises laitières assurent la production d'époisses AOC. Il en existe aussi des versions artisanales, en grande et en petite taille.

C'est un fromage à croûte lavée, à l'odeur pénétrante parfumée de marc. La pâte fine fond dans la bouche en un bouquet de saveurs : sel, sucre, arôme de lait et léger goût de métal. Le fromage est lavé à l'eau ou à la saumure additionnée de marc dilué. Cette opération a lieu de une à trois fois par semaine, la proportion de marc augmentant progressivement. L'affinage dure au moins quatre semaines.

Le fromage mûrit de l'extérieur vers l'intérieur.
Pâte souple, molle, beige clair, non pressée, non cuite.

Croûte lavée lisse (parfois ridée), de couleur ivoire, orange ou rouge brique, selon l'âge.

- Grand : 16,5 à 19 cm (diam.), 3 à 4,5 cm (épais.) ; petit : 9,5 à 11,5 cm (diam.), 3 à 4,5 cm (épais.)
- 700 à 1100 g ; 250 à 350 g
- 50 % minimum
- 40 g minimum pour 100 g
- Toute l'année
- Entier
- Pouilly-fuissé, sauternes (moelleux)
- Marc de Bourgogne

BOURGOGNE
Côte-d'Or, Yonne ;
CHAMPAGNE-
ARDENNE
Haute-Marne

Spécifications de l'AOC

1 Le caillage du lait, d'une durée de seize heures, doit être essentiellement d'origine lactique.
2 Le caillé doit être grossièrement coupé et non rompu.
3 Après égouttage, le fromage doit être salé au sel sec.

AOC DÉLIVRÉE EN 1991

AMI DU CHAMBERTIN

Ce fromage artisanal est fabriqué à Gevrey-Chambertin, en Bourgogne. L'affinage dure quatre semaines.

Pâte tendre, non pressée et non cuite.

- 9 cm (diam.), 4 cm (épais.)
- 250 g
- 50 %
- Toute l'année
- Pasteurisé
- Marc de Chambertin

BOURGOGNE
Côte-d'Or

Croûte humide, rouge, lavée à l'eau et au marc de Bourgogne.

FOURME D'AMBERT ET FOURME DE MONTBRISON (AOC)

Ces deux fromages, fabriqués chacun autour de la localité dont ils portent le nom, sont protégés par des AOC qui ont uniformisé les méthodes de production. Le mot «fourme» vient du latin *forma*, forme, qui aurait également donné le terme «fromage».

Comme pour le roquefort (voir p. 216), on ensemence la pâte de moisissure bleue avant d'y injecter de l'air avec une seringue pour accélérer le développement des micro-organismes (voir p. 218). La fourme est l'un des bleus les plus doux. Sa pâte persillée, non pressée, non cuite et fermentée est salée par incorporation du sel au caillé à la mise en moule, à partir du vingt-huitième jour à compter de la date d'emprésurage. Sous une croûte plutôt sèche se cache une pâte ferme et crémeuse à la légère odeur de cave. La production est laitière ou artisanale : il n'existe pas de fourme fermière. Si la période d'affinage imposée, au sein des régions délimitées par l'AOC, est de vingt-huit jours au minimum, elle est fréquemment prolongée jusqu'à deux mois. Les AOC ont été délivrées en 2002.

Fourme d'Ambert.

Croûte naturelle rouge ou grise.

Pâte persillée tendre, non pressée et non cuite, veinée de moisissures bleues.

Fourme de Montbrison.

⊖	13 cm (diam.), 19 cm (épais.)
⚖	1,5 à 2 kg
∴	50 g minimum pour 100 g
⬜	50 % minimum, 25 g minimum pour 100 g
✓	Toute l'année
⌇	Cru
⚲	Sauternes moelleux, rivesaltes (VDN)

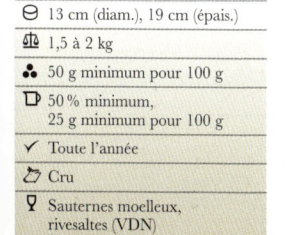

RHÔNE-ALPES Loire ; AUVERGNE Cantal, Puy-de-Dôme

FRINAULT

Le propre d'un fromage cendré de qualité est de sécher lentement sous la protection de la cendre et de s'affermir sans durcir. Enrober de cendre un fromage encore humide afin de le protéger est une méthode de conservation originaire de l'Orléanais. Jadis, on utilisait exclusivement de la cendre de sarments. Le fromage ci-contre est moins fait que celui en dessous. Le frinault révèle ses qualités à la dégustation et possède un léger arrière-goût. L'affinage dure trois ou quatre semaines.

Pâte molle, non pressée, non cuite.

Croûte naturelle cendrée.

⊖	9 à 10 cm (diam.), 2 cm (épais.)
⚖	120 à 150 g
	50 %
✓	De l'été à l'automne
	Pasteurisé
	Touraine

CENTRE Cher, Loiret

Fromage allégé

«Allégé» est désormais le terme consacré pour désigner des produits alimentaires dont la teneur en matières grasses est réduite. On appelle donc fromage allégé un fromage affichant un taux de matières grasses de 20 à 30 %. Voici la classification détaillée :

- *maigre* : moins de 20 % de matières grasses ;
- *allégé* entre 20 et 30 % ;
- *normal* : entre 40 et 50 % ;
- *double-crème* entre 60 et 75 % ;
- *triple-crème* plus de 75 % ;
- la teneur en matières grasses de certains fromages fermiers est indéterminée, car le lait employé peut connaître de légères fluctuations d'un jour à l'autre ;
- le fromage fondu (voir p. 23) contient au minimum 40 % de matières grasses, celui allégé de 20 à 30 %.

Selon des règles publiées au *Journal officiel*, seul un produit laitier renfermant au moins 23 g de matière sèche pour 100 g peut prétendre à l'appellation de fromage. Le taux est de 43 g pour le fromage fondu et de 31 g pour le fromage fondu allégé.

La teneur en matières grasses et le goût sont étroitement liés. Les fromages affichant de 40 à 50 % de matières grasses sont généralement fermes, leur goût est rond en bouche. Les plus gras sont mous et se tartinent facilement, un peu comme du beurre.

Les allégés ne peuvent prétendre ni à la saveur, ni à l'onctuosité d'un fromage normal. Ils sont toutefois précieux aux personnes astreintes à un régime pauvre en graisses et en cholestérol qui ne souhaitent pas renoncer au plaisir de la dégustation de fromage.

BERGUES

La ville flamande de Bergues n'est qu'à 12 kilomètres de la frontière belge. Le fromage présenté est nettement moins épais que la moyenne et a peut-être été endommagé pendant son transport. Le bergues est un fromage fermier ou artisanal. Il est lavé à plusieurs reprises à la saumure ou à la bière, lors de son affinage de trois semaines à deux mois.

Croûte lavée.

Pâte molle, non pressée, non cuite.

⊖	12 cm (diam.), 4 cm (épais.)
⚖	320 à 350 g
	15 à 20 %
✓	Toute l'année
	Écrémé
	Bière locale
	Beaujolais

Vue de la ville de Bergues.

NORD-PAS-DE-CALAIS Nord

BOURRICOT

Ce fromage est fabriqué par une laiterie industrielle du Cantal. Il garde un léger goût du lit de paille sur lequel il a été posé lors de l'affinage. Celui-ci dure huit semaines.

Croûte naturelle. | Pâte mi-dure, non pressée, cuite.

- 12 cm (diam.), 4 cm (épais.)
- 500 g
- 30 %
- Toute l'année
- Écrémé
- Saint-pourçain

AUVERGNE
Cantal

FROMAGE CENDRÉ

Ce fromage artisanal est également connu sous le nom de cendré de Champagne. C'est une spécialité qui se prépare au moment des vendanges. La cendre de bois blanche qui recouvre la croûte éloigne les mouches. Elle est retirée avec une brosse humide au moment de la dégustation du fromage. L'odeur de moisi est celle de la cave d'affinage. Pendant leur maturation, les fromages restent couverts de cendre pendant plus de deux mois.

Pâte molle, non pressée, non cuite.

Croûte cendrée.

- 12 à 14 cm (diam.), 3 cm (épais.)
- 300 à 400 g
- 20 à 30 %
- Toute l'année
- Écrémé
- Bouzy, coteaux-champenois

CHAMPAGNE-ARDENNE
Marne

FROMAGE ALLÉGÉ   F   171

LOU MAGRÉ

Produit artisanal originaire de Terraube, village de Gascogne. Il sent légèrement la cave. L'affinage dure de trois à dix semaines.

Pâte mi-dure, légèrement élastique, pressée, non cuite.

Croûte naturelle portant des traces de moisi.

⊖	20 cm (diam.), 5 cm (épais.)
⚖	1,8 à 2 kg
🡥	25 %
✓	Toute l'année
⌇	Cru, écrémé
🍷	Madiran

MIDI-PYRÉNÉES
Gers

SOURIRE LOZÉRIEN

C'est au village cévenol de Luc que l'on fabrique ce fromage artisanal. Son odeur discrète évoque à la fois la cave d'affinage et la moisissure. L'affinage dure dix jours au minimum.

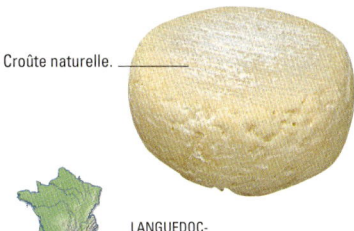

Croûte naturelle.

Pâte mi-molle, souple, non pressée, non cuite.

⊖	11 cm (diam.), 4 à 5 cm (épais.)
⚖	380 à 450 g
🡥	25 %
✓	Toute l'année
⌇	Écrémé
🍷	Corbières, fitou

LANGUEDOC-ROUSSILLON
Lozère

TOMME DE LOMAGNE

Ce fromage artisanal, qui sent un peu la cave, est produit en Lomagne, région de Gascogne. L'affinage dure deux mois.

Pâte mi-dure, pressée, non cuite.

Croûte naturelle portant des traces de moisissures.

⊖	18 à 20 cm (diamètre), 6 à 7 cm (épaisseur)
⚖	2 kg
🗁	30 %
✓	Toute l'année
⌒	Cru, écrémé
🍷	Madiran

MIDI-PYRÉNÉES Gers

VACHARD

Ce fromage artisanal à la senteur de moisi est produit au village de Saint-Bonnet-le-Courreau, dans les collines auvergnates du Forez. L'affinage dure un mois.

Pâte mi-dure, pressée, non cuite.

Croûte naturelle.

⊖	12 à 13 cm (diam.), 3 cm (épais.)
⚖	600 g
🗁	30 %
✓	Toute l'année
⌒	Cru, écrémé
🍷	Côtes-d'auvergne, châteaugay

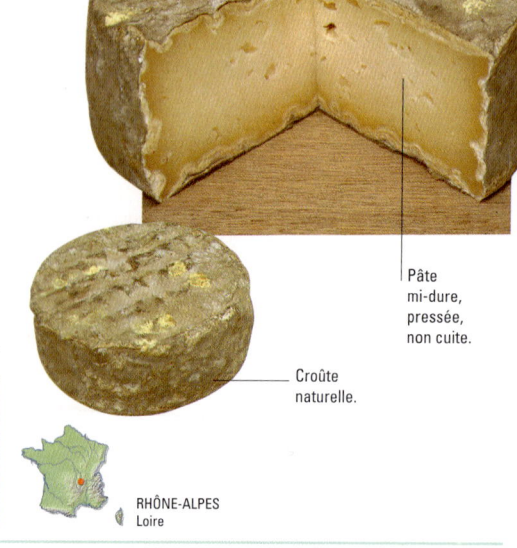

RHÔNE-ALPES Loire

Fromage fort

À l'origine, le fromage fort était une préparation familiale : des restes de fromage étaient broyés ou râpés et mis à fermenter dans un liquide tel que du petit-lait, du lait ou du bouillon de légumes. On y ajoutait de l'huile, de l'eau-de-vie ou du vin afin de stabiliser le mélange, que l'on assaisonnait d'herbes, d'épices, de sel, de vin ou de cidre. Au bout de plusieurs mois, le fromage fort était servi avec du vin. Il s'agit essentiellement d'une spécialité des régions de vignobles, où chaque village a développé sa propre recette. Il existe ainsi quantité de noms : cachat ou cacheilla, par exemple, dans les pays de chèvre. Aujourd'hui, la tradition persiste surtout dans le Lyonnais, le Mâconnais, le Beaujolais, le Dauphiné et le massif du Ventoux.

M. Voy, maître fromager et propriétaire de la fromagerie La Ferme Saint-Hubert, à Paris, déclare : « Notre fromage fort est vraiment fort. Nous le conservons dans un pot de grès couvert. Si vous descendiez dans le métro avec ce pot sans son couvercle, on vous éviterait comme la peste. »

À La Ferme Saint-Hubert, on prépare le fromage fort du Lyonnais à partir de fromages déjà très corsés : époisses (voir p. 166), langres (voir p. 186) ou maroilles (voir p. 188). Le mélange est arrosé de marc de Bourgogne jusqu'à devenir complètement lisse. Lorsque le magasin ne sent pas assez le fromage, on laisse le pot ouvert et on en remue le contenu de temps à autre, afin de parfumer l'atmosphère.

Le fromage fort se vend à la louche. Il pique la langue et se révèle délicieux sur du pain frotté à l'ail ou à l'apéritif. À la dégustation, une multitude de goûts s'épanouissent dans la bouche avant d'y laisser un arrière-goût complexe. Accompagnez ce produit de marc de Bourgogne.

FROMAGE FORT DU LYONNAIS

Cette spécialité du Lyonnais se prépare chez soi ou dans une fromagerie avec des restes de fromages de chèvre ou de vache, mis à fermenter dans un pot en grès. Son odeur et son goût, puissants et piquants, s'accommodent mieux de marc que de vin.

La terrine maintient le fromage fort à température constante.

- Variable
- Variable
- Château-chalon (jaune) ou arbois jaune
- Marc

RHÔNE-ALPES
Rhône

CACHAT

Le cachat et le confit d'époisses ci-dessous sont tous deux préparés par M. Carbonel et son épouse dans leur restaurant d'Aix-en-Provence. Le cachat est à base de fromages de chèvre jeunes (comme le banon, voir p. 46) macérés dans le marc. Le mélange devient crémeux à partir du quinzième jour.

Cachat dans sa terrine.

- Variable
- Arbois jaune

PROVENCE-ALPES-CÔTE D'AZUR Bouches-du-Rhône

CONFIT D'ÉPOISSES

Ce confit, qui était à l'origine préparé à Époisses, s'obtient en faisant macérer une semaine un époisses (voir p. 166) jeune dans du bourgogne blanc additionné de marc. Le liquide est ensuite égoutté et renouvelé. Après un séjour d'une semaine dans l'alcool, il pique la langue, sa saveur est forte et cuivrée. Deux semaines plus tard, il devient crémeux. Le sel semble bien dissout et le fromage a acquis une douceur que l'on peut qualifier de métallique. Il se mange tartiné sur du pain.

Selon M. Carbonel (voir ci-dessus), on trouvait autrefois nombre de fromages aromatisés avec du sel, du poivre, du safran, de l'ail, du romarin, du thym, de la moutarde. La viande était chère et l'on se nourrissait souvent de pain et d'un peu de fromage au parfum intense.

Confit d'époisses.

- Variable
- Marc de Bourgogne

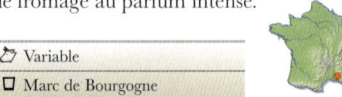

PROVENCE-ALPES-CÔTE D'AZUR Bouches-du-Rhône

FROMAGE FORT   175

CACHAILLE

Ce fromage fort provient du village de Puimichel. Après avoir râpé du fromage sec dans un pot en terre, on y ajoute de l'eau-de-vie, du poivre, de l'huile d'olive, et du fromage frais de moins de trois jours. L'affinage dure deux ou trois mois ; il faut bien mélanger. La cachaille se conserve jusqu'à vingt ans si l'on remet régulièrement du fromage dans le pot.

En bocal	
200 g net	
Variable	
Toute l'année	
Cru	
Cru	
Coteaux-varois rosé	

PROVENCE-ALPES-CÔTE D'AZUR
Alpes-de-Haute-Provence

FROMAGÉE DU LARZAC

Comme le roquefort (voir p. 216), ce fromage fort de brebis à la saveur douce provient du causse du Larzac, dans le Rouergue. C'est une préparation artisanale vendue dans un pot en grès.

Dans un bocal en grès	
160 g net	
50 %	
Toute l'année	
Variable	
Sainte-croix-du-mont moelleux, rivesaltes (VDN)	

MIDI-PYRÉNÉES
Aveyron

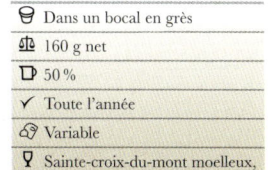

PÂTEFINE FORT

C'est dans un pot en plastique qu'est vendu ce fromage artisanal fabriqué dans l'Isère, à Saint-Georges-d'Espéranche. Il est composé à 90 % de fromage de vache, additionné de vin blanc, d'épices, de sel et de poivre. On le tartine sur du pain de campagne ou sur du pain grillé. Son goût est acide.

Dans un pot en plastique	
200 g net	
Variable	
Toute l'année	
Variable	
Saint-joseph	

RHÔNE-ALPES
Isère

Fromage frais

Le fromage frais doit répondre aux critères suivants :
- Non affiné, il est à base de lait caillé par fermentation lactique.
- Les bactéries, par exemple celles du ferment lactique, doivent être vivantes au moment de la vente.
- Il doit contenir entre 10 et 15 g de matière sèche pour 100 g.
- Il doit être consommé rapidement. La date de péremption doit être lisible.
- On utilise généralement du lait pasteurisé. Il existe néanmoins quelques fromages frais fermiers au lait cru.
- Selon sa teneur en matières grasses, le fromage frais est dit maigre, allégé, double-crème ou triple-crème (voir p. 256).

Composition du fromage frais par rapport à d'autres fromages (100 g)

	Eau	Matière sèche	Matières grasses
Fromage frais	85 g	15 g	45 % (7 g env.)
Camembert	55 g	45 g	45 % (20 g env.)
Cantal	43 g	57 g	45 % (25 g env.)
Comté	38 g	62 g	45 % (28 g env.)
Roquefort	44 g	56 g	52 % (29 g env.)

BROUSSE DU ROVE

En provençal, « brousser » signifie mélanger, battre. Ce fromage artisanal est nommé brousse car le caillé est fortement battu avant d'être égoutté. On l'appelait autrefois « fromage frais de corne », car il était versé dans des cornes de bélier. C'est un produit liquide, léger, doux et délicat, qui sent un peu le lait.

En pot évasé de 9 cm de hauteur	
45 %	
Toute l'année ; de décembre à juin (brebis)	
Variable	
Variable	
Côtes-de-provence blanc ou rosé	

PROVENCE-ALPES-CÔTE D'AZUR
Bouches-du-Rhône

CERVELLE DE CANUT / CLAQUERET LYONNAIS

Voici comment on déguste le fromage frais, traditionnellement, en pays lyonnais : le fromage blanc frais (voir p. 178) est bien égoutté et additionné d'échalote, d'ail, de persil, de cerfeuil, de ciboulette et d'autres fines herbes. La saveur fraîche et acidulée s'associe bien au pain grillé. Ce fromage peut aussi être servi bien froid à la fin d'un repas.

Variable	
Saint-véran, mâcon	

RHÔNE-ALPES
Rhône

CHÈVRE FRAIS

Fromage artisanal fabriqué dans le Berry, comme le selles-sur-cher AOC (voir p. 110). Il dégage un délicat parfum de lait de chèvre.

- 5 à 6 cm (diam.) 4 cm (épais.)
- 125 g
- 45 %
- Toute l'année
- Variable
- Quincy

CENTRE Loir-et-Cher

FAISSELLE DE CHÈVRE

Ce fromage fermier du Rouergue porte le nom du récipient dans lequel il est vendu. Une version industrielle de la faisselle, faite au lait de vache, se trouve partout. Ce produit se déguste à la petite cuillère.

- En faisselle
- Variable
- Du printemps à l'automne
- Cru
- Côtes-d'auvergne

MIDI-PYRÉNÉES Aveyron

FONTAINEBLEAU

On dit que ce fromage crémeux a été créé aux environs de Fontainebleau. Il s'agit d'un mélange artisanal de crème fouettée et de fromage frais, préparé par le fromager. Le goût est léger, doux, délicat, plus proche de celui d'un dessert lacté que d'un fromage. Délicieux avec des fruits confits.

- 60 %
- Toute l'année
- Pasteurisé
- Maury, banyuls (VDN)
- Bordeaux (avec des fruits confits)

ÎLE-DE-FRANCE Seine-et-Marne

Vendu dans un pot garni de gaze.

FROMAGE BLANC

Il peut s'agir de deux produits : un fromage jeune, égoutté et moulé mais pas encore affiné, ou bien (ci-contre) un fromage ayant subi une simple fermentation lactique. Légèrement égoutté, il est vendu au poids. Il constitue un plat lacté rafraîchissant au léger arrière-goût acidulé. À déguster salé ou sucré.

	En pot
	40 %
	Toute l'année
	Pasteurisé
	Beaujolais
	Coteaux-du-layon moelleux, vouvray moelleux (dessert)

TOUTE LA FRANCE

Consistance crémeuse se mariant bien avec le sel, le poivre et la ciboulette ou, comme dessert, avec de la confiture, du miel ou des fruits.

FROMAGE BLANC FERMIER

Il s'agit ici d'un fromage blanc fabriqué dans la petite ville gasconne de Marciac, dans le Gers. Comme le fromage blanc ci-dessus, il s'agit d'un plat rafraîchissant possédant une légère saveur aigre-douce.

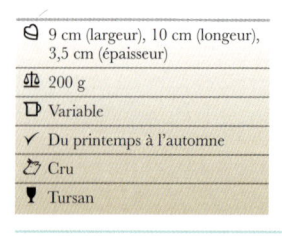

	9 cm (largeur), 10 cm (longeur), 3,5 cm (épaisseur)
	200 g
	Variable
	Du printemps à l'automne
	Cru
	Tursan

MIDI-PYRÉNÉES
Gers

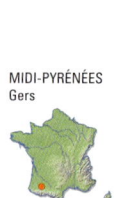

FROMAGE FRAIS DE NÎMES

Ce fromage frais produit de manière artisanale vient du Languedoc. Il est décoré d'une feuille de laurier, dont l'arôme se mêle au goût de lait de la pâte. De consistance lisse, il a un goût un peu acide avec une pointe de douceur.

	8 cm (diamètre), moins de 2 cm (épaisseur)
	150 g
	Variable
	Toute l'année
	Cru
	Faugères

LANGUEDOC-ROUSSILLON
Gard

La feuille de laurier décore et parfume le fromage.

FROMAGE FRAIS   179

GARDIAN

Ces petits fromages frais au lait de vache
ou de brebis sont fabriqués dans les
Bouches-du-Rhône. Ils sont parsemés
de poivre et d'herbes de Provence,
puis décorés d'une feuille de laurier.
La production est uniquement fermière.

- 6 à 7 cm (diamètre), 3 cm (épaisseur)
- 250 g
- 45 %
- De décembre à l'été (brebis); toute l'année (vache)
- Variable
- Variable
- Côtes-de-provence rosé

PROVENCE-ALPES-CÔTE D'AZUR
Bouches-du-Rhône

Feuille de laurier.   Baie de genièvre.

GASTANBERRA

Au Pays basque, où ce fromage fermier
est fabriqué, *Gastanberra* signifie «caillé
de brebis». L'acheteur est prié de rapporter
la terrine en grès dans laquelle le fromage est
vendu. On pourrait comparer le gastanberra
à du lait solidifié.

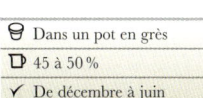

- Dans un pot en grès
- 45 à 50 %
- De décembre à juin
- Cru
- Irouléguy

AQUITAINE
Pyrénées-Atlantiques

GOURNAY FRAIS

Ce fromage artisanal est fabriqué dans
le pays de Bray, en Normandie. Il a un
doux parfum de lait et une saveur légère.

- 10 cm (largeur), 10 cm (longeur), 3,5 cm (épaisseur)
- 250 g
- 45 %
- Toute l'année
- Variable
- Bordeaux, bourgogne, côtes-du-rhône

HAUTE-NORMANDIE
Seine-Maritime

PETIT-SUISSE

Ce fromage frais, de fabrication artisanale ou industrielle, a été créé vers 1850 par un garçon de ferme suisse employé dans une laiterie normande. Il est généralement vendu par lots de six. Le goût est aigre-doux, la pâte très molle. Consommé souvent en dessert, accompagné de sucre ou de confiture.

⊖	3 cm (diamètre), 4 cm (épaisseur)
⚖	30 g
⁂	23 % minimum
⋈	40 % minimum
✓	Toute l'année
⌇	Pasteurisé, enrichi de crème
⏧	Bordeaux, bourgogne, côtes-du-rhône

TOUTE LA FRANCE

Pâte fraîche et homogène très molle.

SÉGALOU

Le nom de ce produit fermier est tiré de celui de sa région d'origine : le ségala du sud du Quercy. En effet, seul le seigle parvient à pousser sur les terres pauvres de cette partie du Tarn. Bien qu'il soit frais, le fromage ci-contre a déjà commencé à mûrir. Il est souple, à base de lait de bonne qualité, et possède un arrière-goût persistant.

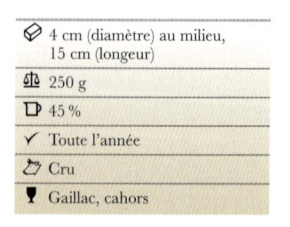

⊘	4 cm (diamètre) au milieu, 15 cm (longueur)
⚖	250 g
⋈	45 %
✓	Toute l'année
⌇	Cru
⏧	Gaillac, cahors

MIDI-PYRÉNÉES
Tarn

VACHE FRAIS

Ce fromage fermier non salé est fabriqué dans le Béarn par M. Penen. Après la traite du soir, le lait est emprésuré ; le caillé est moulé une heure plus tard et égoutté toute la nuit. Le fromage est vendu au marché dès le lendemain.

⊖	8 cm (diamètre), 4 cm (épaisseur)
⚖	280 g
✓	Toute l'année
⌇	Cru
⏧	Tursan

AQUITAINE
Pyrénées-Atlantiques

Fromage de lactosérum

Les fromages de lactosérum sont fabriqués par coagulation ou précipitation du lactosérum, c'est-à-dire du petit-lait. Généralement pauvres en graisses, ils sont soit concentrés, soit enrichis d'autres ingrédients. L'un des plus célèbres est le broccio corse (voir p. 146), seul fromage de lactosérum protégé par une AOC.

Le petit-lait est le liquide qui s'écoule lorsque le lait caille. La plupart des protéines et des matières grasses restent dans le caillé et constituent le principal composant du fromage, mais certains nutriments passent dans le petit-lait, liquide aqueux et blanchâtre : protéines, matières grasses et sels minéraux.

Le fromage de lactosérum est donc le résultat d'une coagulation secondaire (généralement provoquée par chauffage), qui solidifie les protéines et les matières grasses avant que le petit-lait résiduel ne soit enfin jeté.

Les fromages de lactosérum doivent avoir un goût de lait délicat et doux ; on peut les tartiner sur du pain en guise de collation ou les déguster au dessert, seuls ou avec de la confiture.

BREBIS FRAIS DU CAUSSEDOU

Ce fermier, préparé au Poux del Mas, dans le Quercy lotois, n'est ni salé ni acide, mais plutôt doux. Le lait des brebis qui paissent sur les plateaux du Quercy est parfumé et concentré.

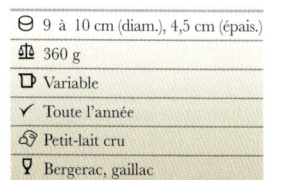

⊖	9 à 10 cm (diam.), 4,5 cm (épais.)
⚖	360 g
🥛	Variable
✓	Toute l'année
🧀	Petit-lait cru
🍷	Bergerac, gaillac

MIDI-PYRÉNÉES
Lot

Pâte fraîche et molle obtenue par chauffage, coagulation et égouttage du petit-lait.

BREUIL / CENBERONA

Ce fromage fermier s'appelle breuil en français et *cenberona* en basque. Il a une légère odeur de lait et une consistance souple. Traditionnellement, on le sert dans un bol, arrosé de café. Les gens du pays affirment que l'acidité et les matières grasses du fromage se mélangent bien au café. Au dessert, il se déguste avec du sucre et de l'armagnac.

⊖	En pot
🥛	30 %
✓	De décembre à juin
🧀	Petit-lait cru
☕	Café
🥃	Armagnac

AQUITAINE
Pyrénées-Atlantiques

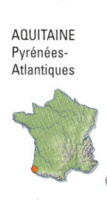

Le fromage a la forme du récipient.

Pâte fraîche et molle obtenue par chauffage, coagulation et égouttage du petit-lait.

GREUILH

Produit fermier de la vallée d'Ossau, dans le Béarn. Le greuilh se mange seul ou accompagné de confiture. Léger et rafraîchissant, il se marie particulièrement bien avec la gelée de coing. Vendu en paquets sous vide, il doit être consommé dans les vingt et un jours.

⚖	En paquets sous vide de 2 ou 3 kg; aussi en vrac, au poids
🗓	Variable
✓	De décembre à la fin juin
🧀	Petit-lait cru
🍷	Tursan

AQUITAINE
Pyrénées-Atlantiques

Pâte fraîche et molle obtenue par chauffage, coagulation et égouttage du petit-lait.

SÉRAC

Ce fromage fermier de Savoie est délicieux seul ou sur du pain grillé, avec des herbes et de l'huile d'olive. Il en existe une version préparée avec le petit-lait issu de la fabrication du beaufort (voir p. 48).

⚖	Taille variable en fonction du récipient
🗓	Variable
✓	Du printemps à l'automne (chèvre); toute l'année (vache)
🐐	Petit-lait cru
🐄	Petit-lait cru
🍷	Roussette-de-savoie

RHÔNE-ALPES
Savoie

Pâte fraîche et molle obtenue par chauffage, coagulation et égouttage du petit-lait.

Ces promeneurs, dans la vallée du Rhône, font un pique-nique à base de fromage local, de pain et de vin.

GAPERON

Le nom de gaperon dériverait de *gap* ou *gape*, « babeurre » en auvergnat. En effet, ce « lait de beurre » ou « lait battu » était autrefois mélangé à du lait frais pour confectionner le gaperon.

Ce fromage artisanal a une croûte dure et sèche ; la pâte, qui renferme de l'ail et du poivre moulu, est élastique. Son goût est rude et piquant. Pauvre en matières grasses, il est affiné suspendu à un crochet placé près de la cheminée, ce qui explique son léger parfum de fumée. L'affinage dure un ou deux mois.

Pâte mi-dure, pressée, non cuite.

Croûte naturelle.

- ⊖ 8 à 9 cm (diam. base), 8 à 9 cm (épais.), avec une ficelle jaune
- ⚖ 250 à 350 g
- 🝯 30 à 45 %
- ✓ Toute l'année
- 🐇 Cru, pasteurisé, entier, demi-écrémé
- 🍷 Côtes-d'auvergne

AUVERGNE Puy-de-Dôme

GRATARON D'ARÊCHES

Le fromage fermier ci-contre a été affiné durant quatre semaines. Préparé dans un chalet du Beaufortin à partir d'un lait assez fort, il est salé et collant. Pendant son affinage de quatre semaines, il est essuyé à la saumure et retourné.

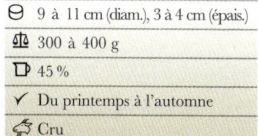

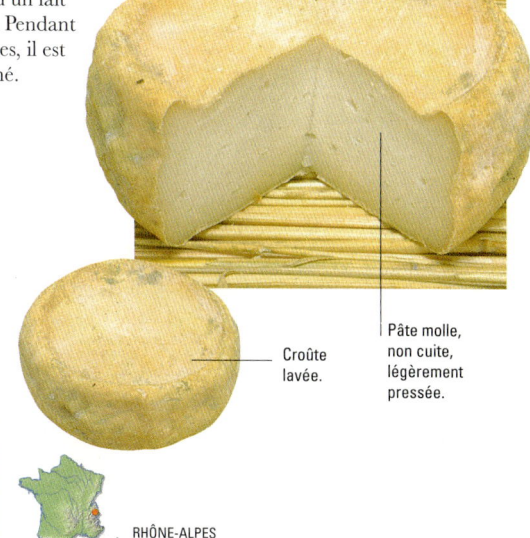

Pâte molle, non cuite, légèrement pressée.

Croûte lavée.

- ⊖ 9 à 11 cm (diam.), 3 à 4 cm (épais.)
- ⚖ 300 à 400 g
- 🝯 45 %
- ✓ Du printemps à l'automne
- 🐇 Cru
- 🍷 Crépy, seyssel

RHÔNE-ALPES
Savoie

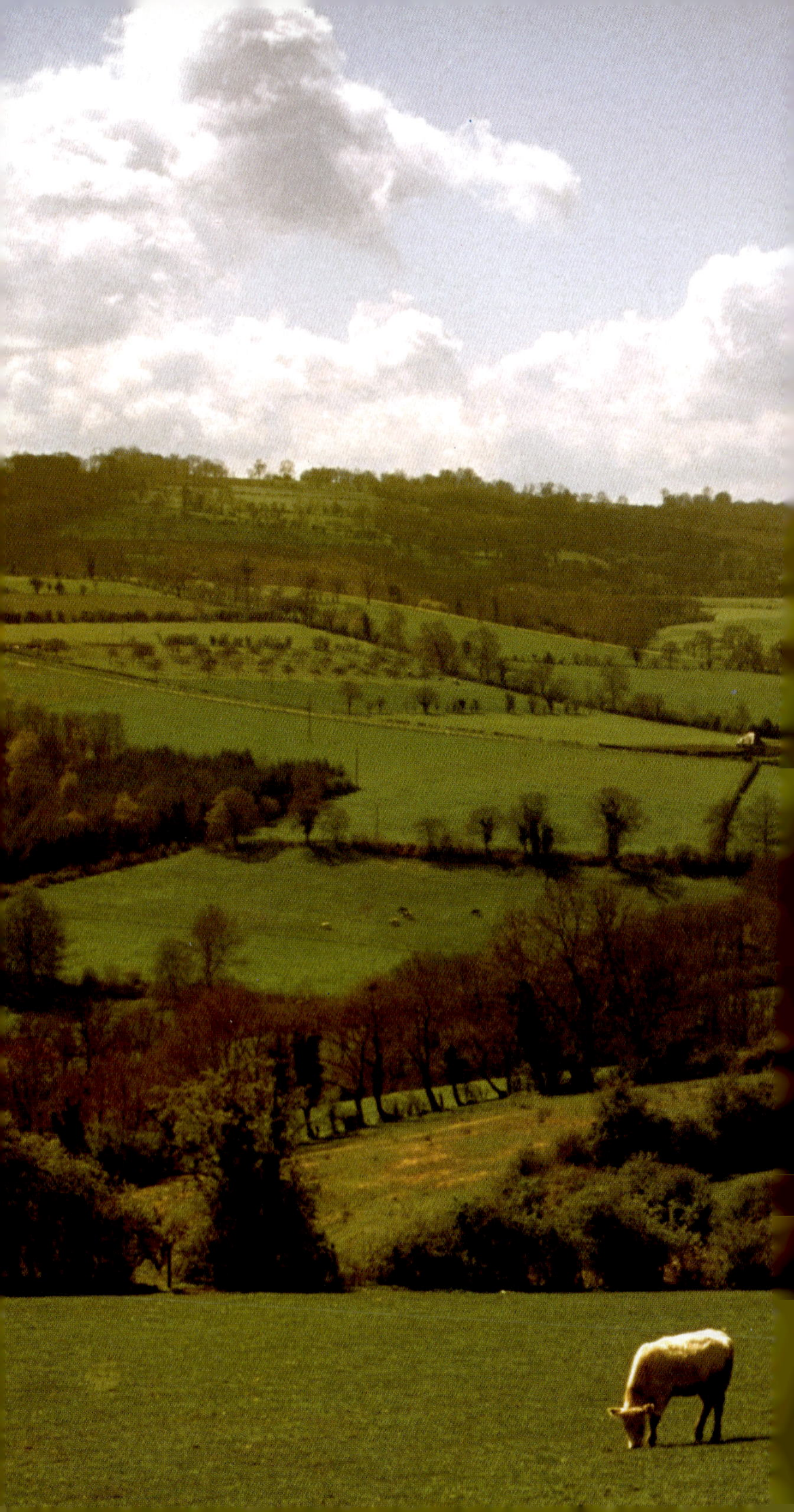

Les fromages
L-N

LANGRES (AOC)

Comme son nom l'indique, ce produit artisanal est originaire des hautes plaines de Langres, en Champagne. Il a la forme d'un cylindre dont le dessus est évidé sur une profondeur de 5 mm environ : ce creux s'appelle la «fontaine». On peut y verser du champagne ou du marc, ce qui est, dans les régions vinicoles, une manière typique d'accommoder le fromage.

Sa surface est collante, humide et brillante; son odeur est forte. La pâte est ferme et souple, fondante au palais; elle révèle une combinaison complexe d'arômes. Le goût de sel est également assez prononcé, mais le langres est moins fort que l'époisses de Bourgogne (voir p. 166). Les fromages photographiés ici sont parfaitement à point.

L'affinage de ce fromage, fabriqué en deux tailles, est mené dans des zones fixées par le règlement de l'AOC et dure généralement cinq ou six semaines. Dans une cave à 95 % d'humidité, les fromages sont régulièrement frottés à la saumure, avec une toile humide ou à la main. L'affinage dure au moins vingt et un jours pour les fromages de grand format, quinze jours pour les petits. La croûte est colorée au rocou, teinture extraite du rocouyer et que l'on ajoute parfois aussi au beurre et à d'autres fromages.

Pâte non pressée, non cuite, de couleur blanche à beige clair, plus molle vers le cœur.

Croûte lavée lisse et fine, rouge brique à marron clair.

- Grand : 16 à 20 cm (diamètre), 5 à 7 cm (épaisseur); petit : 7,5 à 9 cm (diamètre), 4 à 6 cm (épaisseur)
- 800 g minimum (largeur); petit : 150 g minimum
- 42 g minimum pour 100 g
- 50 % minimum, 21 g minimum
- Toute l'année
- Pasteurisé
- Marc de Champagne

CHAMPAGNE-ARDENNE Haute-Marne;
LORRAINE Vosges;
BOURGOGNE Côte-d'Or

Spécifications de l'AOC

1 Le caillé tranché ne doit être ni rincé ni malaxé. L'usage de lait concentré ou reconstitué est prohibé.
2 Il est permis de colorer au rocou la saumure avec laquelle la croûte est frottée, afin de lui donner une teinte rouge orangé.

AOC DÉLIVRÉE EN 1975

◀ Vaches au pré dans la campagne mâconnaise.

LIVAROT (AOC)

Fromage artisanal ou industriel qui porte le nom du village normand. Il est surnommé «colonel», à cause des cinq brins de jonc ou de papier dont il est ceint, et qui rappellent les cinq galons du grade.

Si le goût du livarot s'atténue avec les années, il exhale toujours un parfum très intense. Il doit être acheté à point, quand la pâte cède sous le doigt, une odeur amoniacale trahissant un fromage trop fait. Sa croûte lavée et colorée au rocou colle aux doigts. Quand elle est à point, la pâte n'est pas souple; humide, elle pèse sur la langue. Elle se dissout dans la bouche en libérant une saveur épicée, semblable à celle d'une viande faisandée. L'affinage dure au minimum trois semaines, durant lesquelles le fromage est frotté à l'eau ou à la saumure diluée et retourné régulièrement.

Croûte lavée humide.

Pâte molle, non pressée, non cuite.

⊖	12 cm (diamètre du moule), 4 à 5 cm (épaisseur)
⚖	450 g
♣	230 g minimum
⌇	40 % minimum, 92 g minimum
✓	Toute l'année
⌒	Cru ou pasteurisé
♟	Pomerol jeune
♀	Tokay, pinot gris d'Alsace vendanges tardives

BASSE-NORMANDIE
Calvados, Orne

Spécifications de l'AOC

1 Le caillé doit être divisé et malaxé pour forcer le petit-lait à s'égoutter.
2 Outre le format normal, trois petits formats sont autorisés :
Trois-quarts Livarot Diamètre intérieur du moule : 10,6 cm minimum, 135 g de matière sèche minimum par fromage.
Petit-Livarot Diamètre intérieur du moule : 9 cm minimum, 120 g de matière sèche minimum par fromage.
Quart-Livarot Diamètre intérieur du moule : 7 cm, 60 g de matière sèche minimum par fromage.

AOC DÉLIVRÉE EN 1975

MAMIROLLE

La saveur de ce fromage en forme de briquette, originaire du village de Mamirolle, est douce. La pâte est de consistance fine et élastique. Ce fromage à croûte lavée est fabriqué par les élèves de l'École nationale d'industrie laitière, mais également par l'Union agricole comtoise de Besançon. Au cours de l'affinage, qui dure au minimum quinze jours, les fromages sont passés dans un bain de saumure colorée au rocou.

⬦	15 cm (longueur), 6 à 7 cm (largeur), 4 cm (épaisseur)
⚖	500 à 650 g
⌇	45 %
✓	Toute l'année
⌒	Pasteurisé
♟	Arbois

FRANCHE-COMTÉ
Doubs

Croûte brossée, lavée et paraffinée, humide et rouge brique.

Pâte mi-dure, élastique, pressée, non cuite.

Maroilles

MAROILLES (AOC)

La légende veut que ce fromage ait été inventé par un moine en 962. Le maroilles, parfois appelé marolles, fermier ou industriel, a un goût puissant. Il possède une pâte dorée, molle, huileuse. Son parfum persiste dans la bouche. Lors de l'affinage, le fromage est régulièrement retourné et rincé dans un bain de saumure, puis brossé. La croûte passe du jaune à l'orange, puis au rouge. Les lavages et brossages éliminent les moisissures naturelles blanches et facilitent le développement de bactéries rouges qui donnent sa couleur caractéristique à la croûte.

Croûte lavée humide rouge brique.

Pâte molle, non pressée, non cuite.

- ◈ 12,5 à 13 cm (côté), 6 cm (épaisseur)
- ⚖ 700 g
- ♣ 360 g minimum
- ◨ 45 % minimum, 162 g minimum
- ✓ Toute l'année
- ⌓ Cru ou pasteurisé
- ♀ Châteauneuf-du-pape

PICARDIE Aisne ; NORD-PAS-DE-CALAIS Nord

Le mignon est une variété de maroilles.

Spécifications de l'AOC

1 Le caillé divisé ne doit pas être rincé.
2 L'usage de fongicides est interdit.
3 Trois tailles sont autorisées :
Sorbais 12 à 12,5 cm de côté, 4 cm d'épaisseur, 550 g avec un minimum de 270 g de matière sèche. Affinage de quatre semaines au moins.
Mignon 11 à 11,5 cm de côté, 3 cm d'épaisseur, 350 g avec un minimum de 180 g de matière sèche. Affinage de trois semaines au moins.
Quart 8 à 8,5 cm de côté, 3 cm d'épaisseur, 180 g avec un minimum de 90 g de matière sèche. Affinage d'au moins deux semaines.

AOC DÉLIVRÉE EN 1976

MAROILLES M 189

BAGUETTE LAONNAISE

Ce fromage industriel fabriqué dans la ville de Laon est généralement en forme de brique. On fabrique aussi des fromages en baguette dans l'Avesnois et en Thiérache. Tous sont forts, puisqu'ils appartiennent à la famille du maroilles. L'invention de la baguette laonnaise date des années 1940. L'affinage dure deux mois.

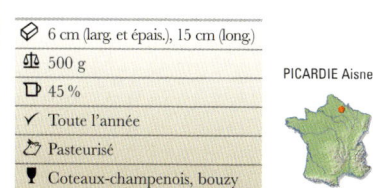

⌀	6 cm (larg. et épais.), 15 cm (long.)
⚖	500 g
🗋	45 %
✓	Toute l'année
🗁	Pasteurisé
🍷	Coteaux-champenois, bouzy

PICARDIE Aisne

Pâte molle, non pressée, non cuite.

Croûte lavée humide de couleur rouge.

Baguette de 250 g (petite taille).

BOULETTE D'AVESNES

Ce fromage fermier ou industriel est fabriqué à partir de babeurre ou de maroilles blanc (frais). Parfumé de persil, de poivre, d'estragon et de clous de girofle, il est façonné à la main puis coloré au rocou ou roulé dans le paprika. La version fermière est lavée à la bière. Son affinage dure deux ou trois mois.

⌀	6 à 8 cm (base), 10 cm (épais.)
⚖	180 à 250 g
🗋	45 %
✓	Toute l'année
🗁	Cru ou pasteurisé
🍷	Bourgogne passe-tout-grain

NORD-PAS-DE-CALAIS Nord

Croûte humide rouge foncé, lavée, colorée au rocou ou au paprika.

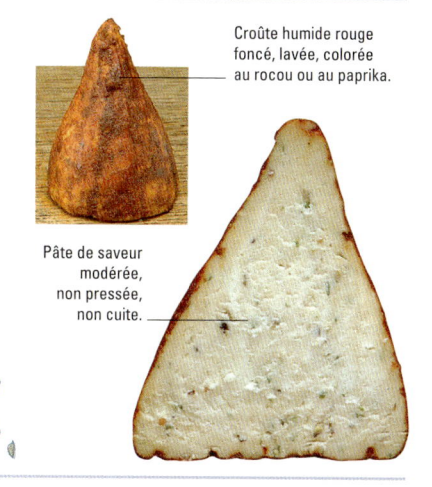

Pâte de saveur modérée, non pressée, non cuite.

BOULETTE DE CAMBRAI

Le Cambraisis est surtout un pays de betteraves et de céréales, renommé pour ses andouillettes. La boulette de Cambrai est façonnée à la main à partir de fromage frais auquel on ajoute du sel, du poivre, de l'estragon, du persil et de la ciboulette. La production est fermière ou artisanale. C'est un fromage sans affinage.

⌀	7 à 8 cm (base), 8 cm (épaisseur)
⚖	200 g
🗋	45 %
✓	Toute l'année
🗁	Cru ou pasteurisé
🍷	Bourgogne passe-tout-grain, beaujolais

NORD-PAS-DE-CALAIS Nord

Absence de croûte.

Pâte fraîche.

CŒUR D'ARRAS

Ne vous laissez pas intimider par la puissante odeur de ce fromage artisanal de la famille du maroilles. Son goût est certes fort, mais sa pâte pesante fond dans la bouche en laissant un long arrière-goût sucré. C'est un fromage à croûte lavée dont l'affinage dure trois ou quatre semaines.

⌀	10 cm (largeur), 7 à 8 cm (longueur), 3 cm (épaisseur)
⚖	200 g
🗋	45 %
✓	Toute l'année
⌂	Pasteurisé
🍷	Châteauneuf-du-pape, collioure

NORD-PAS-DE-CALAIS Pas-de-Calais

Pâte molle, non pressée, non cuite.

Croûte lavée humide.

CŒUR D'AVESNES

Ce fromage artisanal est parfait pour qui veut s'initier aux croûtes lavées. Il a une odeur et un goût modérés, un arrière-goût assez doux. La pâte est jaune, légèrement souple, percée de quelques trous. La croûte orange est humide et un peu collante sous le doigt. Au cours de l'affinage de trois ou quatre semaines, le fromage est régulièrement lavé.

⌀	10 cm x 8 cm x 3,5 cm
⚖	200 g
🗋	45 %
✓	Toute l'année
⌂	Pasteurisé
🍷	Bordeaux

NORD-PAS-DE-CALAIS Nord

Pâte molle, non pressée, non cuite.

Croûte lavée, légèrement humide, orange.

DAUPHIN

La légende raconte que Louis XIV apprécia tant ce fromage qu'il autorisa les fromagers à lui donner le nom de l'héritier du trône. Fabriqué à partir de maroilles blanc aromatisé de persil, d'estragon, de poivre et de clous de girofle, il est affiné de deux à quatre mois. Il peut être artisanal ou industriel.

⌀	Moins de 5 cm (épaisseur)
⚖	300 à 500 g
🗋	45 %
✓	Du printemps à l'automne
⌂	Cru ou pasteurisé
🍷	Côtes-du-rhône

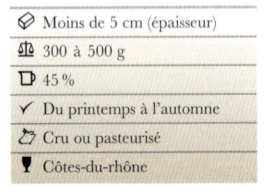

NORD-PAS-DE-CALAIS Nord ; PICARDIE Aisne

Croûte lavée humide de couleur rouge brique.

Pâte non pressée, non cuite, molle, légèrement collante.

GRIS DE LILLE

Ce fromage artisanal ou industriel est aussi connu sous les noms de « puant de Lille », « puant macéré » et « vieux Lille ». Il sent effectivement très fort, mais pour beaucoup, plus il sent, plus il est apprécié. C'est un maroilles macéré trois mois en saumure, ce qui lui confère un goût salé. C'était, paraît-il, le fromage préféré des mineurs de fond.

◇	13 cm (côté), 5 à 6 cm (épais.)
⚖	700 g à 1 kg
🎴	45 %
✓	Toute l'année
↻	Cru ou pasteurisé
🍺	Bière locale
🍷	Champagne

NORD-PAS-DE-CALAIS
Pas-de-Calais

Pâte molle, non pressée, non cuite, légèrement élastique.

Surface collante, suintante ; pas de croûte.

GUERBIGNY

Voici un fromage artisanal picard qui possède une odeur et un goût forts, ainsi qu'une croûte humide qui colle à la langue. Il pourrait s'agir d'un cousin du rollot en cœur. L'affinage dure cinq semaines.

◯	11 cm (largeur), 8 à 9 cm (longueur), 2,5 cm (épaisseur)
⚖	250 g
🎴	45 %
✓	Du printemps à l'automne
↻	Cru, entier
🍷	Sancerre, coteaux-champenois

PICARDIE Somme

Pâte molle, non pressée, non cuite.

Croûte lavée humide de couleur rouge.

ROLLOT

Le premier rollot était un fromage fermier fabriqué dans le village du même nom. Sa saveur salée est particulière et son arrière-goût persistant. Ce fromage-ci est jeune et doux, mais une fois bien fait il sera très fort. Il existe aussi un rollot industriel en forme de cœur. L'affinage dure quatre semaines.

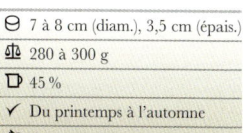

◯	7 à 8 cm (diam.), 3,5 cm (épais.)
⚖	280 à 300 g
🎴	45 %
✓	Du printemps à l'automne
↻	Cru ou pasteurisé
🍷	Sancerre, coteaux-champenois

PICARDIE Somme

Pâte molle et collante, non pressée, non cuite.

Croûte lavée humide de couleur rouge brique.

Version industrielle en forme de cœur.

MUNSTER / MUNSTER-GÉROMÉ (AOC)

Ce fromage existe sous différents noms sur les deux versants des Vosges, en Alsace à l'est, en Lorraine à l'ouest. On dit plutôt «munster» en Alsace et «géromé» en Lorraine. L'AOC délivrée en 1978 s'applique indifféremment aux deux fromages.

Aspect et saveur

Les principales caractéristiques de ce fromage sont d'abord son odeur forte, puis sa pâte molle et lisse, de la consistance du chocolat en train de fondre. La croûte est rouge orangé, la pâte fine et dorée, un peu collante, douce; correctement affinée, elle a un riche goût de lait.

Lorsqu'il est jeune, le munster a une croûte jaune orangé et une pâte couleur crème, cassante comme du savon sec. Un munster à cœur se reconnaît surtout à son odeur. On le déguste avec du cumin entier ou des pommes de terre en robe des champs. Il est possible de se procurer un munster déjà aromatisé au cumin.

Affinage de trois semaines.

Croûte lavée.

Spécifications de l'AOC

1 Avant le moulage, le caillé divisé ne doit être ni lavé ni malaxé.

2 Si le fromage est affiné dans une région autre que celle où il a été fabriqué, l'étiquette doit préciser le lieu de fabrication et le lieu d'affinage.

AOC DÉLIVRÉE EN 1978

Fromage frais ne bénéficiant pas de l'AOC.

Les vaches de Munster

Le lait qui sert à faire le munster est celui des vaches vosgiennes ; cette race scandinave a été introduite dans la région au XVIIIe siècle. Ce sont des bêtes solides dont le lait, de bonne qualité, est riche en protéines.

La fabrication et l'affinage

Le munster peut être de fabrication fermière, industrielle ou laitière. L'usage de lait concentré ou reconstitué est interdit. L'affinage doit avoir lieu dans des lieux spécifiés par décret pendant un minimum de trois semaines (deux semaines pour le petit-munster), mais ce délai est souvent porté à deux ou trois mois. Pendant l'affinage, les fromages sont entreposés dans une cave à 11-15 °C, l'hygrométrie étant de 95 à 96 %. Tous les deux ou trois jours, ils sont frottés à la saumure diluée, soit à l'aide d'une toile, soit directement à la main. C'est ainsi que se développe la célèbre croûte rouge orangé.

- 13 à 19 cm (diamètre), 2,4 à 8 cm (épaisseur) ; petit-munster : 7 à 12 cm (diamètre), 2 à 6 cm (largeur)
- 450 g minimum ; petit-munster : 120 g minimum
- 44 g pour 100 g
- 45 % min., 19,8 g pour 100 g
- Toute l'année ; de l'été à l'hiver (fermier)
- Cru ou pasteurisé
- Gewürztraminer, tokay, pinot gris d'Alsace

ALSACE Bas-Rhin, Haut-Rhin ; LORRAINE Meurthe-et-Moselle, Moselle, Vosges ; FRANCHE-COMTÉ Haute-Saône, Territoire de Belfort

Munster au cumin.

Croûte jaune à rouge orangé ; la coloration est due à des ferments *(Bacterium linens)*.

Pâte molle, non pressée, non cuite.

Affinage de une semaine.

MORBIER (AOC)

Ce fromage à croûte naturelle brossée a une pâte souple et délicate, pressée et non cuite. Fabriqué à l'origine par les producteurs du comté, il a des faces planes et un talon convexe. Sa raie centrale noire est obtenue par enduction sur l'une des faces, avant pressage, d'un charbon végétal comestible et décoratif. Jadis, on saupoudrait de suie le caillé frais pour éviter la formation d'une croûte et éloigner les insectes, avant de laisser reposer le fromage une nuit. Il peut être artisanal, fermier, laitier ou industriel. Son affinage, de quarante-cinq jours minimum, se fait entre 7 °C et 15 °C, l'humidité dans le fromage dégraissé n'excédant pas 67 %. L'attribution de l'AOC date de 2000.

Croûte naturelle humide de couleur beige.

Pâte mi-dure, non cuite, pressée, de couleur ivoire à jaune pâle.

- 30 à 40 cm (diamètre), 5 à 8 cm (épaisseur)
- 5 à 8 kg
- 45 g minimum pour 100 g
- 45 % minimum
- Toute l'année
- Cru
- Crépy, seyssel

FRANCHE-COMTÉ
Doubs, Jura

MOTHAIS À LA FEUILLE

Chèvre fermier à la croûte collante, il possède une pâte fondante au goût délicat. En général, les caves d'affinage destinées aux fromages de chèvre sont mieux ventilées et plus sèches que les autres. Le mothais fait exception : il passe trois ou quatre semaines dans un local où le taux d'humidité atteint presque 100 %. Posé sur une feuille de châtaignier ou de platane qui l'empêche de sécher, il est retourné tous les quatre ou cinq jours.

Affinage humide de trois ou quatre semaines.

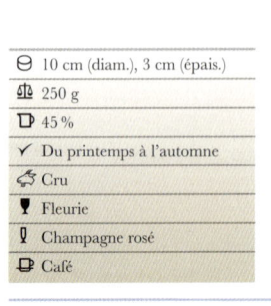

Croûte naturelle.

- 10 cm (diam.), 3 cm (épais.)
- 250 g
- 45 %
- Du printemps à l'automne
- Cru
- Fleurie
- Champagne rosé
- Café

POITOU-CHARENTES
Deux-Sèvres

Affinage normal.

Feuille de châtaignier.

Pâte tendre, non pressée, non cuite.

MUROL

Ce fromage industriel porte des traces de toile. La pâte est jaune quand elle est à point, de consistance fine, très tendre. Son odeur et son goût sont discrets. Le murol est une sorte de saint-nectaire (voir p. 224) évidé en son milieu. La partie centrale sert à fabriquer le murolait (ci-dessous). L'affinage dure un mois.

⊖ 12 cm (diam.), 4 à 5 cm (épais.)
⚖ 450 à 500 g
🗋 45 %
✓ Toute l'année
⌂ Pasteurisé
♀ Fleurie
♀ Champagne rosé

Pâte pressée, non cuite, mi-dure, élastique.

Croûte humide, lavée, brossée et paraffinée, de couleur orangée.

MUROLAIT

Ce fromage n'est autre que la partie centrale du murol (ci-dessus).

Paraffine rouge.

AUVERGNE
Puy-de-Dôme

⊖ 3,5 cm (diam.), 4,5 cm (épais.)
⚖ 50 g

NANTAIS / CURÉ

Il porte plusieurs autres noms, dont ceux de «curé nantais» et de «fromage du pays nantais, dit du curé». À l'origine, de forme circulaire, il était fabriqué par le curé ou vicaire de Vendée et fut introduit dans cette région assez pauvre en fromages par un moine vendéen fuyant son pays lors de la Révolution. La croûte est lisse et humide, la pâte dorée et souple, percée de quelques petits trous. Ce fromage fort, fabriqué industriellement mais à petite échelle, est affiné un mois.

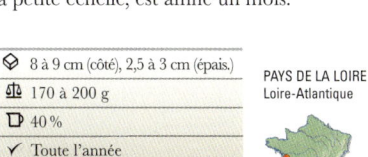

◇ 8 à 9 cm (côté), 2,5 à 3 cm (épais.)
⚖ 170 à 200 g
🗋 40 %
✓ Toute l'année
⌂ Pasteurisé
♀ Muscadet, gros-plant

PAYS DE LA LOIRE
Loire-Atlantique

Pâte molle non pressée, non cuite, légèrement élastique.

Croûte lavée humide, de couleur rose ou orange.

NEUFCHÂTEL (AOC)

Fermier, artisanal ou industriel, ce fromage provient de la région de Neufchâtel, dans le pays de Bray. Son apparition remonterait à 1035, date à laquelle Hugues Ier de Gournay en fit don à l'abbaye de Sigy. Les Parisiens ne le découvrirent qu'au siècle dernier, grâce à la bible gastronomique de l'époque, l'*Almanach des gourmands* (1803-1812). Neufchâtel n'étant qu'à 132 kilomètres de la capitale, cette proximité fit beaucoup pour la promotion du fromage dans la capitale.

La croûte est sèche et veloutée, elle se brise quand on la pince, tandis que la pâte, ferme mais souple, cède sous le doigt.

Il existe six versions du neufchâtel : bonde et double bonde (cylindriques), carré, briquette, cœur et grand cœur.

Après un bon affinage de dix jours au minimum, le fromage se couvre d'une fine moisissure blanche qui le parfume et lui donne une forte odeur. Il s'accompagne bien de pain frais croustillant.

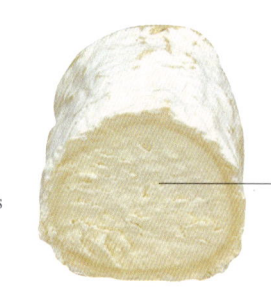

Pâte non cuite, légèrement pressée, ferme et tendre, lisse, dépourvue de trous.

Bonde.

Croûte fleurie.

Neufchâtel carré.

N

HAUTE-NORMANDIE
Seine-Maritime ;
PICARDIE Oise

Croûte fleurie.

Petit cœur.

◇ Bonde (100 g) : 4,5 cm (diam.), 6,5 cm (épais.) ;
double bonde (200 g) : 5,8 cm (diam.), 8 cm (épais.)
◇ Carré (100 g) : 6,5 cm (côte), 2,4 cm (épaisseur)
◇ Briquette (100 g) : 5 cm (larg.), 7 cm (long.), 3 cm (épais.)
◇ Cœur (200 g) : 10 cm (larg.), 8,5 cm (long.), 3,2 cm (épais.) ;
grand cœur : 14 cm (larg.), 10,5 cm (long.), 5 cm (épais.)
♣ 40 g minimum pour 100 g
⌒ 45 % minimum, 18 g minimum pour 100 g
✓ De l'été à l'hiver (cru) ; toute l'année (pasteurisé)
⌒ Cru ou pasteurisé
♥ Pomerol, saint-émilion

Centre jeune et ferme.

Spécifications de l'AOC

1 Le caillé égoutté doit être homogénéisé par malaxage.
2 Des morceaux de neufchâtel arrivé à maturation sont ajoutés au caillé.

AOC DÉLIVRÉE EN 1977

NEUFCHÂTEL BONDARD / BONDE / BONDON

Le fromage montré ci-contre est parfaitement à point. Il est couvert d'une moisissure blanche veloutée qui forme une croûte épaisse. Il est riche en matières grasses et sa pâte est fondante. Lorsqu'on le mange avec la croûte, il picote la langue et paraît assez salé. La production est fermière ou artisanale, et l'affinage dure de deux semaines à deux mois.

Croûte fleurie d'aspect velouté.

◇ 5 cm (diam.), 8 cm (épais.)
⚖ 200 g
⌒ 50 à 60 %
✓ De l'été à l'hiver
⌒ Enrichi de crème
♥ Jasnières

HAUTE-NORMANDIE
Seine-Maritime

Pâte tendre, non pressée, non cuite.

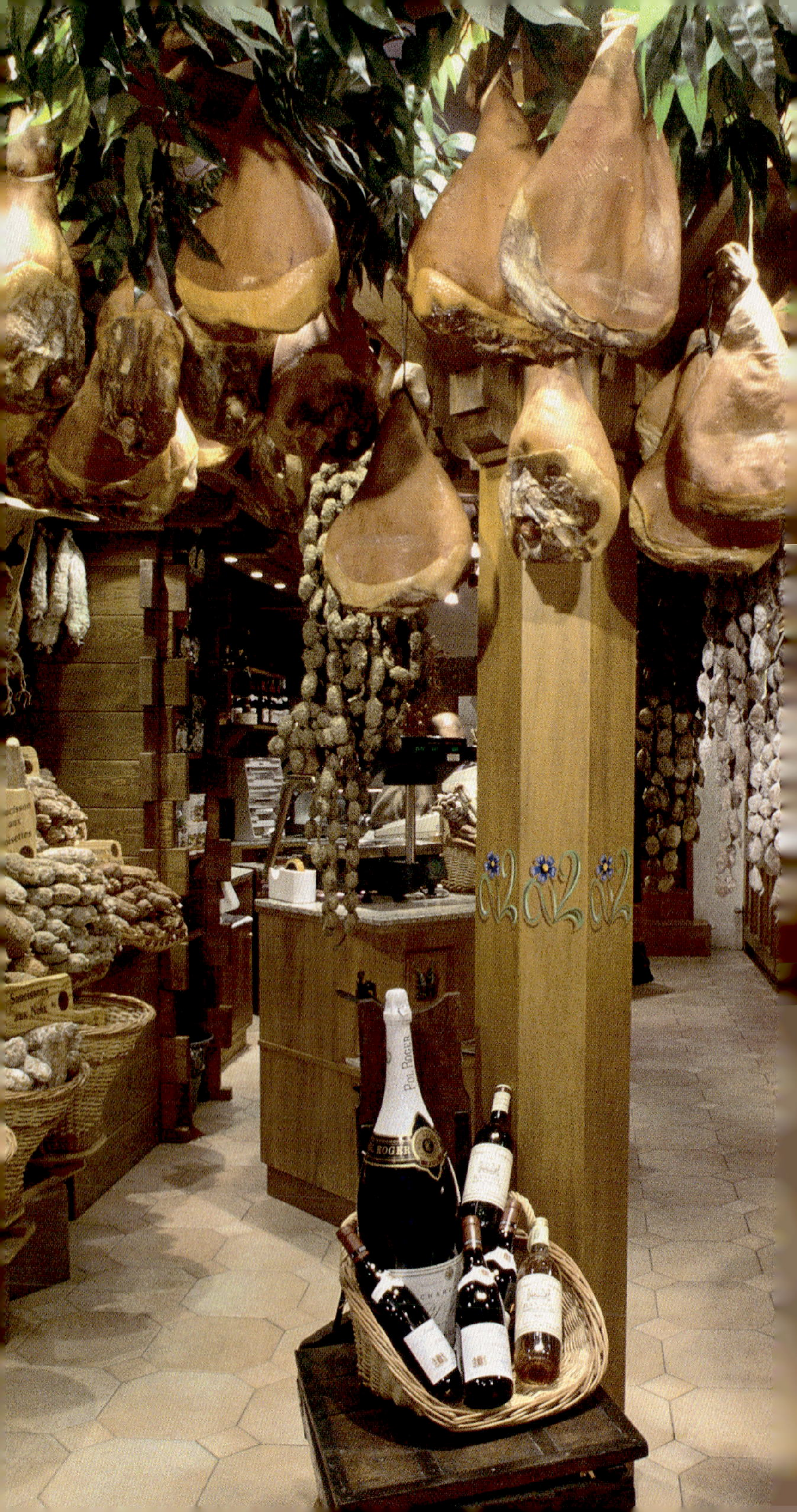
Saucissons
aux Noix
POL ROGER

Les fromages
O-P

OLIVET CENDRÉ

Ce fromage artisanal est fabriqué à Olivet, sur les rives du Loiret. En mai et en juin, le lait des vaches est particulièrement riche, si bien que les fromages fabriqués à ce moment-là sont consommés à la période des récoltes, alors que de nombreux saisonniers venus travailler à la moisson, puis aux vendanges, se trouvent dans la région. L'olivet mûrit lentement. Autrefois, on le conservait dans la cendre de sarments. Sa pâte est légèrement résistante sous la dent et dégage une petite odeur de moisi. L'affinage dure un mois au minimum.

Pâte molle, non pressée, non cuite.

Croûte cendrée grise.

⊖	10 à 12 cm (diamètre), 3 cm (épaisseur)
⚖	250 à 300 g
🗗	40 à 45 %
✓	Toute l'année
⟲	Pasteurisé
🍷	Sancerre

CENTRE Loiret

OLIVET AU FOIN

Ce fromage d'invention récente est une variante du précédent. Sa croûte fleurie est parsemée de quelques brins de foin. Il existe également un olivet au poivre.

Pâte molle, non pressée, non cuite.

Croûte fleurie garnie de quelques brins de foin.

⊖	10 cm (diam.), 2 cm (épaisseur)
⚖	250 g
🗗	45 %
✓	Toute l'année
⟲	Pasteurisé
🍷	Sancerre

CENTRE Loiret

◀ **Une épicerie fine à Chamonix : fromages, charcuterie et bonnes bouteilles.**

PALOUSE DES ARAVIS / PUR CHÈVRE D'ALPAGE

Ce fromage provient du Grand-Bornand, dans la chaîne alpine des Aravis. En dialecte local, *palouse* signifie « galette sèche ». Ce fromage est fabriqué l'été en chalet d'alpage, avant d'être affiné de cinq à dix mois. La pâte s'égoutte sous un poids ; la croûte est lavée une fois au début de l'affinage, puis laissée à l'air libre afin de sécher et de se couvrir de moisissures naturelles. La croûte est dure comme le roc, la pâte sèche et rugueuse, de saveur intense.

Pâte mi-dure, pressée, non cuite.

Croûte naturelle.

⊖	16 à 19 cm (diam.), 3 cm (épais.)
⚖	800 g
🕭	Variable
✓	De l'été à l'hiver
🐑	Cru
🍷	Vin jaune du Jura, vin d'Alsace

RHÔNE-ALPES
Haute-Savoie

PAVÉ D'AUGE

Ce fromage fermier ou artisanal rappelle par sa forme les pierres carrées dont sont dallées les places de nos villages. Sa pâte est douce et souple, assez grasse. La croûte, sèche ou lavée, ressemble quelque peu à celle du pont-l'évêque (voir p. 208). Si vous avez la chance de trouver un pavé d'Auge qui soit resté assez longtemps en cave, vous pourrez apprécier pleinement la qualité du lait de Normandie avec lequel il est fabriqué. L'affinage dure deux ou trois mois.

Pâte tendre, non pressée, non cuite.

Croûte sèche ou lavée.

◇	11 cm (côté), 5 à 6 cm (épais.)
⚖	600 à 800 g
🕭	50 %
✓	De l'été à l'hiver
🐑	Cru ou pasteurisé
🍷	Cidre du pays d'Auge
🍾	Champagne

BASSE-NORMANDIE
Calvados

PAVÉ DU PLESSIS

La pâte de ce fromage rebondit légèrement sous la pression des doigts, du fait qu'elle est truffée de petits trous. Le goût est modéré, un peu salé. Le pavé est un produit artisanal fabriqué à la fromagerie du Plessis, en Normandie. L'affinage dure deux ou trois mois.

Pâte molle, non pressée, non cuite, de couleur jaune.

Croûte naturelle couverte de moisissure blanche ou orange.

⬖	11 à 12 cm (côté), 5 cm (épais.)
⚖	500 g
🗋	50 %
✓	Toute l'année
⌔	Cru
🍷	Haut-médoc, margaux

HAUTE-NORMANDIE
Eure

PAVÉ DE ROUBAIX

Roubaix doit son opulence passée à l'industrie textile. On dit que ce fromage, autrefois symbole de richesse, ne quittait pas la table des tisserands. Sa croûte sèche, très dure, protège une pâte de la même couleur carotte que la mimolette (voir p. 58). Ce fromage artisanal est affiné à 15 °C pendant un ou deux ans, durant lesquels il est retourné et brossé une fois par mois. Malheureusement, il n'est plus fabriqué que par deux ou trois personnes, et se voit donc menacé de disparition.

Pâte mi-dure, mi-cuite, pressée.

Croûte naturelle sèche et dure.

⬖	13 cm (largeur), 27 cm (longueur), 8 cm (épaisseur)
⚖	3,3 kg
🗋	45 %
✓	Toute l'année
⌔	Pasteurisé
🍷	Banyuls (VDN)

NORD-PAS-DE-CALAIS
Nord

PÉLARDON DES CÉVENNES (AOC)

Ce fromage jeune, au lait de chèvre, est fabriqué près d'Alès, dans le Languedoc, où «pélardon» est un terme générique s'appliquant à tous les petits fromages de chèvre. Il n'a pratiquement pas de croûte, sa pâte est compacte et possède un goût de noisette. L'équilibre entre acidité et salinité est parfait et la saveur riche du lait se prolonge agréablement par un arrière-goût tenace. Le pélardon existe en version fermière et en version artisanale, avec un affinage de onze jours minimum à compter de l'emprésurage. L'attribution de l'AOC date de 2000.

⊖	6 à 7 cm (diamètre), 2,3 à 2,7 cm (épaisseur)
⚖	40 à 100 g
🗋	45 %
✓	Du printemps à l'automne
🐇	Cru
🍷	Clairette du Languedoc

Pâte tendre, non pressée, non cuite.

Affinage de deux à trois semaines.

Croûte naturelle.

LANGUEDOC-ROUSSILLON
Gard, Lozère

PÉLARDON DES CORBIÈRES

Ce fromage de chèvre vient de Lagrasse, dans les Corbières, sur la côte méditerranéenne. Le lait utilisé provient de troupeaux constitués de chèvres de race alpine. Elles pâturent durant au moins deux cent dix jours par an pour les élevages situés à une altitude inférieure à 800 mètres, et au moins cent quatre-vingts jours par an pour les élevages situés à une altitude supérieure. L'éleveur doit disposer d'au moins 2 000 mètres carrés de pâturage par chèvre. Après une semaine d'affinage, la croûte porte un voile de moisissures naturelles, la pâte est souple. La saveur du fromage est acide, sans goût sucré.

⊖	6 à 7 cm (diam.), 2 cm (épais.)
⚖	70 à 80 g
🗋	45 %
✓	Toute l'année
🐇	Cru
🍷	Côtes-du-roussillon

Pâte tendre, non pressée, non cuite.

Croûte naturelle.

Affinage de plus de trois semaines.

LANGUEDOC-ROUSSILLON Aude

Persillé

On appelle «persillés» les petites tommes de chèvre de Savoie dont la pâte est parsemée de moisissures vertes. Celles-ci ne deviennent visibles qu'après un affinage d'au moins trois mois. Ces fromages sont soit au pur lait de chèvre, soit aux laits de chèvre et de vache mélangés. Ceux au lait de vache, dont la pâte renferme des moisissures vertes ou bleues, sont connus sous le nom de «bleus», mais quand la répartition des moisissures le justifie, on les appelle aussi «persillés». Les fromages dont la pâte est délicatement veinée de bleu sont dits «marbrés». Enfin, en présence de veines de moisissures bleues, on parle d'un fromage «veiné» ou «veineux».

PERSILLÉ DE LA TARENTAISE

Ce chèvre fermier de Savoie possède le goût typiquement acide et piquant d'un fromage de chèvre jeune. Sa pâte est fine, blanche, et aucune moisissure n'y est encore visible. L'affinage dure six semaines environ.

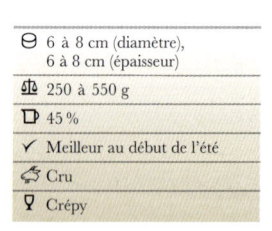

- 6 à 8 cm (diamètre), 6 à 8 cm (épaisseur)
- 250 à 550 g
- 45 %
- Meilleur au début de l'été
- Cru
- Crépy

Croûte naturelle.

Pâte tendre, non pressée, non cuite – veines de moisissure bleue se développant avec le temps.

RHÔNE-ALPES
Savoie

PERSILLÉ DE LA HAUTE-TARENTAISE

C'est dans la Haute-Tarentaise que l'Isère prend sa source, à un kilomètre à peine de la frontière suisse. Ce fromage fermier y est fabriqué, puis affiné deux ou trois mois.

- 9 à 10 cm (diamètre), 8 cm (épaisseur)
- 500 à 600 g
- Variable
- D'avril à décembre
- Cru
- Crépy

Croûte naturelle.

Pâte tendre, non pressée, non cuite, devenant bleue.

RHÔNE-ALPES
Savoie

PERSILLÉ   P   205

PERSILLÉ DE TIGNES

Le village savoyard de Tignes fut englouti en 1952 sous les eaux du bassin de retenue d'un barrage. Non loin, un nouveau village fut édifié où l'on fabrique désormais ce fromage. Celui qui est photographié en haut à droite est jeune ; son goût est âpre et salé. À mesure qu'il vieillit, sa croûte durcit, sa pâte sèche, devient piquante et friable. La couleur moutarde de la croûte signifierait que les chèvres ont brouté dans des herbes au sous-sol sulfureux. L'affinage dure un mois et demi au minimum.

Affinage de un mois et demi minimum.

Les moisissures naturelles blanches et bleues ne sont pas visibles.

Pâte tendre, non pressée, non cuite.

Affinage de six mois.

- ⊖ 9,5 à 11 cm (diamètre), 9 à 10 cm (épaisseur)
- ⚖ 680 à 975 g
- 🝙 Variable
- ✓ Meilleur en été
- 🥛 Cru
- 🍷 Crépy

Pâte légèrement bleutée.

RHÔNE-ALPES Savoie

PERSILLÉ DU SEMNOZ

La croûte extrêmement dure de ce fromage fermier est couverte de moisissures marron clair. La pâte est jaune grisâtre, persillée de moisissures bleues encore invisibles ici. La consistance collante de la pâte est la preuve de la qualité du lait utilisé ; il s'agit d'un mélange à parts égales de lait de vache et de chèvre. L'affinage dure un ou deux mois.

- ⊖ 9 à 11 cm (diamètre), 6 cm (épaisseur)
- ⚖ 400 à 450 g
- 🝙 45 %
- ✓ D'avril à décembre
- 🥛 Cru
- 🐐 Cru
- 🍷 Crépy

Croûte naturelle.

Pâte mi-dure, pressée, non cuite.

RHÔNE-ALPES Haute-Savoie

Picodon

PICODON (AOC)

Le territoire du picodon chevauche le Rhône : à l'est la Drôme, à l'ouest l'Ardèche. Le nom picodon, tiré de la langue d'oc, signifie tout simplement piquant.

Le climat est sec, dans la montagne, l'herbe et les buissons parfumés poussent dru mais court. Les chèvres dévorent tout sans distinction, même les pousses et les feuilles des arbres. De ce lait est tiré un fromage à la pâte sèche. À déguster pour en apprécier toutes les saveurs.

On confond souvent pélardon (voir p. 203) et picodon. Non seulement leurs noms se ressemblent, mais ils sont tous deux originaires des montagnes du Midi, de petite taille et d'un poids inférieur à 100 g. La production du picodon est fermière, artisanale ou industrielle, avec un affinage de douze jours au minimum, mais qui atteint le plus souvent trois ou quatre semaines. Les spécifications de l'AOC interdisent l'emploi de lait concentré ou en poudre, de protéines lactiques et de caillé surgelé.

Croûte naturelle fine et sèche, parfois dépourvue de moisissure.

Pâte tendre et blanche qui se coupe nettement.

Picodon de l'Ardèche à maturité.

Pâte lisse et homogène.

Picodon de l'Ardèche vieux.

Pâte non cuite, non pressée.

Picodon de l'Ardèche jeune.

Picodon de la Drôme.

⌀	5 à 8 cm (diamètre), 1 à 3 cm (épaisseur)
⚖	50 à 100 g
	40 g minimum pour 100 g
	45 % minimum, 18 g minimum pour 100 g
✓	Toute l'année ; du printemps à l'automne (fromage fermier)
	Entier
🍷	Rivesaltes (VDN)

RHÔNE-ALPES
Ardèche, Drôme ;
PROVENCE-ALPES-CÔTE D'AZUR
Vaucluse ;
LANGUEDOC-ROUSSILLON
Gard

Les picodons photographiés ici montrent bien les nombreuses variétés de ce fromage.

1 Picodon de l'Ardèche
Il pèse 55 g.

2 Picodon de l'Ardèche
Après quatre semaines d'affinage, il ne pèse plus que 40 g. Sa pâte collante, d'une acidité équilibrée, sent la moisissure sèche.

3 Picodon de l'Ardèche
D'un poids de 60 g, sa saveur est acidulée et salée. Il a besoin d'encore une semaine d'affinage.

4 Picodon de la Drôme
Il pèse 45 g. La douceur et la salinité de la pâte sont bien mêlées et son acidité s'est atténuée.

5 Picodon de Crest
Ce fromage est tiré d'un lait riche de grande qualité ; sa saveur est un heureux mélange de salinité, de douceur et d'acidité. Il pèse 60 g.

6 Picodon de Dieulefit
Ce fromage jeune pèse 90 g, il est couvert de moisissures blanches et sa pâte est tendre.

7 Picodon de Dieulefit
Il a perdu la moitié de son volume et ne pèse plus que 40 g. La croûte est dure, colorée par les moisissures. À la dégustation, le soleil de Provence et l'arôme des herbes s'épanouissent sous le palais tandis que le fromage fond lentement.

8 Picodon du Dauphiné
Ce fromage est bien affiné.

9 Picodons à l'huile d'olive
Plusieurs picodons marinent dans l'huile d'olive avec des feuilles de laurier.

Fromage jeune et tendre.

La pâte durcit et devient cassante avec l'âge.

Picodon de Crest.

Jeune picodon de Dieulefit.

Vieux picodon de Dieulefit.

Picodon du Dauphiné.

Picodon à l'huile d'olive.

Spécifications de l'AOC

1 Le lait doit être caillé à l'aide d'une faible quantité de présure. Le lait concentré ou lyophilisé, les protéines lactiques et le caillé surgelé sont interdits.

2 Le fromage doit être salé au sel sec (à grains moyens ou fins).

3 Pour que l'étiquette porte la mention « affinage méthode Dieulefit », la surface du fromage doit avoir été humidifiée à la main lors de l'affinage.

AOC DÉLIVRÉE EN 1983

PONT-L'ÉVÊQUE (AOC)

Ce fromage à croûte lavée est probablement le doyen des fromages normands. Selon certaines sources, le pont-l'évêque serait né dans une abbaye, mais aucune preuve ne vient étayer cette théorie. Dans un document du XIIe siècle, il est fait référence à un «dessert d'angelot», qui pourrait être l'ancêtre du pont-l'évêque. Au XVIIe siècle, les fromages du village de Pont-l'Évêque étaient appréciés dans toute la France.

Il faut trois litres de lait pour faire un pont-l'évêque de 350 à 400 g. Après lavage, la croûte est humide et de couleur ocre. La pâte est crémeuse, jaune, de consistance fine et lisse. Elle est souple et tendre, mais n'a aucune élasticité. À mesure qu'elle vieillit, la croûte devient plus collante et rougit. De petits trous se forment dans la pâte. Une fois à point, celle-ci brille légèrement. Le goût reste légèrement sucré. Les fromages lavés et retournés durant l'affinage sont plus forts, mais cette saveur prononcée est absente dans les fromages jeunes.

La production est artisanale, laitière, industrielle ou fermière, cette dernière ne représentant que 2 % de la production globale. L'affinage a lieu au sein de zones délimitées, au minimum deux semaines à compter de la date d'emprésurage, bien qu'une durée de six semaines soit plus courante. Durant cette période d'affinage, qui se déroule au sein d'un territoire déterminé, les fromages sont retournés, brossés et lavés.

Pâte molle, non pressée, non cuite.

Croûte lavée humide ou sèche.

◇	10,5 à 11 cm (côté), 3 cm (épaisseur)
⚖	350 à 400 g
♣	140 g minimum
▽	45 %, 63 g minimum
✓	Toute l'année
⌇	Cru ou pasteurisé
♀	Condrieu
☒	Cidre

BASSE-NORMANDIE
Calvados, Manche, Orne;
HAUTE-NORMANDIE
Eure, Seine-Maritime;
PAYS DE LA LOIRE
Mayenne

Spécifications de l'AOC

1 Le caillé doit être divisé, pétri et égoutté.
2 Il existe trois autres tailles :
Petit pont-l'évêque 8,5 à 9,5 cm de côté, 85 g minimum de matière sèche par fromage.
Demi-pont-l'évêque 10,5 à 11,5 cm de long x 5,2 à 5,7 cm de large, 70 g minimum de matière sèche par fromage.
Grand pont-l'évêque 19 à 21 cm de côté, 650 à 850 g minimum de matière sèche.

AOC DÉLIVRÉE EN 1976.

PORT-SALUT

Ce fromage est une version industrielle très populaire du port-du-salut (ci-dessous). Sa croûte humide, de couleur uniforme, fine, porte des traces régulières de la toile dans laquelle le fromage a été emballé. L'odeur est très faible. Acide avec un arrière-goût discret, la pâte, tendre sous le doigt, colle au couteau quand on la coupe. L'affinage dure un mois.

⊖	20 cm (diam.), 4 cm (épais.)
⚖	1,3 à 1,5 kg
▱	50 %
✓	Toute l'année
⌂	Pasteurisé
♀	Chinon, bourgueil

PAYS DE LA LOIRE
Mayenne

Croûte lavée, brossée et paraffinée, colorée au bêta-carotène.

Pâte mi-dure, pressée, non cuite.

PORT-DU-SALUT / ENTRAMMES

Ce fromage fut créé dans une abbaye à Entrammes, vers 1830. En 1959, les droits furent accordés pour une version industrielle connue sous le nom de Port-Salut (ci-dessus).

Si la méthode de production originale survit dans quelques monastères, le port-du-salut reste rare. Son affinage dure un mois.

⊖	10 cm (diam.), 4 cm (épais.)
⚖	300 g
▱	40 à 42 %
✓	Toute l'année
⌂	Pasteurisé
♀	Chinon, bourgueil

PAYS DE LA LOIRE Mayenne

Croûte lavée, paraffinée et brossée.

Pâte mi-dure, non cuite et non pressée.

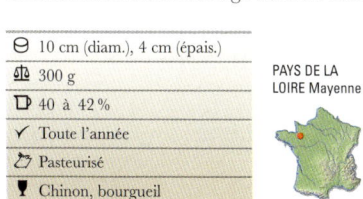

PITHIVIERS AU FOIN / BONDAROY AU FOIN

Ce fromage artisanal est produit à Bondaroy, près de Pithiviers. Jadis conservé dans le foin, ce fromage était consommé l'été, quand le lait était abondant. Aujourd'hui, on en trouve toute l'année, sa croûte est blanche et dégage une odeur de moisi. L'affinage dure trois semaines.

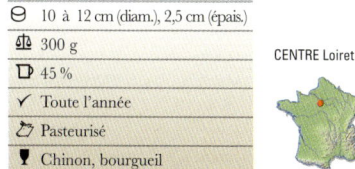

⊖	10 à 12 cm (diam.), 2,5 cm (épais.)
⚖	300 g
▱	45 %
✓	Toute l'année
⌂	Pasteurisé
♀	Chinon, bourgueil

CENTRE Loiret

Pâte molle, non pressée, non cuite.

Croûte fleurie parsemée de brins de foin.

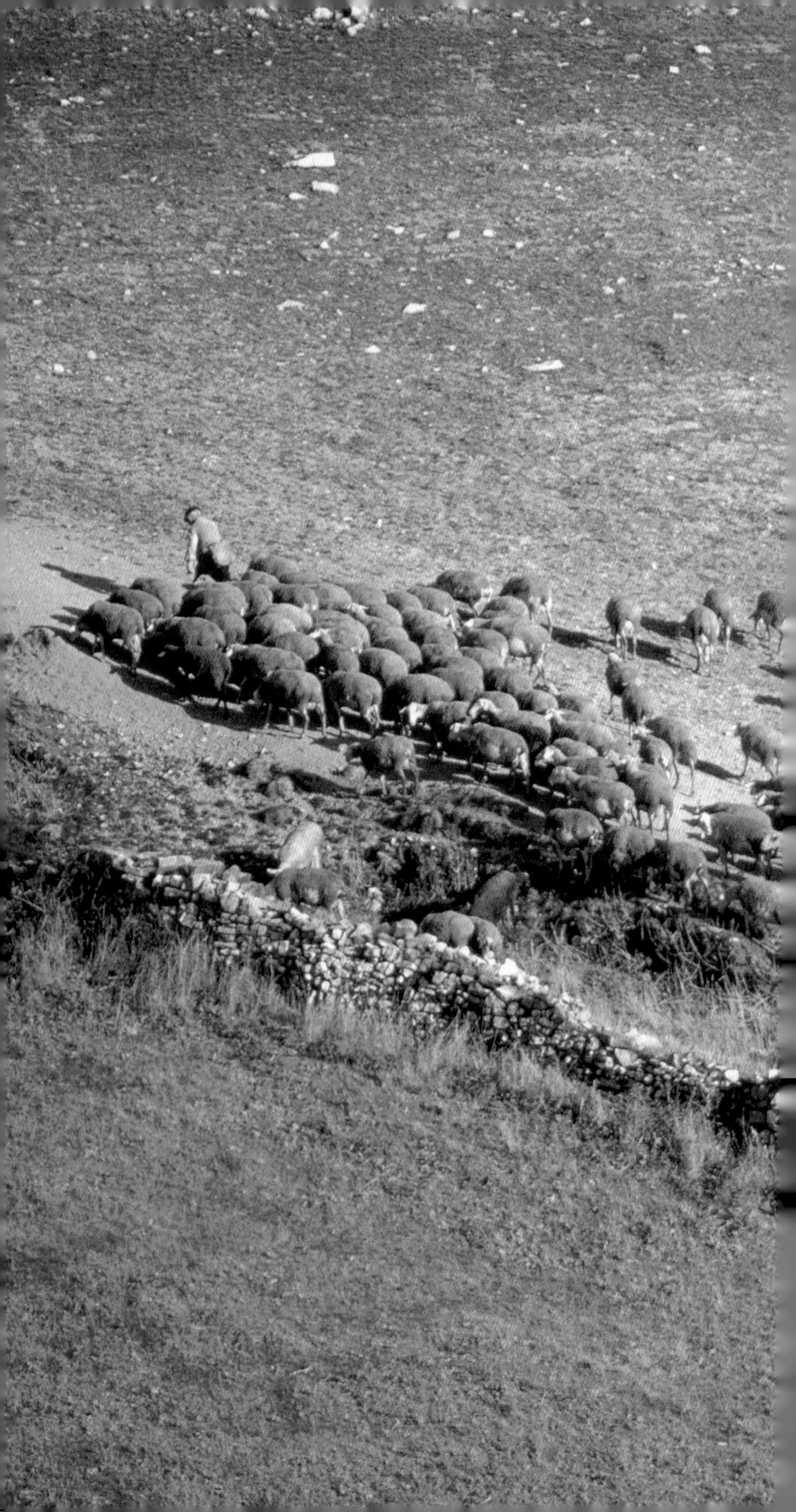

Les fromages

R

RACLETTE

Fromage savoyard, artisanal ou industriel, communément appelé «fromage à raclette», de forme ronde ou carrée. Son nom vient du mot «racler», car on le déguste traditionnellement chauffé et qu'il faut donc le racler à l'aide d'un couteau une fois qu'il est fondu. Il se déguste avec des pommes de terre en robe des champs et des charcuteries variées. Sa pâte assez dure sent un peu le moisi lorsqu'elle est chaude et développe un riche goût de lait. Il est affiné durant au moins huit semaines.

- 28 à 36 cm (diamètre), 5,5 à 7,5 cm (épaisseur)
- 28 à 36 cm (côté), 5,5 à 7,5 cm (épaisseur)
- 4,5 à 7 kg (pour les deux formes)
- 53 g minimum pour 100 g
- 45 % minimum, 23,85 g minimum
- Toute l'année
- Cru ou pasteurisé
- Vin de Savoie, hautes-côtes-de-beaune

TOUTE LA FRANCE

Croûte fine, jaune d'or à brun clair; talon non enrobé.

Pâte non cuite, pressée, de couleur blanche à jaune clair, percée de petits trous; souple et ferme.

◀ **Les grandes quantités de lait que produisent ces brebis serviront à fabriquer du roquefort.**

En Savoie, les villages de montagne ont une longue tradition de fabrication de fromages comme le reblochon.

REBLOCHON DE SAVOIE / REBLOCHON (AOC)

La fraîcheur, la jeunesse, la tendreté sont les caractéristiques les plus évidentes de ce fromage savoyard. Le nom dérive du verbe *reblocher*, « traire une seconde fois ». Le reblochon est en effet issu du lait de la seconde traite des vaches d'Abondance, montbéliardes et tarines, plus riche et plus épais que celui de la première traite et non écrémé.

C'est un fromage bien proportionné, à croûte fine et veloutée de couleur jaune orangé ou rosé. Il doit son parfum frais et léger à des moisissures. La pâte est humide, souple et lisse, assez grasse. Le goût se développe en bouche en laissant un délicat arrière-goût de noisette. La production est fermière (parfois en chalet d'alpage), laitière (en fruitière) ou industrielle, et l'affinage dure au minimum deux (mais plus souvent trois ou quatre) semaines à compter de la date de fabrication. La température de la cave ne doit pas atteindre 16 °C. Il existe également une version plus petite du reblochon.

Reblochon acheté à Thonon-les-Bains.

Croûte lavée jaune à orange, poudrée de moisissures naturelles blanches.

Pâte non cuite, légèrement pressée, molle et lisse, de couleur ivoire.

Reblochon acheté à Paris.

⊖	9 à 14 cm (diamètre), 3 à 3,5 cm (épaisseur)
⚖	240 à 550 g
♣	45 g minimum pour 100 g
⌑	45 % minimum ; 20,25 g minimum pour 100 g
✓	À partir de l'été (fromages fermiers et d'alpage)
⌇	Cru, entier
▼	Vin de Savoie, pommard

Spécifications de l'AOC

1 Le lait doit être acheminé sur le lieu de production juste après la traite.
2 L'emprésurage doit avoir lieu moins de vingt-quatre heures après la traite.
3 Les fromages fermiers portent une étiquette de caséine verte.

AOC DÉLIVRÉE EN 1976

RHÔNE-ALPES
Savoie, Haute-Savoie

Rigotte

On fabriquait déjà des fromages comparables à la rigotte pendant l'ère romaine. Le nom de rigotte est spécifique aux régions de l'Isère, du Rhône et de la Loire, et dériverait de «recuite» (*ricotta* en italien). Pourtant, la rigotte n'est pas issue de la cuisson du petit-lait, contrairement aux fromages de lactosérum (voir p. 181). Jadis assez maigre, elle contient aujourd'hui de 40 à 45 % de matières grasses. Elle est essentiellement fabriquée au lait de vache, en usine ou en laiterie artisanale. La rigotte s'égoutte une semaine avant la vente dans les fromageries et sur les marchés. D'une saveur aigre, elle se déguste alors qu'elle est ferme au toucher mais tendre à l'intérieur.

RIGOTTE D'ÉCHALAS

Fromage artisanal fabriqué dans le Lyonnais, délicieux avec du pain grillé. Sur le cliché ci-contre, on voit que la croûte est à peine formée. La teneur en matières grasses atteint presque 50 %, ce qui explique l'onctuosité de la pâte. L'affinage dure deux semaines au minimum.

⊖	5 cm (diamètre), 4 cm (épaisseur)
⚖	85 g
🗇	50 %
✓	Toute l'année
🗂	Pasteurisé
🍷	Bourgogne

Croûte naturelle.

Pâte molle, non pressée, non cuite.

RHÔNE-ALPES
Rhône

RIGOTTE DE SAINTE-COLOMBE

Ce fromage artisanal de Saint-Genix-sur-Guiers, en Savoie, doit se manger jeune. Sur la photographie, on constate que la croûte n'est pas encore développée. Sa pâte est jaune, riche, fine, homogène, et sa saveur est acidulée. L'affinage dure quinze jours au minimum.

⊖	5 cm (diam.), 3,5 cm (épais.)
⚖	60 à 80 g
🗇	50 %
✓	Toute l'année
🗂	Pasteurisé
🍷	Vin de Savoie, hautes-côtes-de-beaune

Croûte naturelle.

Pâte molle, non pressée, non cuite.

RHÔNE-ALPES
Savoie

RIGOTTE DE CONDRIEU (AOC)

Fromage fermier, originaire du Lyonnais. La plupart des rigottes sont au lait de vache, mais celle-ci est pur chèvre. Elle est donc assez rare. Sa pâte est de consistance fine et robuste, elle dégage un délicat parfum de miel et d'acacia. L'affinage dure trois semaines.
AOC délivrée le 13 janvier 2009.

Croûte naturelle.

Pâte tendre, non pressée, non cuite.

Rigotte blanche (fraîche).

- 4 cm (diamètre), 1,5 à 3 cm (épaisseur)
- 30 g
- 45 %
- Du printemps à l'automne
- Cru, entier
- Condrieu

RHÔNE-ALPES
Rhône

RIGOTTE DES ALPES

Fromage industriel du Dauphiné, au goût assez acide mais agréable. Il acquiert une saveur différente après un séjour de quelques jours dans du vin blanc. Il doit de toute façon se manger accompagné de vin, et l'on peut également le poivrer légèrement. L'affinage dure dix jours au minimum.

- 4 cm (diam.), 3,5 cm (épais.)
- 50 g
- 45 %
- Toute l'année
- Pasteurisé
- Crépy, seyssel

RHÔNE-ALPES
Isère, Rhône

Pâte tendre, non pressée et non cuite. Croûte quasi absente ; surface jaune rougeâtre colorée au rocou.

ROQUEFORT (AOC)

Pline l'Ancien faisait allusion dans ses œuvres à un fromage comparable au roquefort. En 1411, le roi Charles VI accorde aux habitants de Roquefort, qui affinaient des fromages dans leurs caves depuis des siècles, le monopole de cette pratique. En 1925, le roquefort fait l'objet de la première appellation d'origine contrôlée : les imitations ne tarderont pas à apparaître.

La protection légale

En 1961, le tribunal de grande instance de Millau statua que, si les fromages blancs pouvaient être fabriqués dans plusieurs régions du Midi (voir carte ci-dessous), seuls ceux qui seraient affinés dans les caves naturelles du mont Combalou, dans la commune de Roquefort-sur-Soulzon, pourraient porter le nom de roquefort. C'est ainsi que furent éliminées les diverses imitations et que le monopole moderne fut établi.

Aspect et saveur

Le roquefort est, avec le stilton et le gorgonzola, l'un des trois plus grands bleus du monde. Dans son goût franc et puissant, le sel tranche sur la douceur du lait. Sa pâte suintante et friable se coupe avec une lame tiédie. Le fromage fond sous le palais, où il laisse une étonnante sensation combinant moisissure et salinité. Bien vieilli, il est extrêmement fort. Il accompagne à merveille la salade et les pâtes. Riche, épicé, il est meilleur en fin de repas, par exemple après un plat de gibier, accompagné d'un sauternes. Essayez un roquefort jeune sur du pain aux raisins ou aux noix, avec du bandol ou du muscat de Rivesaltes. Un roquefort bien fait, veiné de gris-bleu, gagnera à être marié à un vin doux.

Pâte non pressée, non cuite ; humide, molle, ivoire veiné de bleu ; s'effrite sous le doigt.

⊖	19 à 20 cm (diamètre), 8,5 à 10,5 cm (épaisseur)
⚖	2,5 à 2,9 kg
♣	56 g minimum pour 100 g
⧇	52 % minimum, 29,12 g minimum pour 100 g
✓	Toute l'année
⌂	Cru, entier
♀	Sauternes, banyuls (VDN)

AQUITAINE, MIDI-PYRÉNÉES, LANGUEDOC-ROUSSILLON, PROVENCE-ALPES-CÔTE-D'AZUR, CORSE

Un aspect variable
Ces trois morceaux de roquefort illustrent bien les différences qui existent selon les producteurs.

La fabrication et l'affinage

Aujourd'hui, on affine plus de 3,3 millions de fromages par an à Roquefort-sur-Saulzon. Il est, après le comté (voir p. 142), le fromage le plus consommé en France. La Société des caves et des producteurs réunis assure à elle seule 60 % de la production. Fromage artisanal ou industriel, il n'en existe aucune version fermière. Tous les fromages portant le nom de roquefort ont obligatoirement passé au moins trois mois dans l'une des caves naturelles figurant sur la liste des AOC. L'affinage dure normalement quatre mois, mais on le prolonge souvent jusqu'à neuf mois. Le fromage jeune est habité de moisissures vert pâle ; celles-ci bleuissent puis deviennent grises à mesure que le temps passe et que se forment de petits trous bleu-gris. Si le fromage séjourne trop longtemps en cave, les moisissures l'investissent presque entièrement.

Fromage produit par la Société des caves et des producteurs réunis.

Affinage de dix jours.

Affinage de un mois.

Affinage de trois mois.

Affinage de six mois.

Spécifications de l'AOC

1 Le lait des brebis ne peut être employé dans les vingt jours qui suivent l'agnelage.
2 L'emprésurage doit avoir lieu au plus tard quarante-huit heures après la dernière traite.
3 Les cultures de *Penicillum roqueforti* doivent provenir de sources traditionnelles, à savoir les caves naturelles se trouvant dans une zone spécifique de la commune de Roquefort.
4 Le salage doit se faire au sel sec.
5 Les fabricants de fromage doivent tenir à la disposition des agents de contrôle un registre indiquant la quantité de lait livrée par les producteurs, ainsi que le poids et le nombre de fromages préparés chaque jour.
6 À partir du moment où les fromages arrivent en cave, toutes les opérations qu'ils subissent, y compris l'emballage, doivent se dérouler sur le territoire de la commune de Roquefort. Les locaux réfrigérés où séjournent les fromages avant la vente se trouvent également dans la commune.

TOUTES LES AOC ACCORDÉES EN 1979 (loi de 1925)

Le berceau du roquefort

Le roquefort est né dans une montagne crayeuse, le Combalou ou Cambalou. Un peu aplatie au sommet, la montagne s'élève lentement de chaque côté, ce qui lui donne la forme d'une selle. Le village, bâti aux deux tiers dans la roche, est situé sur une falaise du versant nord.

À la préhistoire, l'érosion a provoqué l'écroulement partiel de la montagne. Cet accident géologique s'est produit trois fois ; une série de cavernes finit par s'ouvrir au milieu des débris. Des failles et des fissures verticales («fleurines») y aboutissent et en assurent la ventilation. Ces cheminées pouvant mesurer jusqu'à 100 mètres de hauteur relient les caves à l'extérieur. Ces dernières constituent un entrepôt naturel où règnent en permanence une température de 9°C et une hygrométrie de 95 %.

La température et la ventilation

L'hiver, lorsque la température extérieure est basse, l'air relativement chaud des caves est évacué par les fleurines. Plus il y a de fromages dans les caves, plus la température y est élevée. L'été, la température extérieure est supérieure à celle des caves. L'air chaud du dehors, fraîchi sur le versant nord de la montagne, passe à travers des éboulis boueux dans lesquels il s'humidifie avant d'être aspiré dans les caves, les fleurines fournissant un système complexe de ventilation

Les caves

Ce labyrinthe souterrain a peu changé depuis le XVIIe siècle. Il s'étend sur 11 niveaux. L'électricité a été installée il y a une centaine d'années. Un courant d'air humide balaie les caves, dont les parois rocheuses sont froides et moites, voire mouillées.

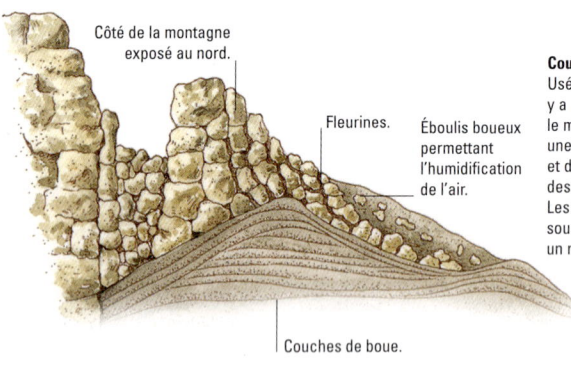

Coupe du mont Combalou

Usé par l'érosion de l'eau il y a plusieurs milliers d'années, le mont Combalou comporte une multitude de failles et de fissures, appelées des fleurines (voir ci-dessous). Les couches de boue situées sous les fleurines donnent un niveau d'humidité de 95 %.

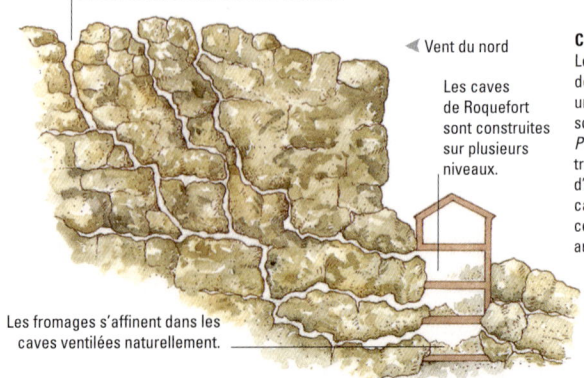

Côté de la montagne exposé au nord.
Fleurines.
Éboulis boueux permettant l'humidification de l'air.
Couches de boue.

Coupes des fleurines

Les fleurines sont des sortes de cheminées qui permettent un système de ventilation sophistiqué. Les spores de *Penicillium roqueforti* sont transportés par les courants d'air et pénètrent dans les caves. La formation de telles conditions naturelle est unique au monde.

De l'air humide entre dans les fleurines.
◀ Vent du nord
Les caves de Roquefort sont construites sur plusieurs niveaux.
Les fromages s'affinent dans les caves ventilées naturellement.

naturelle. La culture des moisissures se fait spontanément : de minuscules particules de fromage adhèrent aux parois des caves et se couvrent de *Penicillium roqueforti* et de diverses levures. Lorsque le vent souffle dans les fleurines, l'air se charge de spores (d'après *Rocailleux royaume de Roquefort*, de Robert Aussibal, 1985.)

Penicillium roqueforti

Cette célèbre moisissure bleue ne se trouve que dans les caves de Roquefort. Elle vit dans le sol et a la propriété de faire fermenter les fromages. Pour la prélever, on entrepose dans un courant d'air des pains de seigle et de froment cuits à cet effet. Après six à huit semaines, ils sont couverts de moisi, à l'intérieur et à l'extérieur. On supprime alors la croûte et l'on fait sécher la mie. Les moisissures indésirables sont éliminées.

Huit jours après leur fabrication, les fromages blancs sont installés en cave et transpercés avec une aiguille. L'oxyde de carbone provoqué par la fermentation s'échappe de la pâte, remplacé par l'air des caves, chargé de spores. Les moisissures croissent alors plus ou moins uniformément dans le fromage. Quatre semaines après la mise en cave, celui-ci est enveloppé dans du papier d'aluminium afin de lui éviter tout contact avec l'air ambiant, qui pourrait provoquer le développement de moisissures parasites.

Les brebis de Roquefort

Une loi de 1925 stipule que le roquefort ne peut être fait qu'au lait de brebis. Auparavant, l'emploi de lait de vache ou de chèvre en faible quantité était toléré. Il faut quatre litres et demi de lait pour faire 1 kg de roquefort. Les brebis sont de race lacaune, manechs ou basco-béarnaise ; on distingue aussi quatre races corses. Une

La cave principale.

Les brebis mangent pendant la traite, aujourd'hui automatisée.

bonne laitière donne 200 litres de lait en six ou sept mois, soit 45 kg de roquefort.

Au début du siècle, la demande de roquefort augmenta brusquement ; on étendit alors la collecte du lait à d'autres régions. En 1930, les producteurs laitiers s'unirent aux fabricants de roquefort pour fonder le « label de la brebis rouge ». Ainsi furent fixés des critères de qualité concernant le lait et le fourrage donné aux bêtes. La première trayeuse mécanique apparut en 1932, portant de 20 à 40 le nombre de brebis que pouvait traire une personne en une heure. Aujourd'hui, un ouvrier trait jusqu'à 300 brebis en une heure. Les conditions d'hygiène se sont améliorées, le lait étant aujourd'hui automatiquement transféré dans des cuves.

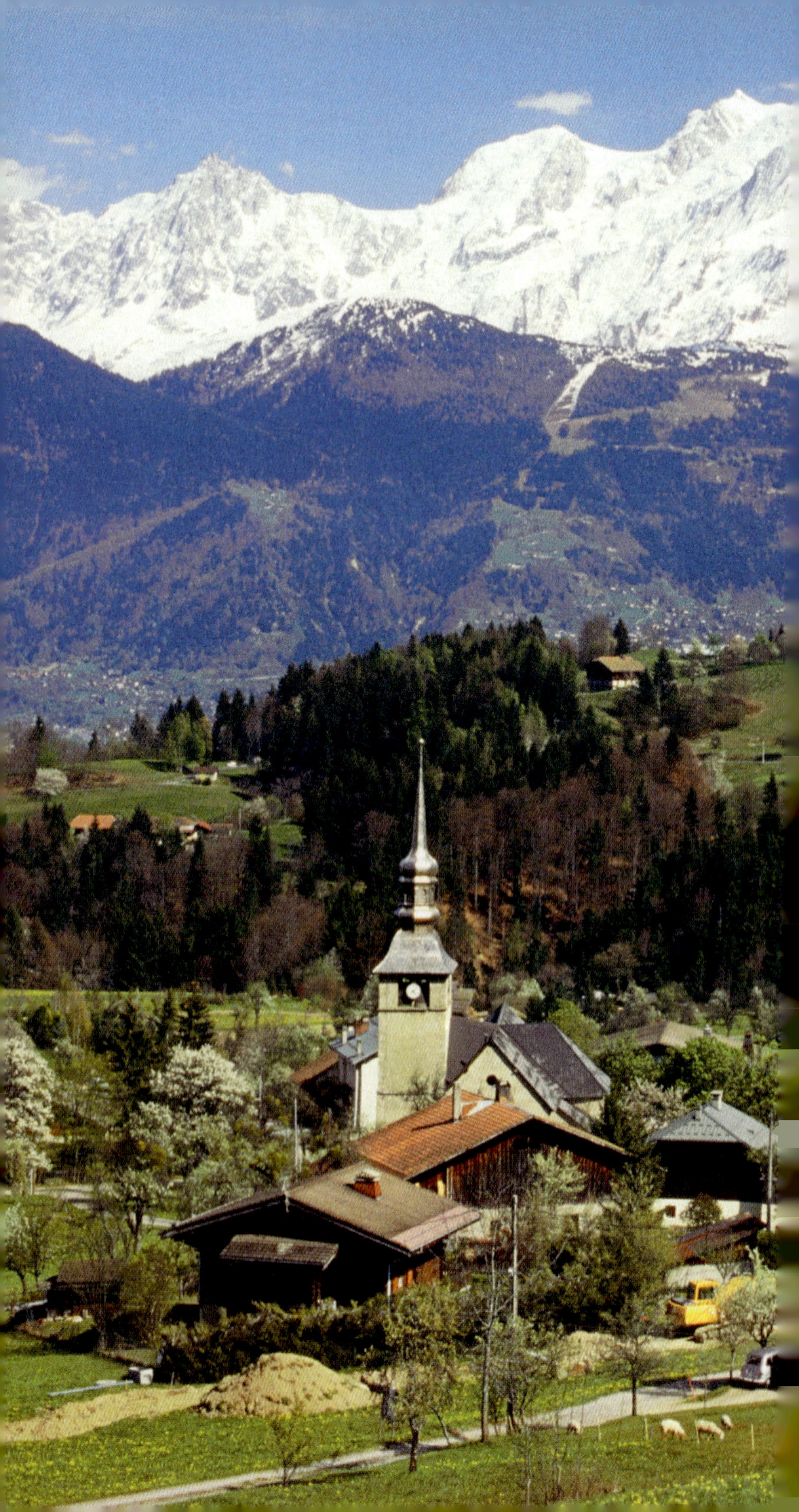

Les fromages

S

SAINT-MARCELLIN

Petit fromage du Dauphiné, doux, acide et salé. En vieillissant, il se dessèche et son goût de noisette s'épanouit. Il est souvent fabriqué au lait de vache, mais il s'agissait à l'origine d'un fromage de chèvre. La production est fermière, artisanale ou industrielle. L'affinage dure de deux à six semaines.

Saint-marcellin jeune.

Saint-marcellin frais.

Croûte naturelle.

Pâte tendre, non pressée, non cuite.

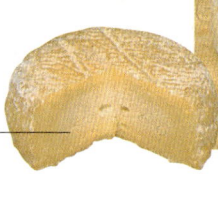

Saint-marcellin fait à cœur.

Fromage à point, de saveur bien développée.

- 7 cm (diam.), 2 à 2,5 cm (épais.)
- 80 g minimum
- 50 g minimum pour 100 g
- 40 % minimum, 20 g minimum pour 100 g
- Toute l'année
- Cru ou pasteurisé
- Cru ou pasteurisé
- Côtes-du-ventoux, gigondas, châteauneuf-du-pape

RHÔNE-ALPES
Drôme, Isère

◀ Le pittoresque village alpin de Cordon.

Saint-marcellin sec ; son goût est robuste et riche.

Saint-marcellin fait.

Brin de raphia servant à attacher plusieurs fromages.

Croûte naturelle couleur jaune d'or.

Pâte fine d'un blanc pur.

Saint-marcellin au lait de chèvre.

PITCHOU

Cette spécialité fromagère se prépare en laissant mariner des saint-marcellins dans de l'huile aromatisée aux pépins de raisin et généreusement additionnée d'herbes de Provence. Le fromage prend un goût fort et salé, avec une pointe d'acidité. Il est alors particulièrement bon avec du pain.

En bocal
50 %
Toute l'année
Pasteurisé
Côtes-du-rhône

RHÔNE-ALPES
Isère

Pitchou.

SAINT-NECTAIRE (AOC)

Comme le cantal (voir p. 94) et le salers (voir p. 96), ce fromage auvergnat a été introduit à la table de Louis XIV par le maréchal de Sennecterre. C'est un fromage dont la croûte d'un gris rougeâtre est parsemée de moisissures blanches, jaunes et rouille. La pâte est souple, de consistance soyeuse, lourde sur la langue et résistante sous la dent. Elle fond dans la bouche et révèle une acidité légère, ainsi qu'un goût de sel bien dissous, de noix, de cuivre, d'épices et de lait.

Qualité du sol, de l'herbe et du riche lait cru des vaches de Salers : tels sont les facteurs qui contribuent à créer ce goût complexe. Le saint-nectaire au lait pasteurisé ne possède pas cette combinaison de saveurs. Il faut déguster ce fromage quand il est parfaitement à cœur ; l'affinage doit durer de cinq à huit semaines au minimum, afin de lui permettre de développer son goût et son parfum.

L'une des caractéristiques du saint-nectaire est qu'il dégage une odeur très particulière de vieille cave humide, de paille de seigle (sur laquelle il est affiné) et de moisi.

Croûte naturelle couverte de moisissures blanches, jaunes ou rouges, selon le degré d'affinage.

Pâte mi-dure, pressée, non cuite.

Affinage d'un peu plus de six semaines.

- 21 cm (diam.), 5 cm (épais.)
- Environ 1,7 kg
- Petit saint-nectaire : 13 cm (diamètre), 3,5 cm (épaisseur) 600 g
- 52 g minimum pour 100 g de fromage fait ; 48 g minimum pour 100 g de fromage blanc
- 45 % min., 23,4 g min. pour 100 g
- Meilleur en été (fermier) ; toute l'année (industriel)
- Cru ou pasteurisé
- Saint-estèphe

AUVERGNE Cantal, Puy-de-Dôme

Estampille de qualité
Étiquette en caséine d'un saint-nectaire fermier, portant le numéro du département (63), le code du fabricant (RG) et celui de la commune de production (Y).

Spécifications de l'AOC

1 Les fromages blancs peuvent être congelés en attendant d'être envoyés à la cave d'affinage. Ils doivent être dégelés à moins de 12 °C.
2 La croûte peut être colorée au moyen des produits : E153, E160, E172, E180.
3 Pour les fromages fermiers, l'étiquette de caséine verte, de forme ovale, indique le lieu de production et le matricule de la ferme. Les fromages industriels portent une étiquette carrée.
4 Tous les affineurs de saint-nectaire doivent être déclarés auprès d'une commission de contrôle.

AOC DÉLIVRÉE EN 1979

LA FABRICATION DU SAINT-NECTAIRE

Le saint-nectaire, fromage fermier, laitier ou industriel d'Auvergne, est vieilli et affiné dans des zones déterminées du Cantal et du Puy-de-Dôme à une température de 6 à 12 °C, dans une atmosphère à presque 100 % d'humidité. La fabrication débute après la traite du matin et du soir. Il faut 15 litres de lait pour un saint-nectaire.

Le caillage
Le lait est chauffé de 31 à 33 °C. Après l'emprésurage, il repose environ une heure. La température de chauffe et la durée de la période de repos dépendent du temps qu'il fait et de la quantité de lait mise en œuvre. Le caillé est travaillé pour en extraire le petit-lait. Enfin, le caillé est rassemblé en un gros bloc nommé tomme.

Le moulage et le pressage
La tomme est découpée en cubes de 2 cm de côté que l'on fait entrer en force (à la main) dans un moule. On empile cinq ou six moules que l'on place sous presse. Le petit-lait qui s'écoule est jeté. Les fromages sont ensuite démoulés et reçoivent leur étiquette de caséine. Ils sont alors salés, remis dans leur moule, pressés douze heures, retournés à nouveau et remis douze heures sous presse. Enfin, ils sont démoulés et mis à sécher deux ou trois jours dans un local de 9 à 12 °C.

L'affinage
Les fromages passent ensuite dans la cave d'affinage, où règnent une température de 9 à 11 °C et une humidité de 90 à 95 %. Ils sont déposés sur un lit de paille de seigle et, au bout de deux ou trois jours, lavés en saumure. Ils seront lavés une seconde fois huit jours plus tard. Au bout de deux ou trois semaines, les saint-nectaires sont expédiés chez un affineur qui les fera vieillir. L'affinage ne se déroule entièrement à la ferme que dans 5 % des cas.

Il faut un affinage de trois à huit semaines pour que le fromage se colore de moisissures rouges ou jaunes.

Affinage de une semaine.

Affinage de un mois à peine.

Affinage de dix semaines sur lit de paille. | Moisissures blanches, jaunes et rouges.

SAINT-PAULIN

Il s'agit de l'un des nombreux fromages inspirés du port-du-salut (voir p. 209). Autrefois fabriqué exclusivement dans des monastères, le saint-paulin est aujourd'hui produit en deux tailles par des laiteries artisanales et industrielles de Bretagne et du Maine. Vers 1930, le saint-paulin devint le premier fromage au lait pasteurisé. La production au lait cru, comme celui ci-contre, ne fut lancée que vers 1990. Sa croûte est fine et humide, sa pâte tendre, d'un goût discret et délicatement salé. L'affinage dure deux ou trois semaines.

Pâte mi-dure, pressée, non cuite.

Croûte lavée, brossée et paraffinée.

⊖	Grand : 20 cm (diam.), 4 à 6 cm (épais.) ; petit : 8 à 13 cm (diam.), 3 à 4,5 cm (épais.)
⚖	Grand : 1,8 à 2 kg ; petit : 500 g à 1,5 kg
♣	44 g minimum pour 100 g
◘	40% min., 17,6 g min. pour 100 g
✓	Toute l'année
♻	Cru ou pasteurisé
♀	Bordeaux jeune et fruité

TOUTE LA FRANCE

Monastère Port-du-Salut.

SAINT-WINOC

Le nom de ce fromage fermier est celui d'une abbaye du nord de la France où il était jadis fabriqué. De nos jours, Mme Degraeve est probablement la seule à en assurer la production. C'est un fromage dont la croûte lavée à la bière est légèrement humide et dont la pâte est souple au toucher. Le fromage ci-contre est extrêmement jeune. S'il était affiné plus avant, son goût et son odeur seraient nettement plus agressifs, ce qui est typique des fromages lavés à la bière. L'affinage dure trois semaines au minimum.

Pâte mi-dure légèrement élastique, pressée, non cuite.

Croûte lavée, brossée, paraffinée, orange clair.

⊖	9 à 11 cm (diam.), 4 cm (épais.)
⚖	300 à 350 g
🝙	Variable
✓	Toute l'année ; meilleur du printemps à l'automne
🜲	Cru, écrémé
🍺	Bière locale
🍷	Crémant d'Alsace

NORD-PAS-DE-CALAIS Nord

SOUMAINTRAIN

Ce fromage fermier, artisanal ou industriel de Bourgogne possède une pâte légère et onctueuse qui se déguste généralement jeune. La méthode d'affinage est la même que celle de l'époisses (voir p. 166) et du langres (voir p. 186) ; il faut compter six à huit semaines, au cours desquelles le fromage est lavé en saumure.

Vieilli sept ou huit semaines.

Croûte lavée humide de couleur orange.

Pâte molle, non pressée, non cuite.

⊖	10 à 13 cm (diamètre), 3 à 4 cm (épaisseur)
⚖	350 g ; 550 g frais
🝙	45 %
✓	Du printemps à l'automne
🜲	Cru ou pasteurisé
🍷	Marc de Bourgogne

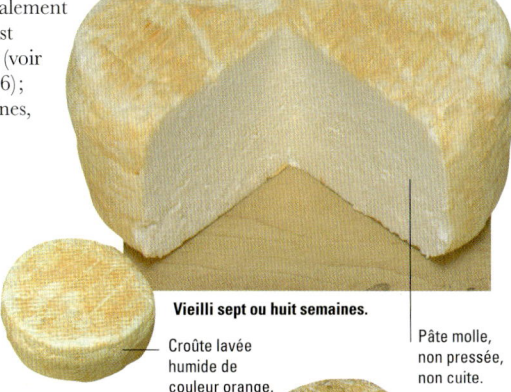

BOURGOGNE Côte-d'Or, Yonne

LA TOMME A L'ACCENT PROVEN[...]

L'AÏL
10 LE KG

TOMME DE SAVOIE
48% M.G
€: 13.71 LE KG

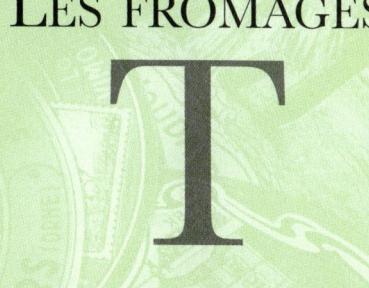

Les fromages
T

TAMIÉ

L'abbaye de Tamié, dans les Bauges (Préalpes), fut fondée en 1131. Aujourd'hui, les moines trappistes fabriquent toujours leur fromage, qu'ils enveloppent de papier bleu frappé d'une croix de Malte blanche. C'est une pâte assez douce, de la famille du reblochon (voir p. 213). La production est exclusivement artisanale ; durant l'affinage, de un mois au minimum, les fromages sont lavés en saumure deux fois par semaine.

Croûte rose humide, lavée, brossée et paraffinée.

Pâte mi-dure, pressée, non cuite.

- 18 à 20 cm (diamètre), 4 à 5 cm (épaisseur)
- 1,3 kg ; 500 g
- 50 %
- Toute l'année
- Cru, entier
- Roussette-de-savoie

RHÔNE-ALPES
Savoie

TOMMES OU TOMES

Les fromages de petite taille fabriqués à la ferme sont souvent nommés tommes (ou tomes). Ce terme dérive probablement du grec *tomos* ou du latin *tomus,* signifiant part, portion. Ces tommes nécessitent une faible quantité de lait et ne se conservent pas longtemps, mais elles se vendent bien. Elles peuvent être fabriquées avec du lait de vache, de chèvre ou de brebis ; ou encore avec un lait de mélange. De dimensions modestes, elles sont le plus souvent rondes. La pâte peut être pressée mais non cuite ; elle est donc souple et molle et parfois même fraîche comme celle de l'aligot (voir p. 100). La plus connue des tommes est certainement la tomme de Savoie au lait de vache. Il existe également, en Savoie et dans les Pyrénées, des tommes de chèvre. Dans les pages qui suivent, vous trouverez la description d'une série de tommes provenant de diverses régions.

Tomme de Savoie.

◀ **Fromages à l'étal sur un marché de Provence.**

TOMME DE SAVOIE 231

Tomme de Savoie

Tomme de Savoie n'est qu'un terme générique souvent associé au nom du village de production. Il existerait autant de tommes de Savoie que de vallées et de montagnes. Leur croûte grise et dure est tachetée de moisissures jaunes ou rouges. La pâte est collante, elle exhale une odeur de moisi, mais son goût est délicat. Les tommes de montagne sont pressées pour en éliminer l'eau et mieux les conserver. Cette opération affermit la pâte, la rend élastique et y fait naître des trous. La production est fermière, artisanale, coopérative ou industrielle et l'affinage dure au moins quatre semaines.

TOMME DE SAVOIE

Les fromages ci-contre sont tous des tommes de Savoie. La vieille tomme reçoit un long affinage : la croûte et la pâte du fromage, en partie désintégrées, sont alors truffées de trous.

Presque toutes sont pauvres en matières grasses (de 20 à 40 %), bien que les tommes au lait entier ne soient pas rares aujourd'hui. Quand le lait n'est pas assez abondant pour faire un grand fromage comme le beaufort (voir p. 48), la crème est utilisée pour faire le beurre, et le lait écrémé est transformé en tomme. La tomme de Savoie maigre est une version à très faible teneur en matières grasses, dont deux exemplaires sont montrés ci-contre.

Certaines tommes, comme la tomme de Lullin (voir p. 236), sont produites suivant des règles aussi strictes et précises que celles d'une AOC. Elles sont protégées par une garantie régionale de qualité, matérialisée par une étiquette affichant quatre cœurs rouges.

Vieille tomme.

Pâte mi-dure, pressée, non cuite.

Tomme de Savoie maigre : 30 % de matières grasses.

Croûte naturelle dure, sèche, de couleur grise tachée de rouge et de jaune.

- ⊖ 18-30 cm (diam.), 5-8 cm (épais.)
- ⚖ 1,5 à 3 kg
- 🝙 40 % minimum
- ✓ Toute l'année (pasteurisé) ; à partir de la fin du printemps (au lait cru) ; de l'été à l'hiver (fromage d'alpage)
- ↻ Cru ou pasteurisé
- 🍷 Vin de Savoie, hautes-côtes-de-beaune

RHÔNE-ALPES
Savoie,
Haute-Savoie

Tomme de Savoie maigre : 5 % de matières grasses.

TOMME DE SAVOIE AU CUMIN

La pâte de ce fromage, légèrement poisseuse, renferme des graines de cumin, que l'on trouve à l'état sauvage dans les Alpes. La toile dans laquelle la tomme était enveloppée pour le pressage a laissé des marques sur la croûte. Le fromage ci-contre est affiné à souhait. La production est fermière ou artisanale. L'affinage dure trois ou quatre mois.

Pâte mi-dure, pressée, non cuite.

Croûte naturelle.

⊖	17 à 19 cm (diamètre), 5 à 6 cm (épaisseur)
⚖	1,5 kg
🗘	30 à 40 %
✓	Toute l'année, selon l'affinage
↻	Cru ou pasteurisé
♀	Condrieu

RHÔNE-ALPES
Haute-Savoie

TOMME D'ALPAGE DE LA VANOISE

Les moisissures naturelles rouges, jaune clair et gris violacé qui ornent la croûte de ce fromage rappellent les couleurs d'un pré de fleurs sauvages. Une telle variété est due au niveau élevé de bêta-carotène contenu dans le lait des vaches qui paissent dans les alpages de la Vanoise. Ce fromage fermier de saveur raffinée mais puissante est fabriqué l'été en chalet. L'affinage dure deux ou trois mois.

Croûte naturelle ou lavée.

Pâte mi-dure, pressée, non cuite.

⊖	17 à 18 cm (diamètre), 5 à 6 cm (épaisseur)
⚖	2 kg
🗘	45 %
✓	De la fin de l'été à l'hiver
↻	Cru, entier
♀	Crozes-hermitage

RHÔNE-ALPES
Savoie

TOMME DE SAVOIE   233

TOME DES BAUGES (AOC)

Ce fromage fermier est produit dans le massif des Bauges, dans les Alpes, avec du lait de vache cru, entier ou demi-écrémé. Sa pâte pressée et salée, légèrement ferme à souple, de couleur jaune ou ivoire, peut présenter de petites ouvertures. Sa croûte fleurie grise, d'une épaisseur de 2 ou 3 millimètres, est dite «tourmentée» car elle présente des irrégularités. Le fromage ci-contre est au lait entier et a été vieilli trois mois. Affiné entre quarante jours et trois mois, il possède une croûte épaisse et une pâte forte. L'attribution de l'AOC date de 2002.

⊖	18 à 20 cm (diam.), 3 à 5 cm (épais.)
⚖	1,1 à 1,4 kg
▷	45 %
✓	Meilleur en été et en hiver
⌂	Cru, entier ou demi-écrémé
⚱	Hermitage

Pâte mi-dure, pressée, non cuite.

Croûte formée naturellement.

RHÔNE-ALPES
Savoie

TOMME DU FAUCIGNY

Le Faucigny est une région alpine frontalière de la Suisse. La tomme du Faucigny a une croûte marron tirant sur le rouge couverte de moisissures naturelles grises et blanches. La pâte, jaune à maturation, est percée de petits trous et cède sous la pression du doigt. L'affinage dure quatre ou cinq mois.

⊖	18 à 20 cm (diamètre), 5 à 6 cm (épaisseur)
⚖	1,5 kg
▷	40 %
✓	Toute l'année
⌂	Cru
⚱	Côtes-du-jura

Pâte mi-dure, pressée, non cuite.

Croûte naturelle.

RHÔNE-ALPES
Haute-Savoie

TOMME DE SAVOIE

TOMME DE LA FRASSE FERMIÈRE

Fromage originaire de Cluses, localité du Faucigny. Il a une croûte solide, couverte de taches rouges et blanches. La pâte est ferme, percée de trous bien répartis, mais souple au palais. Son goût est aigrelet. La richesse du lait employé étant variable, la teneur en matières grasses du fromage est indéterminée. L'affinage dure de quatre à six mois.

Pâte mi-dure, pressée, non cuite.

Croûte naturelle.

⊖	18 à 20 cm (diamètre), 7 cm (épaisseur)
⚖	2 kg
🝆	Variable
✓	Toute l'année, surtout de l'été à l'hiver
🝕	Cru
🍷	Crépy

RHÔNE-ALPES
Haute-Savoie

TOMME GRISE DE SEYSSEL

Tomme artisanale produite à Seyssel, sur le Rhône. Le fromage ci-contre pèse 1,6 kg, ce qui est assez lourd pour une tomme. Il est encore jeune, mais son odeur est marquante. La moisissure grise qui le recouvre est appelée « poils de chat ». Pendant l'affinage de deux à six mois, le fromage est frotté à la main afin que cette toison se couche peu à peu pour former une croûte de plus en plus dure et épaisse.

Pâte mi-dure, pressée, non cuite.

La croûte se forme naturellement pendant l'affinage.

⊖	20 cm (diamètre), 6 à 7 cm (épaisseur)
⚖	1,6 kg
🝆	40 %
✓	Toute l'année
🝕	Cru
🍷	Saint-péray

RHÔNE-ALPES
Haute-Savoie

TOMME FERMIÈRE DES LINDARETS

Le village des Lindarets, perché à 1 500 mètres, est proche de la frontière suisse. La croûte sèche et brune du fromage, qui paraît presque brûlée, est parsemée de moisissures blanches. Sa surface est rugueuse et irrégulière. La pâte, entièrement percée de petits trous, n'est ni trop sèche ni trop salée. Sa saveur s'épanouit à mesure qu'on le déguste. L'affinage dure de six à huit mois.

Pâte mi-dure, pressée, non cuite.

Croûte naturelle.

⊖	17 à 19 cm (diamètre), 6 cm (épaisseur)
⚖	1,5 kg
🝙	Variable
✓	Du printemps à l'automne
⌇	Cru
🍷	Châteauneuf-du-pape

RHÔNE-ALPES
Haute-Savoie

TOMME AU MARC DE RAISIN

Ce fromage fermier est une tomme vieillie et fortement aromatisée, car ayant séjourné un mois dans un récipient hermétique contenant du marc de raisin. La reprise de la fermentation rend la pâte du fromage plus compacte et plus collante. Le goût du marc, lui, imprègne le fromage jusqu'au cœur.

Pâte mi-dure, pressée, non cuite.

La croûte est couverte de marc de raisin.

⊖	19 à 21 cm (diamètre), 5 à 6 cm (épaisseur)
⚖	1,7 kg
🝙	40 %
✓	De la fin de l'automne à l'hiver
⌇	Cru
🍷	Marc de Savoie

RHÔNE-ALPES
Savoie

TOMME DE LULLIN

Le village de Lullin, où cette tomme est fabriquée en laiterie coopérative, est situé dans les Alpes. La tomme de Lullin porte le «label Savoie», garantie régionale de qualité délivrée par l'Association marque collective Savoie. La production du lait, la qualité de la présure et du fourrage, la taille et le poids des fromages, la durée de l'affinage sont régis par des règles précises. Ce label s'applique également à d'autres produits savoyards : jambons, saucisses, fruits.

La pâte de cette tomme est molle, de saveur modérée, percée de petits trous. Elle est épaisse mais fondante en bouche.

Pâte mi-dure, pressée, non cuite.

LA FABRICATION DE LA TOMME DE LULLIN

Les quinze fermes établies sur le territoire de production partagent les services d'un fromager qui fabrique de l'abondance (voir p. 40) et de la tomme. Pour une tomme de 1,5 kg, il faut 15 kg de lait. Pour l'abondance, plus grand, il faut 103 kg (100 litres) de lait pour 9,5 kg de fromage.

Le caillage
Le lait du matin est chauffé à 33 °C et emprésuré. Le caillé, chauffé à 37 °C, est coupé et mélangé. En 30 minutes, il devient granuleux et caoutchouteux.

Le moulage
Le caillé est versé dans des moules garnis de toile. Quand le petit-lait s'est égoutté, les fromages sont démoulés et retournés, les toiles ôtées des moules et remplacées par des filets de plastique. On y dépose aussi une étiquette de caséine précisant la teneur en matières grasses, le département et le lieu de production. Les fromages sont ensuite remis dans les moules ainsi préparés.

Le pressage et le salage
Les moules sont empilés, créant une pression qui favorise l'égouttage des fromages. Dix heures après le caillage, ceux-ci sont démoulés et placés dans un bain de saumure pour vingt-quatre heures.

L'affinage
L'affinage dure au moins un mois et demi. Après le salage, les fromages sont entreposés dans une cave à 10-12 °C et 90-95 % d'humidité. Une semaine plus tard, le fromage se couvre d'une moisissure semblable à des poils de chat. Quand on la brosse, cette toison poudreuse répand des spores. Cette tomme de Savoie typique est aussi appelée «tomme grise». Elle a toujours le goût de son terroir : c'est pourquoi les zones de production et d'affinage sont si précises. Des fromages venant d'autres régions sont même envoyés en Savoie pour y être affinés. Au bout de quatre semaines, les tommes partent chez l'affineur ou chez le fromager, qui se chargera de leur vieillissement.

1 Le moulage
Le caillé est réparti dans des moules garnis d'une toile.

2 Le retournage
Les fromages sont vivement retournés à la main.

TOMME DE SAVOIE

T 237

Croûte naturelle.

⊖	18 cm (diamètre), 5 à 8 cm (épaisseur)
⚖	1,2 à 2 kg
	40 % minimum ; 20 g pour 100 g
✓	Toute l'année
	Cru
♀	Côtes-du-rhône

RHÔNE-ALPES
Haute-Savoie

3 Après quarante-huit heures
Le fromage encore frais ne porte nulle trace de moisissure.

4 Sept ou huit jours plus tard
Une moisissure caractéristique, les « poils de chat », apparaît. Elle sera éliminée par brossage.

5 Vingt jours plus tard
Les « poils de chat » sont souples, ils commencent à raccourcir et deviennent gris.

6 Après quatre semaines d'affinage
La croûte grise commence à se former.

TOMME DE MÉNAGE / BOUDANE

L'expression «de ménage» convient à merveille à ce fromage fermier. Quant à «boudane», c'est l'équivalent savoyard du mot tomme. Le fromage photographié ici a reçu un affinage de quatre mois ; il est vieilli à point et exhale une senteur de cave. Sa pâte jaune d'œuf a une bonne consistance, solide et grasse. D'habitude, l'affinage dure deux ou trois mois.

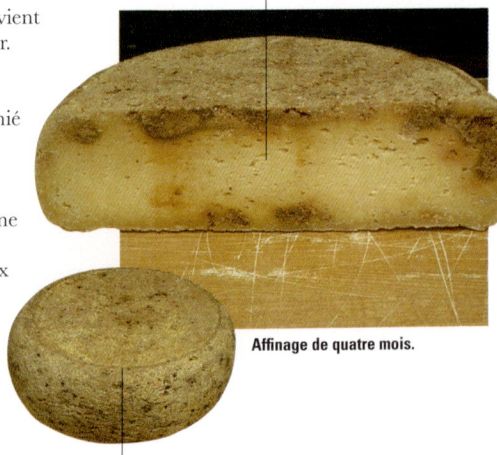

Pâte mi-dure, pressée, non cuite.

Affinage de quatre mois.

Croûte naturelle.

⊖	30 cm (diam.), 7 à 9 cm (épais.)
⚖	Environ 6,2 kg
🗋	45 %
✓	Meilleur en automne
⌇	Cru
🍷	Saint-joseph

RHÔNE-ALPES
Savoie

TOMME DU MONT-CENIS

Ce fromage fermier provient des environs du Mont-Cenis, près de la frontière italienne. Sa pâte est entièrement percée de petits trous ; humide, souple et agréablement collante au palais. Sa saveur douce est peut-être due aux fleurs alpines broutées par les vaches.

Il a l'aspect typique des tommes de Savoie : sa croûte est parsemée de moisissures grises, brunes et rouges. Il a été fabriqué en septembre, juste avant le retour des troupeaux vers la vallée. C'est donc un fromage d'alpage de fin de saison. L'affinage dure au minimum trois mois.

Pâte mi-dure, pressée, non cuite.

Croûte naturelle.

⊖	30 cm (diam.), 5 à 6 cm (épais.)
⚖	3,5 à 4 kg
🗋	45 %
✓	Meilleur en automne
⌇	Cru
🍷	Vinsobres

RHÔNE-ALPES
Savoie

TOMME DE THÔNES

Ce fromage fermier provient du village de Thônes, dans la chaîne des Aravis. Sa croûte brunâtre est dure et couverte de moisissures blanches. Sa pâte est souple et jaune. L'affinage dure au minimum six semaines.

- ⌀ 10 à 12 cm (diamètre), 8 à 9 cm (épaisseur)
- 900 g à 1 kg
- 40 %
- De l'été à l'automne
- Cru
- Vin de pays d'Ardèche

Affinage de douze semaines.

Croûte naturelle.

Pâte mi-dure, pressée, non cuite.

RHÔNE-ALPES
Haute-Savoie

Tomme de chèvre de Savoie

TOMME DE CHÈVRE DE BELLEVILLE

Chèvre de montagne produit dans la vallée de Belleville, dans la Tarentaise. C'est un fromage fermier dont la pâte pressée, épaisse et caoutchouteuse, est percée de trous. Celui que l'on voit ci-contre a été fabriqué en septembre et a séjourné quatorze semaines en cave, ce qui correspond à la période d'affinage habituelle. La meilleure saison pour l'achat et la dégustation est l'automne.

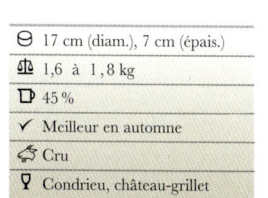

- ⌀ 17 cm (diam.), 7 cm (épais.)
- 1,6 à 1,8 kg
- 45 %
- Meilleur en automne
- Cru
- Condrieu, château-grillet

Croûte naturelle.

Pâte mi-dure, pressée, non cuite.

RHÔNE-ALPES
Savoie

TOMME DE CHÈVRE D'ALPAGE, MORZINE

Morzine est une station de sports d'hiver renommée, située à 10 kilomètres de la Suisse. Les pâturages d'été de la région sont excellents et ont fait la réputation des tommes de vache et de chèvre qui en sont issues.

Le fromage ci-contre est une tomme d'alpage fabriquée en chalet. Il a une croûte sèche couverte de moisissures grises et bleu pâle, mouchetée de rouge. Jeune, il a un parfum léger de fleurs qui s'affirme avec l'âge. L'affinage dure de deux à douze mois.

Pâte mi-dure, pressée, non cuite.

Croûte naturelle.

⊖	19 cm (diam.), 6 à 7 cm (épais.)
⚖	1,8 à 2 kg
🗋	45 %
✓	Meilleur en automne
🐇	Cru
🍷	Vin de Savoie, bourgogne aligoté

RHÔNE-ALPES
Haute-Savoie

TOMME DE CHÈVRE, VALLÉE DE MORZINE

Voici un autre fromage fermier tiré du lait des chèvres paissant dans les alpages de Morzine. Il a une croûte brun-rouge, humide et souple, et une pâte jaune assez lourde qui colle au couteau. Au palais, la pâte est fondante et possède un arrière-goût puissant. Le fromage est lavé durant l'affinage, qui dure un ou deux mois.

Pâte mi-dure, pressée, non cuite.

Croûte lavée, brossée et paraffinée.

⊖	18 à 20 cm (diamètre), 4 cm (épaisseur)
⚖	1 à 1,3 kg
🗋	Variable
✓	Du printemps à l'automne
🐇	Cru
🍷	Graves sec

RHÔNE-ALPES
Haute-Savoie

TOMME DE CHÈVRE DE SAVOIE   241

TOMME DE CHÈVRE, VALLÉE DE NOVEL

Ce fromage fermier vient des environs de Novel, localité proche du lac Léman. C'est un produit séduisant, d'aspect humide, avec une pâte ferme jaune clair qui résiste un peu à la coupe. Cette tomme, très différente des fromages de chèvre de la Loire (voir p. 104), dégage une odeur de cave. L'affinage dure quatre ou cinq mois.

Pâte molle, non pressée, non cuite.

Croûte naturelle.

| ⊖ 20 cm (diam.), 5 cm (épais.) |
| 1,7 à 2 kg |
| 40 % |
| ✓ De l'automne à l'hiver |
| Cru |
| Vin de Savoie |

RHÔNE-ALPES
Haute-Savoie

TOMME DE COURCHEVEL

Cette tomme fermière au lait de chèvre est fabriquée dans les chalets qui entourent Courchevel. Site olympique bien connu pendant l'hiver, les pentes herbeuses constituent en été un terrain idéal pour les chèvres. Ce fromage cache sous une croûte dure une pâte tendre à la saveur riche. D'habitude, l'affinage dure environ deux mois.

Pâte mi-dure, pressée, non cuite.

Croûte naturelle.

| ⊖ 20 à 25 cm (diamètre), 5 à 7 cm (épaisseur) |
| 1,5 à 2 kg |
| 45 % |
| ✓ De l'été à l'hiver |
| Cru |
| Condrieu |

LANGUEDOC-ROUSSILLON
Lozère

TOMME MI-CHÈVRE DU LÈCHERON

Fromage fermier portant le nom d'une montagne des Alpes et fabriqué en chalet dans le massif de la Vanoise. Selon un décret de 1988, un fromage mi-chèvre doit comporter 50 % de lait de chèvre. Cette proportion est complétée par du lait de vache, qui en adoucit le goût. Le fromage ci-contre a été lavé en saumure au début de son affinage, mais, quatre ou cinq mois plus tard, sa croûte est parfaitement sèche.

Pâte mi-dure d'un jaune gris, pressée, non cuite.

Affinage de quatre ou cinq mois.

Croûte lavée, paraffinée, sèche de couleur blanche, brune et orange.

⊖	20 à 24 cm (diamètre), 4 à 5 cm (épaisseur)
⚖	2 kg
🗇	45 %
✓	De l'été à l'automne
🐄	Cru (50 %)
🐐	Cru (50 %)
🍷	Crépy

RHÔNE-ALPES
Savoie

TOMMETTE MI-CHÈVRE DES BAUGES

La croûte de ce fromage fermier est sèche et dure, tandis que la pâte est légèrement humide, molle et onctueuse. Il est fabriqué dans le massif des Bauges, en Savoie. L'affinage dure deux ou trois mois.

Croûte naturelle d'un gris brunâtre.

Pâte mi-dure, pressée, non cuite.

⊖	10 à 11 cm (diamètre), 5 cm (épaisseur)
⚖	400 g
🗇	45 %
✓	Meilleur en automne
🐄	Cru
🐐	Cru
🍷	Crépy

RHÔNE-ALPES
Savoie

Autres tommes régionales

TOMME D'ARLES

Ce fromage fermier était jadis fabriqué à Montlaux, dans les Alpes-de-Haute-Provence. Après une période d'extinction complète, la production a été reprise en 1988 par deux femmes, qui utilisent le lait de leurs 60 brebis. Leur tomme a une pâte tendre et blanche, à peine vieillie, de saveur distincte. L'affinage est rapide : il ne dépasse pas les dix jours.

⊖	8 à 9 cm (diamètre), 1,5 cm (épaisseur)
⚖	90 à 110 g
🧀	50 %
✓	De la fin de l'hiver à l'été
🥛	Cru
🍷	Cassis, palette

Croûte naturelle.

Pâte molle, non pressée, non cuite.

PROVENCE-ALPES-CÔTE D'AZUR
Alpes-de-Haute-Provence

PETITE TOMME DE L'AVEYRON

Ce fromage fermier vient des hauts plateaux du Larzac, dans le département de l'Aveyron, d'où son nom. La pâte est de couleur ivoire, humide, percée de trous minuscules. Elle est très légèrement acide et son goût est assez prononcé. Sa teneur de 20 % en matières grasses en fait un produit idéal pour les gourmands qui doivent surveiller leur ligne. L'affinage dure de un à trois mois et demi.

⊖	12 cm (diam.), 3 cm (épais.)
⚖	310 à 350 g
🧀	20 % ou 40 %
✓	Du printemps à l'automne
🥛	Cru
🍷	Cahors

Croûte naturelle.

Pâte molle, non pressée, non cuite.

MIDI-PYRÉNÉES
Aveyron

TOMME DE BANON

Ce fromage artisanal à croûte dorée, sur laquelle fleurissent des moisissures bleues et blanches, est fabriqué à Banon, en Provence. Le brin de sarriette posé sur le dessus est décoratif. La pâte du fromage est de consistance fine ; elle exhale une odeur de lait de chèvre parfumé aux herbes. L'affinage dure de cinq jours à trois semaines.

Pâte tendre, non pressée, non cuite.

Croûte naturelle couverte de moisissures bleues et blanches.

⊖	6 cm (diam.), 2 cm (épais.)
⚖	60 à 75g
	45 %
✓	Toute l'année
	Cru
	Cassis

PROVENCE-ALPES-CÔTE D'AZUR
Alpes-de-Haute-Provence

TOMME DU BOUGNAT

Interrogé sur la provenance de ce fromage, le fromager n'a consenti à révéler que ceci : « Il vient des monts d'Auvergne. » Le nom du fabricant et le lieu de production semblent être des secrets commerciaux.

Sa pâte jaune pâle, fraîche au palais, a une saveur concentrée. La fabrication est artisanale, et l'affinage dure deux mois.

Pâte mi-dure, non cuite, légèrement pressée.

Croûte naturelle.

⊖	30 cm (diam.), 5 cm (épais.)
⚖	4 kg
	45 %
✓	Toute l'année
	Cru
	Saint-pourçain

AUVERGNE

AUTRES TOMMES RÉGIONALES   T   245

TOMME CAPRA

Un chèvre tout simple, originaire du village de Saint-Bardoux, dans la Drôme. Son nom vient de l'italien *capra*, qui signifie chèvre. La croûte est fine, la pâte ferme, même quand elle est fraîche. Elle exhale un goût léger de lait de chèvre. Ce fromage fermier est fabriqué par le maître tommier Pozin, et son affinage dure douze jours.

Pâte molle, non pressée, non cuite.

Croûte naturelle.

⊖	6 cm (diam.), 1,5 à 2 cm (épais.)
⚖	50 à 60 g
🗇	45 %
✓	Toute l'année, meilleur au printemps
⌇	Cru
🍷	Saint-joseph

RHÔNE-ALPES
Drôme

TOMME DE CHÈVRE DU PAYS NANTAIS

Le pays nantais, où est né ce fromage artisanal de taille moyenne, doit sa renommée surtout à ses vins blancs. Cette tomme a une croûte humide orangée. La pâte est couleur de la crème, de consistance fine, ferme sans être élastique. Quant au goût, il est inhabituel, puisqu'il marie celui du lait de chèvre et celui du vin. En effet, pendant l'affinage de trois à six semaines, le fromage est frotté avec une toile imbibée de muscadet.

Croûte humide, lavée, brossée et paraffinée.

Pâte mi-dure, pressée, non cuite.

⊖	20 cm (diam.), 3 à 4 cm (épais.)
⚖	1,5 kg
🗇	45 %
✓	Toute l'année
⌇	Cru
🍷	Muscadet

PAYS DE LA LOIRE
Loire-Atlantique

TOMME DE CHÈVRE DU TARN / LOU PENNOL

Ce chèvre fermier est produit par le GAEC du Pic, dans le département du Tarn. Il possède une croûte sèche et rugueuse, une pâte d'un blanc éclatant, de consistance fine, mais non élastique. Elle fond dans la bouche en développant une certaine acidité. Au début de son affinage, qui a pris trois mois environ, la tomme photographiée ci-contre pesait 2 kg ; au bout de deux mois, elle ne pesait plus que 1,5 kg.

Pâte mi-dure, pressée, non cuite.

Croûte naturelle.

- 16 à 17 cm (diamètre), 7 cm (épaisseur)
- 1,5 g
- 45 %
- Toute l'année
- Cru
- Gaillac

MIDI-PYRÉNÉES
Tarn

TOMME LE GASCON

Ce fromage artisanal vient de Lomagne, région de Gascogne également bien connue pour sa gastronomie. La croûte sèche reste souple au toucher. La pâte est jaune, souple, percée de nombreux trous. Le goût lactique est très prononcé. L'affinage dure quatre ou cinq semaines.

Pâte mi-dure, pressée, non cuite.

Croûte naturelle.

- 20 cm (diamètre), 9 à 10 cm (épaisseur)
- 3 à 3,5 kg
- 45 à 50 %
- Toute l'année
- Cru
- Tursan

MIDI-PYRÉNÉES
Gers

AUTRES TOMMES RÉGIONALES   247

TOMME DE HUIT LITRES

Ce fromage fermier est l'œuvre d'ex-Parisiens désormais établis à Puimichel. Dans les Alpes provençales, ils élèvent 45 chèvres et fabriquent plusieurs types de fromages qui, s'ils diffèrent dans leur mode de production, leur saveur et leur arôme, ont en commun un lait de qualité supérieure. La tomme de huit litres est faite selon une recette ancestrale qui avait été perdue. Son odeur est faible mais elle possède une saveur de lait de chèvre très riche. L'affinage dure de deux semaines à six mois.

Pâte mi-dure, pressée, non cuite.

Croûte naturelle.

⊖	18 cm (diam.), 3,5 cm (épais.)
⚖	1 à 1,2 kg
🗓	Variable
✓	Du printemps à l'automne
🐐	Cru
🍷	Cassis

PROVENCE-ALPES-CÔTE D'AZUR Alpes-de-Haute-Provence

TOMME DE MONTAGNE

Le fromage fermier ci-contre a été fabriqué à la ferme Kempf du Saesserlé, dans les Vosges, qui fait également un excellent munster (voir p. 192). La croûte de la tomme de montagne est dorée, tachetée de rouge et de blanc. La pâte, ferme et de saveur subtile, a la couleur du beurre. Le fromage est lavé et brossé durant l'affinage, qui dure deux mois.

Pâte mi-dure, pressée, non cuite.

Croûte naturelle humide.

⊖	19 à 20 cm (diamètre), 7 à 8 cm (épaisseur)
⚖	2,5 kg ; la taille varie selon la quantité moyenne de lait
🗓	Variable
✓	Toute l'année ; meilleur en automne et en hiver
🐄	Cru
🍷	Sylvaner millésimé

ALSACE Haut-Rhin

TOMME DE ROMANS / ROMANS

Certains fromages toujours fabriqués sur leur territoire traditionnel ont conservé leur nom alors même que le lait utilisé n'est plus du même type qu'à l'origine. Le romans en est un exemple. Autrefois fromage fermier au lait de chèvre, il n'est plus aujourd'hui qu'un produit industriel ou artisanal au lait de vache pasteurisé. Son odeur légère rappelle la cave dans laquelle il a été affiné pendant dix jours au minimum.

Pâte tendre, non pressée, non cuite.

Croûte naturelle.

⊖	8 à 9 cm (diamètre), 3,5 cm (épaisseur)
⚖	200 à 300 g
🗗	45 à 50 %
✓	Toute l'année
🗁	Pasteurisé
🍷	Crozes-hermitage, cornas

RHÔNE-ALPES
Drôme, Isère

TOMME DE SÉRANON

Le village de Séranon se situe au nord de Grasse, à 1 000 mètres d'altitude. L'air marin se charge du parfum des fleurs, et même le fromage exhale un délicieux et persistant bouquet. L'été est la meilleure saison pour déguster cette tomme. La croûte est fine et presque rose. La pâte est très souple et fragile. L'affinage dure environ deux semaines.

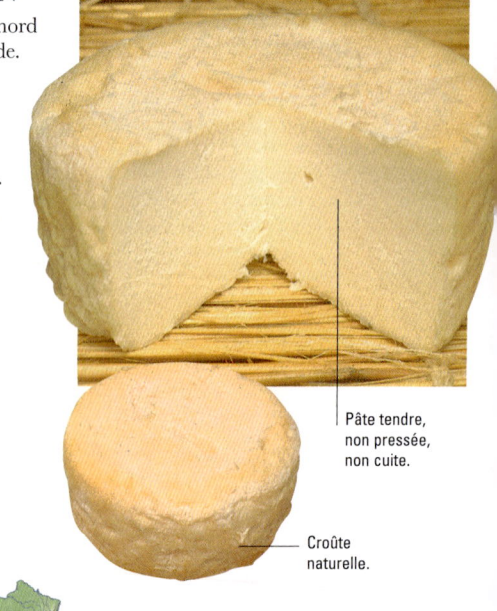

Pâte tendre, non pressée, non cuite.

Croûte naturelle.

⊖	9 cm (diam.), 4 cm (épais.)
⚖	250 à 300 g
🗗	45 %
✓	Toute l'année, meilleur du printemps à l'été
🗁	Cru
🍷	Rosé de Provence

PROVENCE-ALPES-CÔTE D'AZUR
Alpes-Maritimes

TOMME DE VENDÉE

La pâte et la croûte de ce grand fromage artisanal de la côte atlantique révèlent que les méthodes de production vendéennes sont bien différentes de celles suivies dans le Val de Loire pour la fabrication des divers chèvres AOC. Ici, la salinité est plutôt prononcée et la saveur est en partie due à un affinage soigneux. L'affinage dure un mois et demi.

Pâte mi-dure, pressée, non cuite.

Croûte naturelle.

- 20 à 22 cm (diamètre), 4 cm (épaisseur)
- 1,7 kg
- 45 %
- Du printemps à l'automne
- Cru
- Fiefs vendéens rosés

PAYS DE LA LOIRE
Vendée

TOMMETTE DE L'AVEYRON

Ce fromage fermier du Larzac, berceau du célèbre roquefort (voir p. 216), est fabriqué à partir d'un lait riche et possède une croûte sèche couverte de moisissures blanches, grises et brun-rouge. Sa pâte est ferme et élastique sous le doigt. Elle fond dans la bouche en développant un goût robuste et salé. L'affinage dure de deux à six semaines.

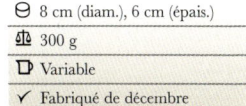

Pâte molle, jaune ou blanche, légèrement pressée, non cuite.

Croûte naturelle.

- 8 cm (diam.), 6 cm (épais.)
- 300 g
- Variable
- Fabriqué de décembre à la mi-août
- Cru
- Gaillac, cahors

MIDI-PYRÉNÉES
Aveyron

TOMME DE CHÈVRE

Fromage fermier fabriqué en Provence, par les mêmes producteurs que la tomme de huit litres (voir p. 247). Son goût est discret, mais complexe. Au cours des trois semaines d'affinage, il est lavé en saumure deux fois par semaine.

Croûte lavée humide de couleur rougeâtre.

Pâte molle, légèrement pressée, non cuite.

- ⊖ 10 cm (diam.), 2,5 cm (épais.)
- ⚖ 220 à 250 g
- 🏷 Variable
- ✓ Du printemps à l'automne
- 🥛 Cru
- 🍷 Cassis

PROVENCE-ALPES-CÔTE D'AZUR
Alpes-de-Haute-Provence

Tomme de chèvre des Pyrénées

FROMAGE DE CHÈVRE FERMIER

Dans les Pyrénées, on produit du fromage de brebis depuis des siècles, mais plus rarement du chèvre. On enveloppe le caillé dans une toile, on le presse afin d'éliminer le petit-lait. Ainsi, la conservation est meilleure. Le résultat, après affinage, est un fromage de grande taille, lourd, dont la pâte ferme et compacte, blanche et sèche, a tendance à se fendre. Le goût est riche. La croûte est estampillée d'un cœur en relief qui est la marque de fabrique. L'affinage dure un mois et demi.

Croûte naturelle marquée par la toile et frappée d'un cœur.

Pâte mi-dure, pressée, non cuite.

- ⊖ 15 à 18,5 cm (diamètre), 8 cm (épaisseur)
- ⚖ 2,3 kg
- 🏷 45 %
- ✓ De l'été à l'hiver
- 🥛 Cru
- 🍷 Jurançon

MIDI-PYRÉNÉES
Hautes-Pyrénées

TOMME DE CHÈVRE LOUBIÈRES / CABRIOULET

Fromage fermier au lait de chèvre fabriqué à la ferme Col del Fach de Loubières, près de Foix. Celui que l'on voit ci-contre a subi un affinage de cinq mois ; sa croûte semble aussi sèche qu'une pierre. La pâte est d'un jaune-gris, percée de trous, peu élastique. C'est un fromage au goût prononcé et qui a conservé l'odeur de moisi de sa cave. Bien que salée, sa saveur est équilibrée et riche. Au cours des deux mois d'affinage, il est lavé en saumure.

⊖	20 à 21 cm (diamètre), 5 à 6 cm (épaisseur)
⚖	2 à 2,5 kg
🗋	Variable
✓	Toute l'année, sauf décembre et janvier
🧀	Cru
🍷	Limoux

Pâte mi-dure, pressée, non cuite.

Croûte humide, lavée, brossée et paraffinée.

MIDI-PYRÉNÉES
Ariège

TOMME DU PAYS BASQUE

Ce fromage fermier est l'œuvre du fromager qui fabrique l'ardi-gasna (voir p. 67), établi près de Saint-Jean-Pied-de-Port, près de la frontière espagnole. Il est également vieilli par le même affineur. Ce fromage a une croûte sèche marquée par la toile utilisée au moment du pressage. La pâte est ferme, sans élasticité, friable. Bien qu'elle soit sèche, elle est bien équilibrée en sel et en matières grasses et fond dans la bouche tout en étant assez collante. L'affinage dure deux mois.

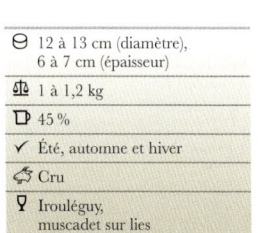

⊖	12 à 13 cm (diamètre), 6 à 7 cm (épaisseur)
⚖	1 à 1,2 kg
🗋	45 %
✓	Été, automne et hiver
🧀	Cru
🍷	Irouléguy, muscadet sur lies

Pâte mi-dure, pressée, non cuite.

Croûte naturelle.

AQUITAINE
Pyrénées-Atlantiques

TOMME DE CHÈVRE DE PAYS

Ce fromage fermier a une croûte sèche légèrement marquée par la toile employée pour le pressage et tachée de moisissures marron clair et rouges. Après trois mois d'affinage, le goût est bien développé avec une douceur très équilibrée et sans acidité.

Pâte mi-dure, pressée, non cuite.

Croûte naturelle.

- 19 cm (diamètre), 7 à 8 cm (épaisseur)
- 2 à 2,2 kg
- 45 %
- Toute l'année ; meilleur en automne et en hiver
- Cru
- Tursan

MIDI-PYRÉNÉES
Hautes-Pyrénées

TRAPPE (VÉRITABLE)

Artisanal fabriqué par les moines trappistes de l'abbaye de la Coudre, près de Laval dans le Maine. C'est un fromage doux qui sent un peu le moisi. Pendant l'affinage de trois semaines au minimum, il est lavé en saumure.

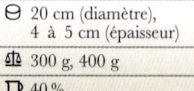

Pâte élastique mi-dure, pressée, non cuit.

Croûte lavée, brossée et paraffinée.

- 20 cm (diamètre), 4 à 5 cm (épaisseur)
- 300 g, 400 g
- 40 %
- Toute l'année
- Pasteurisé
- Chinon

PAYS DE LA LOIRE
Mayenne

TRAPPE DE BELVAL

Ce fromage artisanal est produit à l'abbaye de Belval, dans l'Artois. Les trappistines qui en lancèrent la fabrication en 1892 venaient de Laval. Chaque année, les quarante sœurs de l'abbaye produisent une quarantaine de tonnes de fromage. Elles l'emballent dans un papier orange vif frappé de six croix bleues et d'un dessin de l'abbaye en bleu foncé. La croûte du fromage est jaune paille, la pâte blanc ivoire ; la consistance est élastique, l'odeur faible. L'affinage dure six semaines au minimum.

⊖	20 cm (diamètre), 4 à 5 cm (épaisseur)
⚖	2 kg ; 400 g
🝢	40 à 45 %
✓	Toute l'année
⌒	Cru
🍷	Bordeaux, médoc

Pâte élastique mi-dure, pressée, non cuite.

Croûte lavée, brossée et paraffinée ; sèche de couleur rosée.

NORD-PAS-DE-CALAIS
Pas-de-Calais

FROMAGE D'HESDIN

Ce fromage artisanal porte le nom de sa ville, située à 20 kilomètres du lieu de fabrication du belval (ci-dessus), dont il est probablement inspiré. La production du fromage d'Hesdin a commencé vers 1960. Son odeur est douce et légère, son arrière-goût à peine sucré. Le fromage est de temps en temps lavé au vin blanc au cours de son affinage de deux mois.

⊖	12 cm (diamètre), 3 à 3,5 cm (épaisseur)
⚖	400 à 450 g
🝢	40 à 42 %
✓	Toute l'année ; meilleur du printemps à l'automne
⌒	Cru
🍷	Haut-médoc

Pâte mi-dure, légèrement pressée, non cuite.

Croûte lavée humide de couleur rouge, brossée et paraffinée.

NORD-PAS-DE-CALAIS
Pas-de-Calais

TRAPPE D'ÉCHOURGNAC

Depuis 1868, les trappistines d'Échourgnac, dans le Périgord, collectent le lait des fermes alentour pour produire leur fromage artisanal. Le mode de fabrication est le même que celui du port-du-salut (voir p. 209). La production atteint 52 tonnes par an.

La croûte est très légèrement humide et rebondit sous la pression du doigt. Le goût est simple et équilibré. L'affinage dure d'abord deux semaines dans les caves de l'abbaye, puis se prolonge un mois chez le fromager.

Croûte lavée, brossée et paraffinée; légèrement humide.

Pâte élastique mi-dure, légèrement pressée, non cuite.

⊖	9 à 10 cm (diamètre), 3 à 4 cm (épaisseur)
⚖	270 à 300 g; 2 kg
🝆	45 %
✓	Toute l'année
♻	Pasteurisé
🍷	Cahors

AQUITAINE
Dordogne

TRAPPISTE DE CHAMBARAN

Fromage monastrial artisanal provenant de Roybon, localité du plateau dauphinois de Chambaran. Il a une croûte humide rose pâle et un goût discret. La production, inspirée de celle du reblochon (voir p. 213) et du port-du-salut (voir p. 209), a commencé en 1932. Le lait est collecté dans les fermes environnantes, puis pasteurisé. Pendant l'affinage, les fromages sont lavés en saumure pendant plus de deux semaines dans les caves naturelles de l'abbaye. Les plus gros y restent quatre semaines au moins.

Croûte lavée, brossée et paraffinée; humide de couleur rose.

Pâte mi-dure, légèrement pressée, non cuite.

⊖	8 à 9 cm (diamètre), 2 à 2,5 cm (épaisseur)
⚖	160 g; 300 g; 1,5 kg
🝆	45 %
✓	Toute l'année
♻	Pasteurisé
🍷	Côte-rôtie

RHÔNE-ALPES
Isère

▶ **Le lait des vaches Blonde d'Aquitaine est utilisé dans la fabrication de nombreux fromages dans le monde entier.**

T

Triple-crème et double-crème

Les fromages triple-crème et double-crème remportent un certain succès dû à leur goût onctueux et subtil et apportent un peu de variété à un plateau de fromages. Fabriqué à partir de lait enrichi de crème fraîche, le triple-crème contient au moins 75 % de matières grasses et le double-crème de 60 à 75 %. Ils n'ont généralement pas de croûte, ou bien une croûte fleurie molle. La pâte est tendre, douce, son goût est agréable ; certains sont un peu acidulés. Leur odeur est discrète. N'ayant pas de saveur très prononcée, ils sont souvent employés comme base pour la fabrication d'autres fromages (voir p. 261). L'affinage est en général de courte durée.
Ces fromages se dégustent frais et se marient bien avec un vin tel que le moulis, aussi connu sous le nom de moulis-en-médoc, petite exploitation du Haut-Médoc.

BOUILLE

Fromage artisanal rare, il fut créé en Normandie à la fin du XIXe siècle par l'homme qui inventa le « fromage de monsieur » (voir p. 259). Malgré sa haute teneur en matières grasses, ce double-crème est vieilli deux mois.

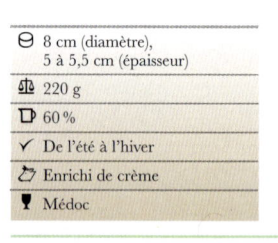

- 8 cm (diamètre), 5 à 5,5 cm (épaisseur)
- 220 g
- 60 %
- De l'été à l'hiver
- Enrichi de crème
- Médoc

HAUTE-NORMANDIE
Seine-Maritime

Croûte fleurie.

Pâte molle, non pressée, non cuite.

BOURSAULT

Fromage industriel au goût délicat un peu acide qui rappelle celui du brie (voir p. 80). Créé après 1945, il porte le nom de son inventeur et fabricant. Ce fromage mou et crémeux, qui sent légèrement le moisi, est affiné au minimum deux mois.

- 8 cm (diam.), 4 cm (épais.)
- 200 g
- 70 %
- Toute l'année
- Enrichi de crème
- Bordeaux

ÎLE-DE-FRANCE
Seine-et-Marne

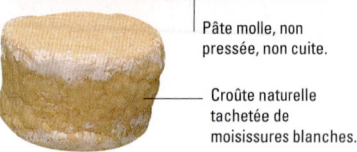

Pâte molle, non pressée, non cuite.

Croûte naturelle tachetée de moisissures blanches.

BOURSIN

On peut voir à droite un Boursin à l'ail et aux fines herbes, et à gauche un Boursin au poivre. Ce fromage industriel sans affinage est fabriqué en Normandie. Mou et crémeux, il est délicieux tartiné sur du pain frais, accompagné de vin blanc sec.

⊖	8 cm (diam.), 4 cm (épais.)
⚖	150 g
🇩	70 %
✓	Toute l'année
⚇	Enrichi de crème
🍷	Graves

HAUTE-NORMANDIE
Eure

Pâte fraîche, moulée et malaxée, non pressée, non cuite.

Absence de croûte.

BRILLAT-SAVARIN

Ce fromage a été créé dans les années 1930 par Henri Androuët, père du grand fromager Pierre Androuët. Il porte le nom d'un célèbre gastronome et homme politique de la fin du XVIIIe siècle, Jean Anthelme Brillat-Savarin. Son affinage dure une ou deux semaines.

⊖	12 à 13 cm (diamètre), 3,5 à 4 cm (épaisseur)
⚖	450 à 500 g
🇩	75 %
✓	Toute l'année
⚇	Enrichi de crème
🍷	Saint-émilion, fronsac

PRINCIPALEMENT NORMANDIE

Croûte fleurie.

Pâte molle, non pressée, non cuite.

CAPRICE DES DIEUX

Commercialisé en 1956, ce fromage industriel de la région de Bassigny, en Haute-Marne, existe en trois versions, dont le poids varie de 150 g à 310 g. Son temps d'affinage est de deux semaines.

⊖	Moyen : 14 cm (longueur), 6 cm (largeur), 3,5 cm (épaisseur)
⚖	Moyen : 210 g
🇩	60 %
✓	Toute l'année
⚇	Enrichi de crème
🍷	Coteaux-champenois

CHAMPAGNE-ARDENNE
Haute-Marne

Pâte molle, non pressée, non cuite.

Croûte fleurie.

CROUPET

Ce fromage porte le nom de son village d'origine, en Seine-et-Marne. Fabriqué dans une petite laiterie industrielle, son temps d'affinage est de une ou deux semaines.

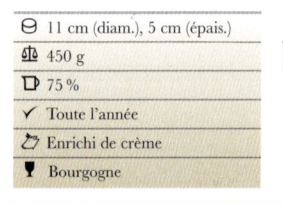

⊖	11 cm (diam.), 5 cm (épais.)
⚖	450 g
🗋	75 %
✓	Toute l'année
⌇	Enrichi de crème
♟	Bourgogne

ÎLE-DE-FRANCE
Seine-et-Marne

Croûte fleurie.   Pâte molle et crémeuse, non pressée, non cuite.

DÉLICE DE SAINT-CYR

Ce fromage de Saint-Cyr-sur-Morin, dans la Brie, est semblable au boursault (voir p. 256). Fabriqué dans une petite laiterie industrielle, il est affiné pendant quatre ou cinq semaines.

⊖	8 à 9 cm (diam.), 4 à 6 cm (épais.)
⚖	300 g
🗋	75 %
✓	Toute l'année
⌇	Enrichi de crème
♟	Bordeaux

ÎLE-DE-FRANCE
Seine-et-Marne

Pâte molle, non pressée, non cuite.   Croûte fleurie.

EXPLORATEUR

Fromage industriel qui dégage une légère odeur de moisi ; sa consistance et son goût sont crémeux. L'affinage dure deux ou trois semaines. Il existe d'autres versions de ce fromage, vendues à la coupe, d'un poids de 450 g et 1,6 kg.

⊖	8 cm (diam.), 6 cm (épais.)
⚖	250 g
🗋	75 %
✓	Toute l'année
⌇	Enrichi de crème
♟	Bordeaux

ÎLE-DE-FRANCE
Seine-et-Marne

Croûte fleurie.   Pâte molle, non pressée, non cuite.

TRIPLE-CRÈME ET DOUBLE-CRÈME

FIN-DE-SIÈCLE

C'est Henri Androuët qui a trouvé le nom fantaisiste de ce fromage triple-crème artisanal du pays de Bray. Mou et crémeux, le fin-de-siècle a une légère odeur de moisi. Son affinage dure deux semaines.

⊖	8 cm (diam.), 5 cm (épais.)
⚖	270 g
💧	72 %
✓	Toute l'année
⌓	Enrichi de crème
🍷	Bordeaux

HAUTE-NORMANDIE
Eure

Pâte molle, non pressée, non cuite.
Croûte fleurie.

FROMAGE DE MONSIEUR / MONSIEUR FROMAGE

On doit ce fromage industriel au créateur de la bouille (voir p. 256). Le fromage de monsieur est aujourd'hui fabriqué industriellement dans une grande laiterie. L'affinage dure trois semaines.

⊖	7 cm (diam.), 5 cm (épais.)
⚖	250 g
💧	60 %
✓	Toute l'année
⌓	Enrichi de crème
🍷	Bordeaux

PRINCIPALEMENT NORMANDIE

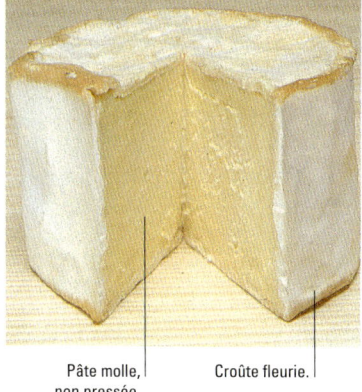

Pâte molle, non pressée, non cuite.
Croûte fleurie.

GRAND-VATEL

Triple-crème artisanal. Robuste, il a un goût de beurre et son affinage dure six semaines. Il existe également un petit vatel, dont l'affinage ne dure que quatre semaines.

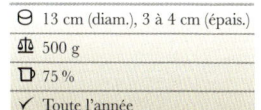

⊖	13 cm (diam.), 3 à 4 cm (épais.)
⚖	500 g
💧	75 %
✓	Toute l'année
⌓	Enrichi de crème
🍷	Côtes-de-beaune

BOURGOGNE
Côte-d'Or

Pâte molle, non pressée, non cuite.
Croûte fleurie.

GRATTE-PAILLE

Ce fromage artisanal est fabriqué en Seine-et-Marne et son affinage dure trois semaines. De consistance huileuse, il possède un riche goût de crème.

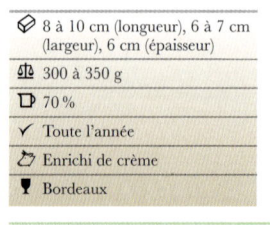

⬖	8 à 10 cm (longueur), 6 à 7 cm (largeur), 6 cm (épaisseur)
⚖	300 à 350 g
🗇	70 %
✓	Toute l'année
⌂	Enrichi de crème
🍷	Bordeaux

ÎLE-DE-FRANCE
Seine-et-Marne

Pâte molle, non pressée, non cuite.
Croûte fleurie.

LUCULLUS

Triple-crème à la pâte douce, il porte le nom d'un célèbre général et gastronome romain. L'affinage dure trois ou quatre semaines.

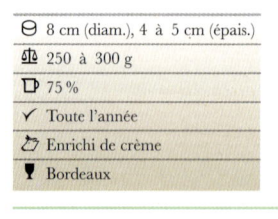

⬖	8 cm (diam.), 4 à 5 cm (épais.)
⚖	250 à 300 g
🗇	75 %
✓	Toute l'année
⌂	Enrichi de crème
🍷	Bordeaux

ÎLE-DE-FRANCE
Seine-et-Marne

Pâte molle, non pressée, non cuite.
Croûte fleurie.

PIERRE-ROBERT

Ce fromage artisanal de Seine-et-Marne est l'œuvre du fromager Robert Rouzaire, qui l'a nommé en accolant son prénom à celui d'un ami. Aujourd'hui, la production est assurée par son fils. Ce fromage de goût simple est apprécié des enfants. Son affinage dure trois semaines.

⬖	13 cm (diam.), 4,5 à 5 cm (épais.)
⚖	500 g
🗇	75 %
✓	Toute l'année
⌂	Enrichi de crème
🍷	Bordeaux

ÎLE-DE-FRANCE
Seine-et-Marne

Pâte molle, non pressée, non cuite.
Croûte fleurie.

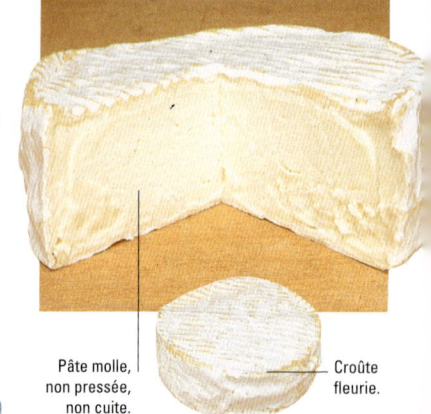

TRIPLE-CRÈME ET DOUBLE-CRÈME

DES CRÉATIONS ORIGINALES

Les fromages présentés ci-dessous sont tous des double ou triple-crème décorés par les soins d'un fromager avec des épices et des herbes aromatiques.

À la cannelle.

Gargantua à la feuille de sauge.

Au paprika.

Au poivre noir moulu grossièrement.

Trois-épis enrobé de cumin entier.

Soleil enrobé de raisins blonds et noirs.

Le fromage est entièrement recouvert de raisins secs trempés dans le rhum.

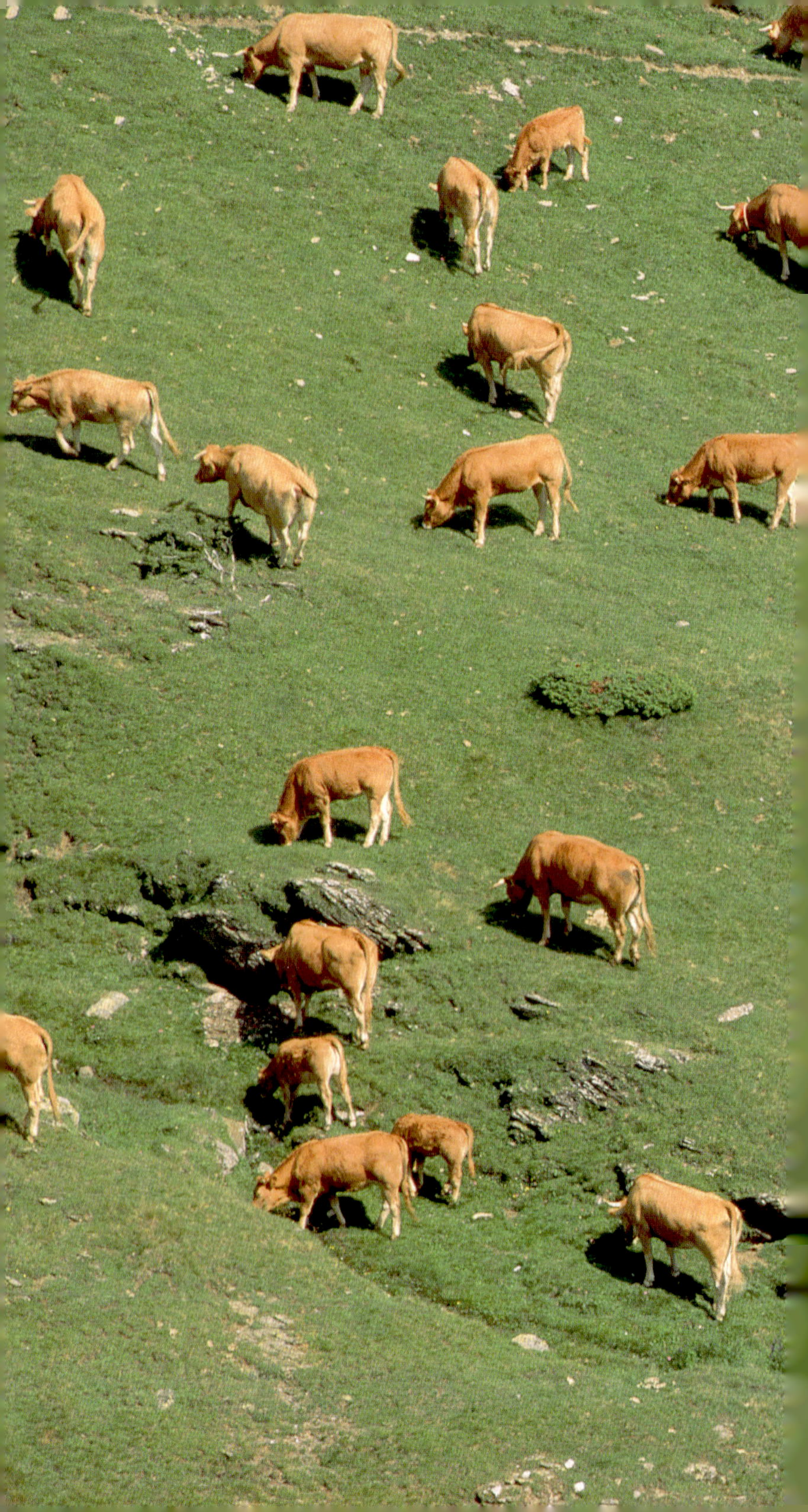

LES FROMAGES
V

Vache des Pyrénées

La chaîne des Pyrénées couvre 400 kilomètres et s'étend sur cinq départements. Dans l'Ariège et la Haute-Garonne, les fromages autrefois fabriqués à partir de lait de brebis sont aujourd'hui faits au lait de vache. Ils sont compacts et de taille moyenne, couverts d'une croûte dure qui protège une pâte ferme, grasse, au goût fruité. Ils portent tous le nom de leur village d'origine, mais les gens du pays préfèrent les nommer simplement «fromage de montagne» et ils bénéficient d'une IGP tomme des Pyrénées. Presque tous sont des produits fermiers au lait cru, dont la pâte est percée de petits trous appelés «yeux». Grâce à l'affinage, ces fromages développent tout leur caractère. Ils deviennent plus forts, et la douceur et la fadeur du lait s'estompent. Dégustez-les avec un vin rouge fruité.

BAROUSSE

Ce fromage porte le nom de la vallée de Barousse de l'Ourse. Il est fabriqué suivant la même méthode que l'esbareich (ci-dessous). Son goût varie selon que les vaches ont été nourries d'herbe de printemps ou d'été ou bien de fourrage sec, à l'étable. Le barousse ci-contre a été fabriqué par la famille Sost dans le village du même nom. C'est un fromage fermier à l'odeur prononcée, affiné au moins un mois et demi.

Croûte lavée brun-rose naturelle.

Pâte pressée, non cuite ; mi-dure, élastique, percée de nombreux petits trous.

⊖	19 cm (diam.), 7 cm (épais.)
⚖	2 kg
🗓	Variable
✓	Toute l'année
⌬	Cru
🍷	Madiran, côtes-du-frontonnais

MIDI-PYRÉNÉES
Hautes-Pyrénées

ESBAREICH

C'est le frère jumeau du barousse. Fromage fermier d'Esbareich, à 2 kilomètres de Sost, il est affiné deux mois et demi.

Fromage à pâte mi-dure, non cuit, non pressé, à la moisissure naturelle.

⊖	19 cm (diamètre), 7,5 cm (épaisseur)
⚖	2,5 kg
🗓	Variable
✓	Toute l'année
⌬	Cru
🍷	Madiran, côtes-du-frontonnais

MIDI-PYRÉNÉES
Hautes-Pyrénées

◀ Dans les Pyrénées.

BETHMALE

Ce fromage, le plus connu des pyrénéens, porte le nom du village où il est fabriqué, qui se situe aux environs de Couserans, dans le comté de Foix. Selon la légende, il reçut les faveurs de Louis VI le Gros, qui traversa la région au XIIe siècle.

Le bethmale est certainement le plus doux des fromages au lait de vache des Pyrénées. Celui ci-contre a une pâte mi-dure, pressée mais non cuite, qui a gardé une odeur de cave. Durant l'affinage de deux ou trois mois, le fromage est brossé et retourné.

Croûte naturelle.

⊖	25 à 40 cm (diamètre), 8 à 10 cm (épaisseur)
⚖	3,5 à 6 kg
	45 à 50%
✓	Toute l'année
	Cru ou pasteurisé
	Collioure

MIDI-PYRÉNÉES
Ariège

BAMALOU

Ce fromage artisanal de Castillon-en-Couserans, près de Foix, est fabriqué en deux tailles. Contrairement au bethmale, c'est sûrement le plus fort des fromages de vache des Pyrénées. Sa pâte est souple, grasse, bien protégée par une croûte dure de couleur brune tachetée de rouge. Le goût et l'odeur de ce fromage se marient bien aux vins rouges tanniques.

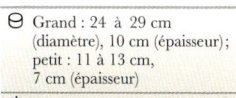

Pâte mi-dure, pressée, non cuite.

Croûte naturelle brun-rouge.

⊖	Grand : 24 à 29 cm (diamètre), 10 cm (épaisseur); petit : 11 à 13 cm, 7 cm (épaisseur)
⚖	6 kg (grand), 700 à 800 g (petit)
	50%
✓	Toute l'année
	Cru, entier
	Châteauneuf-du-pape, cahors

MIDI-PYRÉNÉES
Ariège

VACHE DES PYRÉNÉES

FROMAGE DE MONTAGNE

La minuscule maison où vivent les deux producteurs de ce fromage fermier est perchée à Poubeau, à 1 300 mètres d'altitude, près de Luchon, dans les Pyrénées. La croûte orange et blanc rosé, molle et humide, sent moins fort que la pâte. Celle-ci est d'une couleur jaune d'or, percée de nombreux trous. Son odeur est forte. Malgré son aspect jeune, le fromage ci-contre a été affiné quatre mois et se trouve presque à point. La période d'affinage dure au minimum trois mois, durant lesquels les fromages sont lavés et retournés.

Pâte mi-dure, élastique, légèrement pressée, non cuite.

Croûte naturelle souple.

- 20 à 22 cm (diam.), 8 cm (épais.)
- 2,7 kg
- Variable
- Toute l'année
- Cru
- Bergerac, bordeaux, fitou

MIDI-PYRÉNÉES
Haute-Garonne

FROMAGE DE MONTAGNE DE LÈGE

Ce fromage fermier fabriqué à la ferme de Camille Cazaux, au village de Lège, a une croûte collante brun-rouge et un peu humide, ainsi qu'une pâte dense et jaune percée de trous. Il peut se déguster après seulement trois mois d'affinage, mais les véritables connaisseurs préfèrent attendre sa maturité complète, c'est-à-dire six mois.

Pâte mi-dure, élastique, pressée, non cuite.

Croûte naturelle brun-rouge.

- 34 à 37 cm (diamètre), 7 à 8 cm (épaisseur)
- 6,5 kg
- 45 %
- De l'été à l'hiver
- Cru
- Madiran, cahors, fitou

MIDI-PYRÉNÉES
Haute-Garonne

VACHE DES PYRÉNÉES 267

FROMAGE DE MONTAGNE DU PIC DE LA CALABASSE

Fromage artisanal originaire de Saint-Lary, au pied du pic de la Calabasse, qui culmine à 2 210 mètres. Il existe également une version plus petite de ce fromage. Celui que l'on voit ici est à cœur : la croûte porte des traces de blanc, de gris, de rose et de brun, la pâte est jaune et brun, percée de trous. Elle est ferme mais fond dans la bouche. L'odeur de ce fromage assez collant est forte et fruitée, un peu fleurie. L'affinage dure trois mois.

Pâte élastique mi-dure, pressée, non cuite.

Croûte naturelle portant des marques de toile.

- 28-37 cm (diam.), 7-8 cm (épais.)
- 6 kg
- 45 %
- Meilleur au printemps
- Cru
- Corbières, minervois, fitou

MIDI-PYRÉNÉES
Ariège

FROMAGE DE MONTAGNE ROGALLAIS

Produit artisanal fabriqué à la fromagerie Coumes de Seix, près de Couserans. Il possède une croûte bien mûre de couleur brune ou brun rosé, une pâte à trous jaune à marron clair épaisse et grasse, qui sent la cave et le moisi. « Les yeux se forment pendant l'affinage de un mois et demi et aèrent la pâte », explique le fromager. « La qualité dépend de l'égouttage. » La cave est à 14 °C et à 95 % d'humidité. L'humidité et la planche de chêne sur laquelle est posé le fromage provoquent la formation des moisissures et la fermentation à l'origine des yeux.

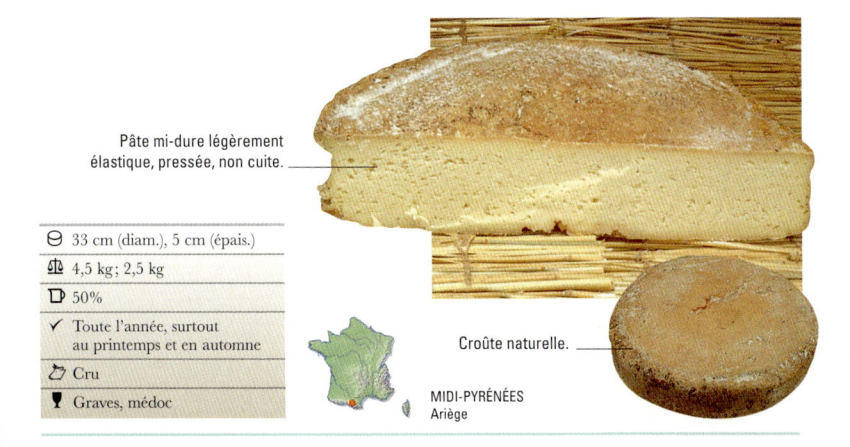

Pâte mi-dure légèrement élastique, pressée, non cuite.

Croûte naturelle.

- 33 cm (diam.), 5 cm (épais.)
- 4,5 kg ; 2,5 kg
- 50 %
- Toute l'année, surtout au printemps et en automne
- Cru
- Graves, médoc

MIDI-PYRÉNÉES
Ariège

VACHE DES PYRÉNÉES

MOULIS

Fromage artisanal fabriqué par une entreprise familiale établie de longue date à Moulis. Il s'en produit 60 tonnes par an, c'est-à-dire environ 17 000 pièces.

Le moulis, jeune ou vieux, a un goût prononcé. La pâte est d'abord couleur paille, puis elle brunit. Malgré ses nombreux trous, elle est humide, grasse et fondante. Sa nette saveur de fermentation et de décomposition pique la langue. Une fois vieilli, le fromage sent très fort et devient aigre. Il est lavé en saumure tous les deux jours pendant les deux premières semaines d'affinage, puis brossé et retourné pendant un ou deux mois.

Pâte élastique mi-dure, non cuite, légèrement pressée.

Moulis jeune.

Croûte naturelle sèche avec moisissures blanches, marron et noires, portant des traces de toile.

La pâte fonce et durcit avec l'âge.

Après un affinage de six mois.

Croûte lavée, brossée et paraffinée.

⊖	22 à 24 cm (diamètre) 7 cm (épaisseur)
⚖	3,5 kg
🗍	48%
✓	Toute l'année
⌒	Cru
♀	Vin du Jura sec

MIDI-PYRÉNÉES
Ariège

VACHERIN FERMIER D'ABONDANCE

Ce fromage fermier est fabriqué en Savoie, dans la vallée d'Abondance. Il est reconnaissable à sa ceinture en écorce d'épicéa, qui le protège tout en lui communiquant ses parfums. La pâte est de consistance fine, avec une saveur douce, crémeuse, un peu salée. L'affinage dure trois semaines.

En Savoie, le vacherin d'Abondance se déguste avec des patates au barbot, qui ne sont rien d'autre que des pommes de terre en robe des champs. La fabrication de ce fromage fermier selon les méthodes traditionnelles est expliquée p. 270-271.

Affinage de vingt-quatre heures.

Affinage de douze jours.

- 13 cm (diam.), 3 cm (épais.)
- 400 à 500 g
- Variable (cercle d'écorce compris)
- En hiver et au printemps
- Cru
- Vin de Savoie, marin

RHÔNE-ALPES
Haute-Savoie

Croûte fine lavée à la moisissure blanche naturelle.

Pâte non pressée, non cuite, molle et crémeuse, embaumant l'épicéa.

LA FABRICATION DU VACHERIN D'ABONDANCE

La saison de production débute en décembre et dure deux cent dix jours, jusqu'en juillet. Neuf vaches donnent 60 litres de lait chaque matin, ce qui permet de faire 15 fromages. La traite du soir est moins abondante, mais permet la fabrication de 12 ou 13 pièces. Il faut 4 litres de lait pour chaque vacherin. En juillet, les vaches gagnent l'alpage et se joignent à d'autres bêtes pour former un troupeau d'une cinquantaine de têtes. Le lait d'été sert à la fabrication de l'abondance (voir p. 40), qui a lieu en chalet. Gardiens et animaux descendent début octobre, avant le vêlage. Parmi les veaux, seules les génisses sont gardées pour être élevées sur place ; elles produisent du lait dès l'âge de trois ans. La période de lactation d'une laitière est de dix ans environ.

La paisible localité alpine d'Abondance.

Seule productrice au bourg d'Abondance, Céline Gagneux tenait son savoir de sa belle-mère. Elle était l'une des dernières à faire son vacherin selon des méthodes traditionnelles.

1 La traite des vaches a lieu à 6h30. Le lait est versé dans un chaudron de cuivre.

2 La présure est incorporée au lait à l'aide d'une louche et le caillage commence. Le mélange repose une heure à 12 °C.

3 À 8 heures, le caillé est coulé à la louche dans quinze bols garnis de toile ; cette opération est répétée neuf fois.

4 La toile est nouée autour du caillé pour l'égouttage.

5 Le petit-lait est conservé : on en extraira de la crème.

6 Les boules de caillé sont placées dans un cercle d'écorce d'épicéa et reposent trois heures avant d'être mises à égoutter.

Une pâte crémeuse
La pâte souple et crémeuse du vacherin d'Abondance exhale un parfum d'épicéa. Ce fromage est non cuit et non pressé.

Les vaches d'Abondance.

7 On ôte le cercle pour retirer la toile.

8 Les fromages restent alignés sur la table toute la nuit. Le petit-lait s'écoule, les fromages restant doux, légers et mous.

9 Vingt-quatre heures plus tard, les fromages sont emportés vers une cave à 12 °C et salés d'un côté. Après quarante-huit heures, on les retourne et les sale sur l'autre face. Les cercles sont alors resserrés, les fromages commencent à mûrir. Les cercles seront adaptés, car, avec l'affinage, le fromage rétrécit. Quinze à vingt jours plus tard, la croûte n'est pas encore formée, mais une fine peau blanc crème apparaît. Les fromages sont prêts pour la vente.

VACHERIN DES BAUGES

Deux personnes assurent la fabrication de ce fromage dans le massif des Bauges, en Savoie. Selon un fromager local, on peut déguster le vacherin des Bauges après deux semaines d'affinage, à condition qu'il ait été frotté tous les deux jours avec un mélange d'eau et de crème. L'affinage complet dure au moins un mois. Le fromage ci-contre a atteint une maturité de deux semaines, mais il est piqué de moisissures grises, dues à une température trop basse et à une humidité insuffisante, qui altèrent son goût.

- ⊖ 21 cm (diamètre), 4 à 4,5 cm (épaisseur)
- ⚖ 1,4 kg, cercle d'épicéa compris
- 🗓 Variable
- ✓ Hiver
- 🥛 Cru
- 🍷 Vin de Savoie, arbois

Moisissure indésirable.
Pâte non pressée, non cuite, blanche et molle, sentant la résine de sapin.
Cercle d'écorce.
Croûte lavée.

RHÔNE-ALPES
Savoie

VACHERIN DU HAUT DOUBS / MONT D'OR (AOC)

Le massif du Mont d'Or, qui culmine à 1 463 mètres, est tout proche de la frontière suisse. Bien que ce fromage d'hiver soit fabriqué depuis deux siècles, une querelle sur son origine divisa longtemps Suisses et Français, chacun affirmant l'avoir inventé. La controverse fut résolue par la capitulation des Suisses.

Chez les revendeurs, le mont d'or est simplement désigné sous le nom de vacherin. Il est vendu dans une boîte en copeaux où il continue de mûrir. Le fromage lui-même est entouré d'un cercle d'écorce d'épicéa dont le parfum imprègne la pâte et lui confère un arôme agréable très caractéristique. Ce cercle l'empêche également de couler et ne doit jamais être retiré, même au moment de servir.

La surface du vacherin est humide, la croûte dorée et parfois un peu rougeâtre, marquée par la toile d'égouttage. La pâte jaune pâle est coulante et peut se tartiner sur du pain ou napper des pommes de terre simplement cuites à l'eau.

L'AOC permet la fabrication artisanale et laitière du vacherin. L'affinage a lieu dans des zones désignées et dure trois semaines à une température maximale de 15 °C. L'arôme d'épicéa est alors bien net. Le fromage est enfin vieilli sur des planches d'épicéa et régulièrement retourné et frotté avec une toile trempée dans la saumure.

La boîte de copeaux qui maintient le fromage ne doit pas être retirée, même à table.

Le vacherin du haut Doubs tel qu'il est vendu, dans sa boîte en bois.

V

273

Chez le fromager, on pose un morceau de marbre contre la pâte pour l'empêcher de couler.

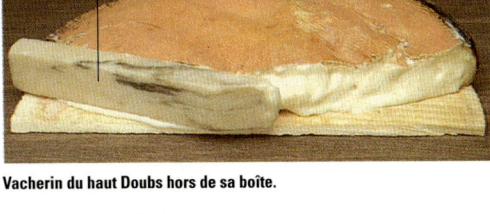

Vacherin du haut Doubs hors de sa boîte.

⊖	12 à 30 cm (diamètre), 4 à 5 cm (épaisseur)
⚖	500 g à 1 kg, cercle d'écorce compris
♣	45 g minimum pour 100 g
🗇	45% minimum, 20,25 g pour 100 g
✓	Meilleur en hiver, en automne et au printemps
⌁	Cru
♀	Beaujolais nouveau, côtes-du-jura
♀	Champagne

Croûte lavée, plissée, de couleur jaune à marron clair.

FRANCHE-COMTÉ
Doubs

Pâte molle, coulante, blanche ou ivoire; non cuite et pressée.

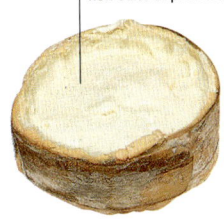

Spécifications de l'AOC

1 Le lait doit être collecté ou déposé à la laiterie tous les jours.
2 Le lait ne peut être caillé qu'au moyen de présure. Il peut être chauffé une fois à 40 °C, mais uniquement au moment de l'emprésurage.
3 La laiterie ne peut employer ni machine, ni méthode permettant de chauffer le lait à plus de 40 °C avant l'emprésurage.
4 Une fois démoulé, le caillé doit être placé dans un cercle d'écorce d'épicéa, puis dans une boîte en copeaux de bois d'épicea.

AOC DÉLIVRÉE EN 1981

VIEUX-BOULOGNE

De la famille des monastériens, ce produit est un nouveau fromage présalé, tiré du lait de vaches paissant près de la mer dans les environs de Boulogne. Sa croûte lavée à la bière est humide et rouge. Il dégage une forte odeur, qui rappelle un peu celle de la bière. Sa pâte est élastique. La production est artisanale, avec un temps d'affinage de sept à neuf semaines.

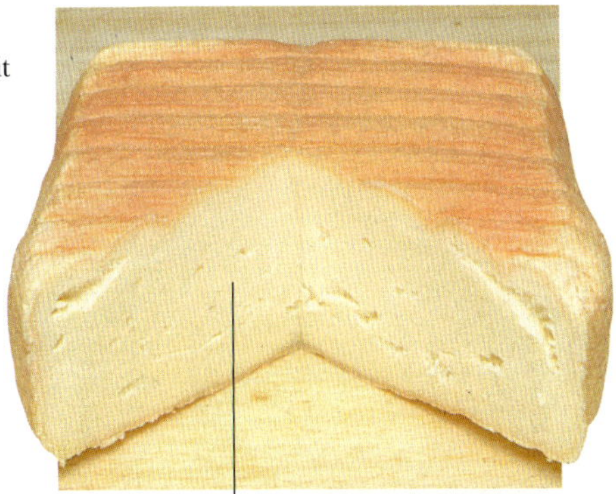

◇	11 cm (côté), 4 cm (épaisseur)
⚖	300 à 500 g
🗇	45%
✓	Toute l'année
⌁	Cru
🍺	Bière locale
♀	Champagne

NORD-PAS-DE-CALAIS
Pas-de-Calais

Pâte mi-dure, pressée, non cuite.

Croûte lavée humide, de couleur rouge orangé.

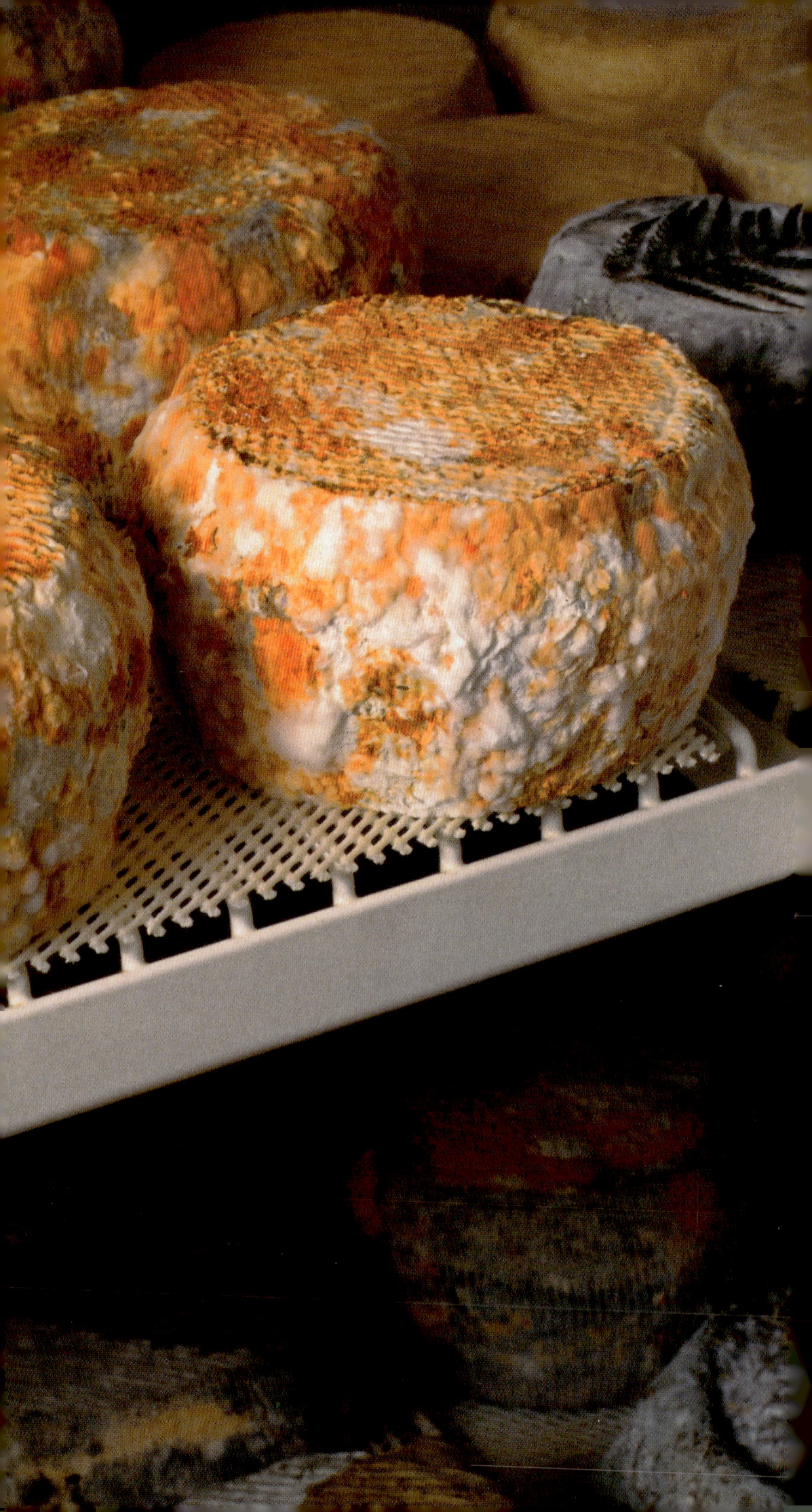

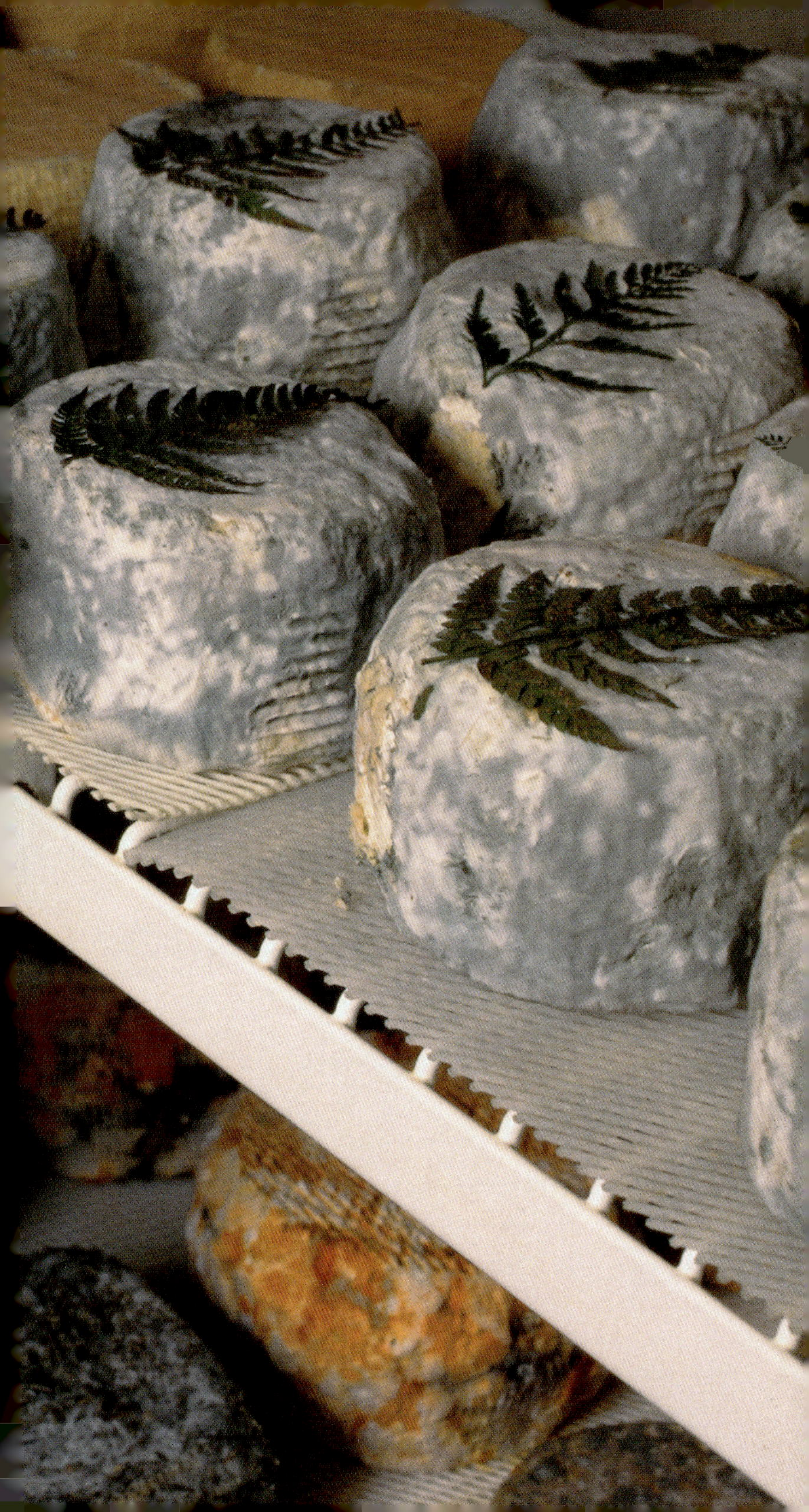

Glossaire

À point
Se dit d'un fromage ayant atteint une parfaite maturité.

Affinage
Traitement et soins pour amener les fromages à leur juste maturation.

Affineur
Spécialiste de l'affinage des fromages.

Alpage
Pâture d'altitude et, par extension, saison passée en montagne par les troupeaux et leurs gardiens, transhumance.

AOC
Appellation d'origine contrôlée (voir p. 28).

AOP
Abréviation d'appellation d'origine protégée (voir p.28-29.)

Artisanal
Se dit d'un fromage fabriqué à la main.

Brossage
Au cours de l'affinage, les fromages sont parfois brossés.

Brousse
Fromage à base de petit-lait ou de lait écrémé.

Buron
En Auvergne, cabane de montagne où l'on prépare et stocke le fromage.

Caillé
Masse grumeleuse résultant de la précipitation des matières grasses et autres matières solides du lait, par fermentation naturelle ou emprésurage.

Caséine
Principale protéine du lait, précipitée par l'adjonction de présure. Elle sert à la

◀ **Plusieurs variétés de broccio vieillissant dans le cellier d'un fromager, à Paris.**

fabrication d'étiquettes comestibles incrustées dans les fromages.

Causses
Ensemble de plateaux calcaires du Massif central.

Cave
Local naturel ou artificiel où les fromages sont entreposés pendant l'affinage.

Cendré
Fromage saupoudré de cendre de sarments. Aujourd'hui, on utilise plutôt du charbon de bois pulvérisé mélangé à du sel.

Ciron
Acarien du fromage.

Coagulation
Caillage du lait, généralement par adjonction de présure.

Croûte
Partie externe du fromage, se formant au cours de l'affinage.

Faisselle
Moule aux parois percées dans lequel le caillé s'égoutte et prend sa forme.

Fermier
Fromage fabriqué à la ferme.

Fleurie
Croûte couverte de moisissures blanches de certains fromages (camembert, brie).

Fourme
Terme ancien désignant tout fromage, dérivé du mot forme.

Fromage blanc
Fromage frais, légèrement égoutté.

Fromage fort
Spécialité présentée le plus souvent en pot, à base de restes de fromages dissous dans l'alcool et assaisonnés d'herbes.

Fromage frais
Fromage salé mais non affiné.

Fromager
1 Fabricant de fromage.
2 Grossiste ou détaillant en fromage.

Fromagerie
1 Laiterie où a lieu la fabrication du fromage.
2 Magasin spécialisé dans la vente de fromages.

GAEC
Abréviation de Groupement agricole pour l'exploitation en commun. Il s'agit d'une sorte de coopérative.

IGP
Abréviation d'indication géographique protégée.

Industriel
Se dit d'un fromage fabriqué mécaniquement et à grande échelle dans une usine.

Lactique
Odeur de lait dégagée par le fromage.

Maître fromager
Fabricant ou revendeur expert dans son domaine. La Guilde des fromagers en recense moins de cent.

Marc
Eau-de-vie à base de marc de raisin.

Matière sèche
Matières solides qui restent quand toute l'eau contenue dans le fromage s'est évaporée.

Moelleux
Se dit d'un vin doux et velouté.

Moisissures
Champignons microscopiques se développant à la surface des fromages, ou encore dans la pâte. Si certaines sont spontanées, d'autres sont introduites artificiellement par les fabricants.

GLOSSAIRE

Molle
Pâte fermentée, ni pressée ni cuite.

Morge
Saumure enrichie de copeaux de vieux fromages dont on frotte la surface de certains fromages (gruyère) pendant l'affinage.

Pâte
Matière qui se trouve sous la croûte d'un fromage.

Pelle à brie
Sorte de pelle circulaire à bord chanfreiné utilisée pour manier les galettes de caillé.

Persillé
Fromage bleu.

Petit-lait
Liquide résultant de l'égouttage du caillé.

Pie
Race de vaches à robe bicolore.

Pigmenté
Piqué en sa surface de pigments colorés.

Présure
Substance contenue dans la caillette des veaux et des chevreaux et provoquant la coagulation des matières solides du lait en vue de leur digestion. Le suc de certaines plantes possède les mêmes facultés.

Rocou
Teinture végétale orange extraite de l'enveloppe des graines du rocouyer, arbuste originaire d'Amérique centrale. Elle sert à colorer certains fromages (langres, mimolette) et quelques autres produits alimentaires.

Saumure
Solution d'eau et de sel.

Sonde
Sorte de gouge métallique servant à prélever un échantillon au cœur même du fromage afin d'en éprouver les qualités.

Teneur en matières grasses
Proportion de graisse contenue dans un fromage, généralement exprimée en pourcentage.

Terroir
Se rapporte aux saveurs communiquées par le sol.

Tome ou tomme
1 Petit fromage de chèvre rond.
2 Nom générique de nombreux fromages à pâte pressée, de forme cylindrique.

Transhumance
Au printemps, déplacement des troupeaux de l'étable vers les pâtures d'été. Mouvement inverse en automne.

VDN
Abréviation de vin doux naturel. C'est un vin dans lequel de l'alcool neutre est ajouté en cours de fermentation.

Yeux
Trous dans le fromage de type emmental.

Quelques fromages fermiers.

Quelques fromagers en France

PARIS ET ILE DE FRANCE

A la ville de Rodez
22 rue Vieille-du-Temple,
75004 Paris

Alleosse Traiteur Fromages
13 rue Poncelet, 75017 Paris
Plus de 200 variétés.

Androuët
134 rue Mouffetard, 75005 Paris
37 rue de Verneuil, 75007 Paris
93 rue Cambronne, 75015 Paris
1 rue Bois-le-Vent, 75016 Paris

Aux Bons Fromages
64 rue de la Pompe, 75016 Paris
90% de fromages venant directement de producteurs.

Barthélemy
51 rue de Grenelle, 75007 Paris

Beillevaire, Pascal (Fromagerie)
48 rue des Martyrs, 75009 Paris

Boulay, Alain (La Fromagerie)
131, rue Mouffetard, 75005 Paris

Boursault (Fromagerie)
71 avenue du Général-Leclerc,
75014 Paris

Cantin, Marie-Anne
12 rue du Champ-de-Mars,
75007 Paris
Saint-marcellin, chèvre, comté.

La Cave aux fromages
1 rue du Retrait, 75020 Paris

Chez Virginie
54 rue Damrémont, 75018 Paris

Crémerie Sainte-Hyacinthe
198 rue Saint-Jacques,
75005 Paris

Dubois, Laurent
47 ter boulevard Saint-Germain,
75005 Paris
2 rue de Lourmel, 75015 Paris

Dubois Sébastien
16 rue de Poissy,
78100 Saint-Germain-en-Laye

Dubois & Fils, Martine
80 rue de Tocqueville,
75017 Paris
250 variétés, dont l'époisses, le comté, le camembert.

Escudier (Fromagerie)
44, rue Escudier, 92100
Boulogne-Billancourt

La Ferme de Passy
39 rue de l'Annonciation,
75016 Paris
Bleu des Causses, époisses, stilton.

La Ferme des Arènes
60, rue Monge, 75005 Paris

La Ferme du Champ de Mars
1, rue Desaix, 75015 Paris

La Ferme du Hameau
223, rue de la Croix-Nivert,
75015 Paris

La Ferme Saint-Aubin
76 rue Saint-Louis-en-l'Ile,
75004 Paris

La Ferme Saint-Aubin
97 rue du Point-du-Jour,
92100 Boulogne-Billancourt

Ferme Sainte-Suzanne
37 rue au Pain
78100 Saint-Germain-en-Laye

La Ferme Saint-Hubert
36 rue de Rochechouart,
75009 Paris

Fil'O Fromage
12 rue Neuve-Tolbiac,
75012 Paris

Fine Bouche
3 rue du Rendez-Vous,
75012 Paris
Produits d'Auvergne et d'Aveyron, fromages fermiers.

Foucher (Fromagerie)
118, rue Mouffetard,
75005 Paris

La Fromagerie
51 rue de Tolbiac, 75013 Paris
Camembert au calvados ou au cidre.

La Fromagerie d'Auteuil
58 rue d'Auteuil, 75016 Paris
Époisses, langres, camembert, comté, alpages, beaufort, saint-nectaire, chèvre.

Fromagerie de Montmartre
9 rue du Poteau, 75018 Paris
300 variétés, dont le vigneron, le roquefort délice et le chevrot.

Fromagerie Mozart
48 bis avenue Mozart,
75016 Paris
Bleus.

Fromagers de France
39 rue de Bretagne,
75003 Paris

Fromage et Détail
43 rue de Lévis, 75017 Paris

Fromages et Détail
8 rue des Petits-Carreaux,
75002 Paris

Fromages et Ramage
22 rue Ramey, 75018 Paris

Lefebvre (Fromagerie)
229 rue de Charenton,
75012 Paris

Le Gall (Fromagerie)
Place du Marché-Notre-Dame,
78000 Versailles

Lillo (Fromager)
35 rue des Belles-Feuilles,
75016 Paris
Mont d'or, chèvre, cabron frais.

La Maison du fromage
21, rue du Château,
92200 Neuilly-sur-Seine

Priet, François
113 rue de la Roquette,
75011 Paris
214 rue des Pyrénées,
75020 Paris
200 variétés, dont le brie aux noix et le brie aux trois bleus.

Quatrehomme (Fromagerie)
62 rue de Sèvres, 75007 Paris
32 rue de l'Espérance,
75013 Paris
9 rue du Poteau, 75018 Paris

R2L
13 rue Rambuteau, 75004 Paris

Secrétan (Fromagerie)
27 avenue Secrétan, 75019 Paris
Fromages du Nord

S.E.L.L.
60 rue Monge, 75005 Paris

Vacroux
5 rue Daguerre, 75014 Paris

EN PROVINCE (PAR DÉPARTEMENTS)

Fromagerie de Villereversure
235 route du Mas Bertin,
01250 Villereversure
Fabricant et affineur de comté.

Laiterie coopérative d'Étrez
340 route de Montrevet,
01340 Étrez

Fromagerie de l'Abbaye
01410 Chezery-Forens
Bleu de Gex.

Fromageries Bresse Bleu
Le Village, BP 26, 01960 Servas

Leduc affineur
4 route de La Capelle,
02260 Sommeron
Maroilles, vieux lille, spécialités régionales

La Ferme fromagère
27 rue de Lépante, 06000 Nice
Fromagerie et restaurant fromager.

Céneri fromager
22 rue Meynadier, 06400 Cannes

Le Moulis
Luzenac, 09200 Moulis

Fromagerie Bousquet
Les Halles, 11000 Carcassonne

Coopérative fromagère Jeune Montagne
La Borie Neuve, 12210 Laguiole
Tomme, laguiole.

Fromagerie Savelli,
9 rue des Marseillais,
13100 Aix-en-Provence

Fromagerie Thébault
La Houssaye, 14170 Boissey
Pont-l'évêque.

Domaine de Saint-Loup
Chapelle Fribois,
14340 Saint-Loup-de-Fribois
Camembert.

Chêne vert
La Chaise,
24300 Saint-Front-sur-Nizonne
Fromages au lait de chèvre.

Fromageries Grillot
27 avenue du Maréchal-de-Lattre-de-Tassigny, 25290 Ornans
Affinage de comté, vente de munster, brie, cancoillotte, raclette, morbier, mont d'or. Grossiste, demi-gros, crémerie.

Fromagerie Xavier
6 place Victor Hugo, 31000 Toulouse

La Sélection fromagère
Galerie des Grands-Hommes,
33000 Bordeaux

Fromagerie des Alpages (Bernard Mure)
4 rue de Strasbourg, 38000 Grenoble

Crémerie Clément
5-7 rue du Pré, 39200 Saint-Claude
Bleu de Gex-Septmoncel, mont d'or, morbier, cancoillotte, comté.

Mons fromager affineur
Halles Diderot, 42300 Roanne

Jacques Coulaud
24 rue Grenouillit,
43000 Le Puy-en-Velay

Le Verger Pilote
Route de Landrecies,
59550 Maroilles
Spécialités au maroilles. Restaurant et boutique.

Les Bons Pâturages
54 rue Basse, 59800 Lille
345 rue Léon Gambetta,
59800 Lille

Fromagerie Philippe Olivier
3 rue du Curé-Saint-Étienne,
59800 Lille

La Maison du Fromage et des Vins
1 rue André-Gerschell, 62100 Calais

Roland Delannoy,
88 rue Colonne,
62200 Boulogne-sur-Mer

Philippe Olivier
43 rue Adolphe-Thiers,
62200 Boulogne-sur-Mer

GAEC du Puy Loup
Les Pradoux, 63210 Perpezat

Fromagerie Bachelet
Quartier gourmand,
3, rue Marcel Dassault, 64140 Lons

Mille et Un Fromages
8 avenue Victor-Hugo,
64200 Biarritz
Halles centrales, 64200 Biarritz

Crémerie des Halles
Halles, 64500 Saint-Jean-de-Luz

Elise Millat
Halle Brauhauban,
65000 Tarbes

Alain Martinet
Halles de Lyon, 102 cours
Lafayette, 69003 Lyon

Fromagerie Renée Richard
Halles de Lyon, 102 cours
Lafayette, 69003 Lyon

Mons-Maréchal
Halles de Lyon, 102 cours
Lafayette, 69003 Lyon

Denis Provent
2 place de Genève,
73000 Chambéry

Les Délices savoyards
315 rue de Genève,
73100 Aix-les-Bains

Fromagerie Gay
47 rue Carnot, 74000 Annecy

Fromagerie Boujon
7 rue Saint-Sébastien,
74200 Thonon-les-Bains

Compagnie fermière Benjamin et Edmond de Rothschild
Ferme des 30 Arpents,
77220 Favières-en-Brie
Brie de Meaux.

La Maison du Fromage
Halles centrales,
84000 Avignon

Établissements Allard
5 rue du Moulin, 89100 Saligny

Fromagerie Philippe Olivier.

Producteurs de fromages AOC

L'INAO

51 rue d'Anjou, 75008 Paris
Arborial, 12, rue Rol Tanguy,
TSA 30003,
93555 Montreuil-sous-Bois cedex
www.inao.gouv.fr
L'INAO (Institut national des appellations d'origine) gère les producteurs AOC et fournit des informations sur les produits.

ORGANISMES

Liste des principaux syndicats interprofessionnels ou associations de producteurs de fromages AOC, AOP et IGP (voir pages 28-29).

Abondance
Syndicat interprofessionnel
du fromage Abondance
16 chemin d'Hirmentaz,
74200 Thonon-les-Bains

Banon
Syndicat interprofessionnel de
défense et de promotion du Banon
Maison régionale de l'élevage
Route de la Durance,
04100 Manosque

Beaufort
Syndicat de défense du fromage
Beaufort
228 chemin de Californie,
73200 Albertville

Bleu d'Auvergne
Syndicat interprofessionnel régional
du fromage Bleu d'Auvergne
20 rue du Lieutenant-Basset,
15400 Riom-ès-Montagnes

Bleu des Causses
Syndicat de défense du Bleu
des Causses
BP 3201, Onet le Chateau,
12032 Rodez Cedex

Bleu de Gex, Haut-Jura et Septmoncel
Syndicat interprofessionnel de
défense du Bleu de Gex Haut-Jura
Avenue de la Résistance,
39800 Poligny

Bleu du Vercors-Sassenage
Syndicat interprofessionnel
du Bleu du Vercors-Sassenage
Maison du Parc,
38250 Lans-en-Vercors

Brie de Meaux / brie de Melun
Union syndicale interpro-
fessionnelle de défense du Brie
de Meaux et du Brie de Melun
13 rue des Fossés, 77000 Melun

Broccio Corse / Bbrocciu
Syndicat de défense et de
promotion de l'AOC Brocciu
7 boulevard du Général de Gaulle,
20200 Bastia

Camembert
Association de gestion des ODG
laitiers normands
82 rue de Bernières, 14300 Caen

Cantal
Comité interprofessionnel
des fromages du Cantal
52 avenue des Pupilles
de la Nation, 15000 Aurillac

Chabichou du Poitou
Syndicat de défense
du Chabichou du Poitou
BP 50002, 86005 Mignaloux-Beauvoir

Chaource
Syndicat de défense
du fromage de Chaource
Grande Rue, 10260 Vaudes

Charolais
Chambre d'agriculture
de Saône-et-Loire
59 rue du 19 mars 1962,
71000 Macon

Comté
Comité interprofessionnel
du Gruyère de Comté
Avenue de la Résistance,
39800 Poligny

Crottin de Chavignol / Chavignol
Syndicat de défense du Crottin
de Chavignol
9 route de Chavignol,
18300 Sancerre

Emmental
Chambre syndicale des entreprises
de l'Emmental et du Comté
26 rue Proudhon, 25000 Besançon

Emmental de Savoie
Savoîcimes filière Emmental
de Savoie
Maison de l'agriculture,
52 avenue des Iles, 74000 Annecy

Epoisses de Bourgogne
Syndicat de défense de l'Époisses
Mairie, 21460 Epoisses

Fourme d'Ambert ou de Montbrison
Chambre de commerce
et d'industrie d'Ambert
4 place de l'Hôtel de Ville,
63600 Ambert

Laguiole
Syndicat de défense et
de promotion du Laguiole
Coopérative Jeune Montagne,
route de Saint-Flour,
12210 Laguiole

Langres
Syndicat interprofessionnel
du fromage de Langres
Chambre d'agriculture, Espace
Turenne, 52200 Langres

Livarot
Syndicat interprofessionnel
de défense et de contrôle
de l'AOC Livarot
Association de gestion
des ODG laitiers normands
82 rue de Bernières, 14000 Caen

Mâconnais
Syndicat de défense du fromage
Mâconnais
Chambre d'agriculture, 59 rue
du 19 mars 1962, 71000 Mâcon

Maroilles / Marolles
Syndicat des fabricants
et affineurs du fromage Maroilles
148 avenue du Général de Gaulle,
02260 La Capelle

Mont d'or / Vacherin du haut Doubs
Syndicat interprofessionnel
de défense du Mont d'or -
Vacherin du haut Doubs
BP 20035, 39801 Poligny Cedex

PRODUCTEURS DE FROMAGES AOC

Morbier
Syndicat interprofessionnel
de défense du fromage Morbier
Avenue de la Résistance,
39800 Poligny

Munster / Munster-Géromé
Syndicat interprofessionnel
du fromage de Munster
1 place de la Gare, 68000 Colmar

Neufchâtel
Syndicat de défense et de qualité
du fromage Neufchâtel
Mairie, 76270 Neufchâtel-en-Bray

Ossau-Iraty
Syndicat de défense AOP
Ossau-Iraty
Maison Baratchaténéa,
64120 Ostabat-Asme

Pélardon
Syndicat des producteurs
de Pélardon
Maison des agriculteurs,
Mas de Saporta, 34970 Lattes

Picodon de l'Ardèche / Picodon de la Drôme
Syndicat du Picodon AOC
Pontignat Ouest,
26120 Montelier

Pont-l'Évêque
Syndicat interprofessionnel
de défense et de contrôle
de l'AOC Pont-l'Évêque
Association de gestion
des ODG laitiers normands
82 rue de Bernières,
14000 Caen

Pouligny-Saint-Pierre
Syndicat des producteurs
de fromages de Pouligny-
Saint-Pierre
Maison de l'agriculture,
65 avenue Gambetta,
36300 Le Blanc

Reblochon
Syndicat interprofessionnel
du Reblochon
Maison du Reblochon,
28 rue Louis Haase,
74200 Thônes

Rigotte de Condrieu
Syndicat de défense
de la Rigotte de Condrieu
Chambre d'agriculture du Rhône,
18 avenue des Monts d'Or,
69890 La Tour de Salvagny

Rocamadour
Syndicat des producteurs
de fromages Rocamadour
Chambre d'agriculture,
430 avenue Jean Jaurès,
46000 Cahors

Roquefort
Confédération générale
des producteurs de lait de brebis
et des industriels de Roquefort
36 avenue de la République,
12100 Millau

Saint-Nectaire
Interprofession
du Saint-Nectaire
2 route des Fraux,
63610 Besse et Sainte-Anastaise

Sainte-Maure de Touraine
Comité interprofessionnel
du Sainte-Maure de Touraine
Chambre de l'agriculture,
38 rue Augustin Fresnel,
37170 Chambray-les-Tours

Salers
Comité interprofessionnel
des fromages du Cantal
52 avenue des Pupilles
de la Nation, 15000 Aurillac

Selles-sur-Cher
Syndicat de défense
et de promotion du fromage
en AOC Selles-sur-Cher
2 bis rue de la Pêcherie,
41130 Selles-sur-Cher

Tome des Bauges
Syndicat interprofessionnel
de la Tome des Bauges
Rue du Grand Pré, 73630
Le Châtelard

Tomme de Savoie
Savoîcime, Filière Tome de Savoie
Maison de l'agriculture, 52 avenue
des Iles, 74900 Annecy

Tomme des Pyrénées
Association des fromagers fermiers
et artisanaux des Pyrénées
32 avenue du Général de Gaulle,
09000 Foix

Valençay
Comité interprofessionnel
de la Pyramide Valençay AOC
7 rue de Templiers,
36600 Valençay

Index

A

abbaye
  de Bellocq 67
  de Cîteaux 38
  de la Coudre 38, 252
  de la Joie-Notre-Dame 38
  de la Pierre-qui-Vire 39
  du Mont-des-Cats 39
abondance 40-41
aisy cendré 42
aligot 100
alpage 78
ambert 112
ami du Chambertin 166
anneau du Vic-Bilh 112
Antiquité
  grecque 10
  romaine 10-11
AOC (réglementation) 29
apérobic 112
ardi-gasna 67, 68
arôme
  au vin blanc 43
  de Lyon 43
aubisque pyrénées 69
autun 113

B

baguette laonnaise 189
bamalou 265
banon 46
bargkass 47
barousse 264
beaufort 48-50
beaumont 47
berger plat 60
bergues 169
besace de pur chèvre 113
bethmale 265
bigoton 114
bleu 51-57
  d'Auvergne 51
  de Costaros 52
  de Gex,
    voir du haut Jura
  de Langeac 54
  de Laqueuille 54
  de Loudes 55
  de Sassenage 56
  des Causses 52
  de Septmoncel,
    voir du haut Jura
  de Termignon 57
  du haut Jura 53
  du Quercy 55
bondaroy au foin,
  voir pithiviers au foin
bonde, ou bondon,
  voir neufchâtel bondard
bonde de Gâtine 114
bonjura 23
bouca 115
boudane,
  voir tome de ménage
bougon 115
bouille 256
boule
  de Lille 58
  des Moines 39
boulette
  d'Avesnes 189
  de Cambrai 189
bourricot 170
Boursault 256
Boursin 257
bouton de culotte 115
bouton d'oc 116
brebis 70
  de Bersend 61
  de pays 60-65
  de pays de Grasse 60
  des Pyrénées 66-79
  du lochois 61
  frais du Caussedou 181
  mixte 70
  pays basque cayolar 69
  pyrénées 71
bressan 116
bresse bleu 56
breuil 181
brie 80-85
  de Coulommiers 83
  de Meaux 80
  de Melun 82
  de Montereau 83
  de Nangis 85
  de Provins 85
  fermier 81
  noir 81
brillat-savarin 257
brin d'amour 149
brique
  ardéchoise 116
  du Forez 117
briquette de Coubon 117
broccio 146, 147
  au poivre 147
brousse du Rove 176
bûchette
  d'Anjou 117
  de Banon 118

C

cabécou 88-89
  de Gramat 88
  de Rocamadour 89
cabrioulet, voir tomme de chèvre, loubières
cachaille 175
cachat 174
caillage 41, 165, 236
calenzana 148
camembert 90-93
  affiné au cidre de la maison 93
  de Normandie 92
  fabrication 90-91
cancoillote 93
cantal 94-95
  fabrication 95
capri lezéen 118
Caprice des dieux 257
capricorne de Jarjat 118
carré de l'Est 101
cathelain 119
caussedou 62
cayolar 69
cenberona, voir breuil
cervelle de canut 176
chabichou 105
  du Poitou 105
chabis, voir chabichou

INDEX

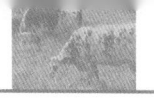

chaource 102
charolais 119
charolles, *voir* charolais
Chaumes 102
chavignol, *voir* crottin de Chavignol
chef-boutonne 119
chèvre
  à l'huile d'olive
    et à la sarriette 136
  de la Loire 104-111
  de pays 112-137
  fermier 120
  fermier des Alpilles 120
  fermier du Château-Vert 120
  frais 177
chèvreton de Mâcon, *voir* mâconnais
chevrette des Bauges 138
chevrotin
  d'alpage, vallée de Morzine 139
  de Macôt 140
  de Montvalezan 141
  de Peisey-Nancroix 141
  des Aravis 139
  du Mont-Cenis 140
civray 121
clacbitou 121
clacqueret lyonnais, *voir* cervelle de canut
clochette 121
cœur
  d'Arras 190
  d'Avesnes 190
  de camembert au calvados 93
  du Berry 122
comté 142-143
confit d'Époisses 174
cornilly 122
Corse 144-161
couhé-vérac 122
coulommiers 84
crottin
  d'Ambert, *voir* Ambert
  de Chavignol 106
  de pays 123
  du Berry à l'huile d'olive 136
croupet 258
cuisson du caillé 41
curé *et* curé nantais, *voir* nantais

D

dauphin 190
délice de Saint-Cyr 258
double-crème 256-261
dreux à la feuille 164

E

élevage caprin 137
emmental 164
  grand cru 165
emprésurage 41, 95, 236
entrammes, *voir* port-du-salut
époisses de Bourgogne 166
esbareich 264
étiquetage 94
explorateur 258

F

fabrication du fromage de chèvre 104
faisselle de chèvre 177
feuille de Dreux, *voir* dreux à la feuille
figue 123
filetta 150
filetta (en pâte) 156
fin-de-siècle 259
fium'orbo 148
fleur du maquis 149
fontainebleau 177
fougerus 84
fourme
  d'Ambert 167
  de chèvre de l'Ardèche 124
  de Montbrison 167
  du Cantal, *voir* cantal
frinault 168
fromage
  allégé 169-172
  à raclette, *voir* raclette
  artisanal 42
  au lait de chèvre 127
  au marc de raisin 43
  au pur lait de brebis 152
  blanc 178
  blanc fermier 178
  cendré 170
  corse 145
  coupe 31, 99, 143
  de brebis (Corse) 150
  de brebis (de pays) 62
  de brebis (des Pyrénées) 71
  de brebis vallée d'Ossau 72
  de chèvre de Glénat 124
  de chèvre de l'Ariège 124
  de chèvre du Larzac 126
  de chèvre fermier 120, 126, 250
  de chèvre fermier de la Tavagna 154
  de lactosérum, *voir* broccio
  de monsieur 259
  de montagne 266
  de montagne de Lège 266
  de montagne du pic de la Calabasse 267
  de montagne rogallais 267
  de pays mixte 75
  de vache 74
  de vache brûlé 68
  d'Hesdin 253
  d'Ossau, Laruns 74
  du Jas 127
  fermier 127
  fermier au lait de vache 73
  fermier au lait cru de brebis 63
  fermier de brebis 151
  fermier de brebis et de vache 72

fermier pur brebis 63
fondu 23
fort 173-175
fort du Lyonnais 173
frais 176-180
frais de Nîmes 178
industriel 28
laitier 28
origines 16-17
valeur nutritive 25
fromagée du Larzac 175
fromageon fermier
  au lait cru de brebis 63

G
galet
  de Bigorre 128
  solognot 128
galette des Monts
  du Lyonnais 129
gaperon 183
gardian 179
gargantua à la feuille
  de sauge 261
gastanberra 179
géromé, *voir* munster
gournay frais 179
grand colombier
  des Aillons 128
grand-vatel 259
grataron d'Arèches 183
gratte-paille 260
greuilh 182
gris de Lille 191
guerbigny 191

L
lacandou 64
laguiole 98-99
lait 21
langres 186
laruns 76
livarot 187
lou magré 171
lou pennol,
  voir tome de chèvre
  du Tarn
lucullus 260

M
mâconnais 129
mamirolle 187
maroilles 188
marolles, *voir* maroilles
matocq 76, 77
metton, *voir* cancoillotte
mi-chèvre des Bauges 242
mignon (petit maroilles) 188
mimolette française,
  voir boule de Lille
mixte 70
monsieur fromage,
  voir fromage
  de monsieur
mont d'or du Lyonnais 129
mont d'or, *voir* vacherin
  du haut Doubs
morbier 194
mothais à la feuille 194
mouflon 155
moularen 64
moulis 268
munster 192-193
  au cumin 193
murol 195
murolait 195

N
nantais 195
neufchâtel 196
neufchâtel bondard 197
niolo 153, 154
  voir aussi calenzana

O
olivet
  au foin 200
  cendré 200
ossau fermier 77
ossau-Iraty-Brebis
  des Pyrénées 66

P Q
pain 23
palouse des Aravis 201
pâte de fromage 156
pâtefine fort 175
pavé 130
  blésois 130
  d'Auge 201
  de la Ginestarié 131
  de Roubaix 202
  du Plessis 202
pèbre d'aï,
  voir poivre d'âne
pélardon
  des Cévennes 203
  des Corbières 203
pérail 65
persillé 204-205
  de la Haute-Tarentaise 204
  de la Tarentaise 204
  de Tignes 205
  du Semnoz 205
petit bayard 57
petit beaujolais pur
  chèvre 113
petit bilou du Jura 114
petit pardou 79
petit quercy 132
petit-suisse 180
petit-vatel 259
picadou 88
picodon 206-207
  à l'huile d'olive 207
  de Crest 207
  de Dieulefit 207
  de la Drôme 207
  de l'Ardèche 207
  du Dauphiné 207
pierre-robert 260
pitchou 223
pithiviers au foin 209
poivre d'âne 46
pont-l'évêque 208
port-du-salut 209
Port-Salut 209
pouligny-saint-pierre 107
pourly 131
pressage 41, 95, 225
puant de Lille
  et puant macéré,
  voir gris de Lille
pur chèvre d'alpage,
  voir palouse des Aravis
quatre-vents 131

R

races bovines
  d'Abondance 40, 56, 213, 271
  de l'Aubrac 98
  de Salers 97, 224
  hollandaise 99
  montbéliarde 40, 56, 213
  normande 90
  pie rouge de l'Est 99
  tarine 40, 50, 213
  villarde 56
races caprines 137
  alpine 137
  saanen blanche 137
races ovines
  lacaune 60
raclette 212
reblochon de Savoie 213
rigotte 214-215
  d'Échalas 214
  de Condrieu 215
  de Sainte-Colombe 214
  des Alpes 215
rogeret de Lamastre 132
rollot 191
romans,
  voir tomme de Romans
roquefort 216-219
rustinu 161

S

sainte-maure de Touraine 108
saint-félicien de Lamastre 132
saint-marcellin 222-223
saint-nectaire 224-225
saint-pancrace 133
saint-paulin 226
saint-rémy 101
saint-winoc 227
salage 41, 95, 236
salers 96-97
san petrone 158
santranges 133
saulxurois 101
séchon de chèvre drômois 133
ségalou 180
selles-sur-cher 110
sérac 182
soleil 261
soumaintrain 227
sourire lozérien 171
supermarchés 26

T

tamié 230
tarentais 134
taupinière 134
tomme
  au marc de raisin 235
  capra 245
  corse 160
  d'alpage de la Vanoise 232
  d'Arles 243
  de Banon 244
  de chèvre 159, 250
  de chèvre d'alpage, Morzine 240
  de chèvre de Belleville 239
  de chèvre de pays 252
  de chèvre de Savoie 239-242
  de chèvre des Pyrénées 250-252
  de chèvre du pays nantais 245
  de chèvre du Tarn 246
  de chèvre Loubières 251
  de chèvre, vallée de Morzine 240
  de chèvre, vallée de Novel 241
  de Courchevel 241
  de huit litres 247
  de la Frasse fermière 234
  de l'Aveyron (petite) 243
  de Lomagne 172
  de Lullin 236-237
  de ménage 238
  de montagne 247
  de Romans 248
  de Savoie 231-238
  de Savoie au cumin 232
  des Bauges 233
  de Séranon 248
  de Thônes 239
  de Vendée 249
  du Bougnat 244
  du Faucigny 233
  du Mont-Cenis 238
  du Pays basque 251
  fermière des Lindarets 235
  fraîche, *voir* aligot
  grise de Seyssel 234
  le gascon 246
  maigre 231
  mi-chèvre du Lècheron 242
tommette
  de l'Aveyron 249
  mi-chèvre des Bauges 242
toucy 134
tourmalet 78
transhumance 78
trappe
  de Belval 253
  d'Échourgnac 254
  (véritable) 252
trappiste de Chambaran 254
tricorne de Marans 65
triple-crème 256-261
trois-épis 261

V

vachard 172
vache
  des Pyrénées 264-268
  frais 180
vacherin
  des Bauges 272
  du haut Doubs 272-273
  fermier d'Abondance 269-271
valençay 104, 111
venaco 161
vendômois 136
vieille tomme à la pièce 231
vieux Corse 158
vieux-Boulogne 273
vin 22-24

BIBLIOGRAPHIE

ANDROUËT, Pierre, *Guide du fromage*, Stock, Paris, 1983

ANDROUËT, Pierre, *Le Livre d'or du fromage*, Atlas, Paris, 1984

ANDROUËT, Pierre, *Dictionnaire des fromages du monde*, LGF, Paris, 2005

ANDROUËT, Pierre, et Chabot, Yves, *Le Brie*, Presses du Village, Etrepilly, 1997

BARTHÉLÉMY, Roland, *le Guide Hachette des fromages*, Hachette, Paris, 2003

BON, Colette, *Les Fromages*, Hachette, Paris, 1979

CANTIN, Marie-Anne, *Guide de l'amateur de fromages*, Solar, Paris, 2000

CART-TANNEUR, Philippe, *Fromages et Vins de France*, Trame Way, Paris, 1989

CHARRON, Guy, *Les Productions laitières*, Lavoisier, Paris, 2000

CHAST, Michel et Voy, Henry, *Le Livre de l'amateur de fromages*, Robert Laffont, Paris, 1984

CLOZIER, René, *Géographie de la France*, Presses Universitaires de France, rééd. 1979

COURTINE, Robert J., *Le Grand Livre de la France à table*, Bordas, Paris, 1982

COURTINE, Robert J., *Larousse des fromages*, Larousse, Paris, 1987

ECK, André, *Le Fromage : de la science à l'assurance-qualité*, Tec & Doc, Paris-Londres-New York, 2006

EVETTE, Jean-Luc, *La Fromagerie*, PUF, 1989

FOUBERT, Jean-Marie, *Autour de Livarot, guide de la route du fromage*, Charles Corlet, Condé-sur-Noireau, 1987

Fromages AOC de France, Association nationale des appellations d'origine laitière, R. Pages, Sommières, 2004

GIRARD, Sylvie, *Fromages*, Hermé, Paris, 1986

GIRARD, Sylvie, *Le Monde des fromages*, Hatier, Paris, 1994

Guide des fromages de France et d'Europe, Sélection du Reader's Digest, Paris-Bruxelles-Montréal-Zurich, 1995

JANIER, Christian, *Le Fromage, petite encyclopédie pratique*, S. Bachès, Lyon, 2008

Journal officiel de la République française

Le Grand Larousse gastronomique, Larousse, Paris (réédité régulièrement)

LE JAOUEN, Jean-Claude, *La Fabrication du fromage de chèvre fermier*, Itovic, Paris, 1993

LE LIBOUX, Jean-Luc, *Nouveau Guide des fromages de France*, Ouest-France, Rennes, 1984

L'Officiel des industries laitières, publication annuelle, Comindus, Paris

MICHELSON, Patricia, *The Cheese Room*, Michael Joseph, 2001

MONTAGNÉ, Prosper et GOTTSCHALK, Dr, *Larousse gastronomique*, Librairie Larousse, Paris, 1938

MURE-RAVAUD, Bernard, *Les Fromages du fromager*, Glénat, Grenoble, 2009, rééd. 2011

RANCE, Patrick, *The French Cook Book*, Macmillan, Londres, 1989

RIDGWAY, Judy, *Guide des fromages du monde*, Soline, Paris, 2002

ROC, Jean-Claude, *Le Buron de la croix blanche*, Watel, Brioude, 1989

STOBBS, William, *Guide to the Cheeses of France*, Apple Press, Londres, 1984

VIARD, Henry, *Fromages de France*, Dargaud, Paris, 1980

REMERCIEMENTS

COLLABORATEURS

Kazuko Masui
L'auteur principal de cet ouvrage vit à Paris et a déjà écrit plusieurs livres de gastronomie. Son désir de travailler sur les fromages français remonte à 1980.

Tomoko Yamada
Le coauteur Tomoko Yamada a passé plus de vingt-cinq ans à étudier la cuisine française dans toute la France et à Tokyo.

Yohei Maruyama
Le photographe Yohei Maruyama a été plusieurs fois récompensé, dans son Japon natal, en particulier pour ses deux livres : *The Best of Sushi* et *The Taste of Paris*.

Joël Robuchon
Si l'auteur de la préface est aujourd'hui à la retraite, il est toujours considéré comme l'un des plus grands chefs du monde.

Randolph Hodgson
Le consultant Randolph Hodgson est un membre de l'association britannique des fabriquants de fromages et propriétaire de la crémerie Neal's Yard Dairy, à Londres.

Robert et Isabelle Vifian
Experts en fromages, les connaisseurs en vin Robert et Isabelle Vifian tiennent à Paris le restaurant Tan Dinh. Leur carte des vins est classée parmi les cinq premières en France. Certaines de leurs suggestions d'assortiments de fromages et de vins apparaissent dans cet ouvrage.

PRODUCTEURS ET FROMAGERS

Les auteurs tiennent à remercier les producteurs et fromagers suivants, grâce auxquels cet ouvrage a pu être réalisé.

Les religieuses de l'abbaye de la Joie Notre-Dame, Campénéac – Pierre Androuët – B. Antony, 5 rue de la Montagne, Vieux Ferrette – Roland Barthélemy, 51 rue de Grenelle, Paris – Batut, À la ville de Rodez, 22 rue Vieille-du-Temple, Paris – J. Blanc, Crémerie des Halles, Saint-Jean-de-Luz – Daniel Boujon, 7 rue Saint-Sébastien, Thonon-les-Bains – Xavier Bourgon, 6 place Victor-Hugo, Toulouse – Michel Bourgue, La Maison du Fromage, Halles centrales, Avignon – R. Bousquet, Halles centrales, Carcassonne – Le Cagibi, 17 allée d'Étigny, Luchon – Le Calendos, 11 rue Colbert, Tours – M. et Mme Cantin, 12 rue du Champ-de-Mars, Paris – Mme Cazaux, La Barthe-de-Neste – Gilbert Chemin, Crémerie du Couserans, 3 rue de la République, Saint-Girons – Édouard Ceneri, 22 rue Meynadier, Cannes – Brigitte Cordier et Françoise Fleutot, Montlaux – Jacques et Jacqueline Coulaud, 24 rue Grenouillit, Le Puy-en-Velay – M. et Mme Dupin, 41 rue Gambetta, Saint-Jean-de-Luz – François Durand, La Héronnière, Camembert – Fromageries Bel, 16 rue Malesherbes, Paris – Henri Grillet, Crémerie du Gravier, Aurillac – M. et Mme Guérin, La Fromagerie, 18 rue Saint-Jean, Niort – Jean Martin et Margot Kempf, 155 ferme du Saesserlé, Breitenbach – Raymond Lecomte et Odette Jenny, 76 rue Saint-Louis-en-l'Ile, Paris – M. et Mme Jean-Pierre Le Lous, Marché des Grands-Hommes, Bordeaux – Michel Lepage, Conseils Assistance Fromagers, 3 Les Prés Claux, Oraison – Gérard Loup et sa famille, Les Provins, Puimichel – M. et Mme Marius Manetti, col de San Bastiano, Calcatoggio – Maréchal, Halles de Lyon, 102 cours Lafayette, Lyon – Alain Martinet, Halles de Lyon, 102 cours Lafayette, Lyon – E. Millat, Halle Brauhauban, Tarbes – Jean-Pierre Moreau, élevage caprin de Bellevue, Pontlevoy – Philippe Olivier, 43-45 rue Thiers, Boulogne-sur-Mer – G. Paul, 9 rue des Marseillais, Aix-en-Provence – A. Penen et sa famille, Préchacq-Navarrenx – Denis Provent, Laiterie des Halles, 2 place de Genève, Chambéry – René et Renée Richard, Halles de Lyon, 102 cours Lafayette, Lyon – Jacques Vernier, La Fromagerie Boursault, 71 avenue du Général-Leclerc, Paris – Henry Voy, La Ferme Saint-Hubert, 36 rue Rochechouart, Paris

REMERCIEMENTS

Les auteurs remercient également les institutions suivantes :

Association marque collective Savoie; Association nationale des appellations d'origine laitière françaises; Centre interprofessionnel de documentation et d'information laitières; chambre d'Agriculture; Cheese & Wine Academy, Tokyo; coopérative de Lullin; coopérative A Pecurella; Crédit agricole, Corse; Institut national des appellations d'origine; maison du Fromage, Valençay; Fermier S. A.; Snow Brand Milk Products; Société fromagère de la Brie; Société des caves et des producteurs réunis de Roquefort; Syndicat de fromages d'appellation d'origine.

Les auteurs tiennent enfin à remercier les personnes suivantes pour l'aide qu'elles leur ont apportée pendant la préparation de ce livre :

T. Basset, François Durand, Collette et Catherine Faller, A. Franceschi, Katsushi Kitamura, Katsunori Kobayashi, J.-E. La-Noir, Yohko Namioka, D. Pin, A. Vinciguerra.

Remerciements tout particuliers à Kikuko Inoue, Takayoshi Nakasone, Kozue Tarumi et Reiko Mori.

L'éditeur remercie les sources suivantes pour leur aimable autorisation de reproduire leurs photographies.

(h = haut, b = bas, d = droite, g = gauche, c = centre)

1 : Corbis/© Owen Franken;
2-3 : Corbis/© John Heseltine;
4 : Corbis/© Adam Woolfitt;
5 : Corbis/© Owen Franken;
6-7 : Alamy Images/© Zyarescu;
14-15 : Alamy Images/© Robert Harding Picture Library Ltd (b);
14-15 : Corbis/Ludovic Maisant (h);
18 : Corbis/© Owen Franken;
20 : Corbis/© Franz-Merc Frei (b);
© Owen Franken (h);
29 : Corbis/© Rob Howard;
32-33 : Corbis/© Ludovic Maisant;
36-37 : Corbis/© Ludovic Maisant;
37 : Corbis/© Owen Franken (h);
44-45 : Alamy Images/© Robert Harding Picture Library Ltd;
45 : Corbis/© Ludovic Maisant (h);
86-87 : Corbis/© Adam Woolfitt;
87 : Corbis/© Ludovic Maisant (h);
125 : Corbis/© Paul Almasy;
162-163 : Corbis/© Adam Woolfitt ;
163: Corbis/© Ludovic Maisant (h);
168 : Corbis/© Paul Almasy (b);
184-185 : Alamy Images/© Images-of-France (b);
184-185 : Corbis/© Ludovic Maisant (h);
198-199 : Corbis/© Sandro Vannini;
199 : Corbis/© Ludovic Maisant (h);
210-211 : Corbis/© Adam Woolfitt;
211 : Corbis/© Ludovic Maisant (h);
220-221 : Corbis/© Adam Woolfitt;
221 : Corbis/© Ludovic Maisant (h);
226 : Corbis/© Yves Forestier/Sygma (b); 228-229 : Alamy Images/© Photolocate; 229 : Corbis/© Ludovic Maisant (h);
262-263 : Corbis/© O. Amamany & E.Vicens;
263 : Corbis/© Ludovic Maisant (h);
271 : Corbis/© Rougemont/Sygma (hd);
274-275 : Corbis/© Owen Franken

LESTER B. PEARSON H.S.
LIBRARY

DATE DUE

Return Material Promptly